舊五代史

四部備要

史部

上海中華書局據武英殿本校刊

桐鄉　陸費逵總勘
杭縣　高時顯
　　　吳汝霖輯校
杭縣　丁輔之監造

舊五代史卷七十四

宋門下侍郎參知政事監修國史薛居正等撰

唐書第五十

列傳二十六

康延孝塞北部落人也初隸太原因得罪亡命于汴梁開平乾化中自隊長積勞至部校梁末帝時頻立軍功同光元年八月段凝率衆五萬營于王村時延孝爲右先鋒指揮使率百騎來奔莊宗得之喜解御衣金帶以賜之翌日賜田宅于鄴以爲捧日軍使兼南面招討指揮使檢校司空守博州刺史莊宗屏人問梁兵機延孝備陳利害語在莊宗紀中莊宗平汴延孝頗有力焉以功授檢校太保鄭州防禦使賜姓名紹琛明年郊禮畢授保義軍節度使三年討蜀以延孝爲西南行營馬步軍先鋒排陣斬斫等使延孝性驍健徇利奮不顧身以前鋒下鳳州收固鎮降興州敗王衍軍于三泉所俘蜀軍皆諭而釋之自是晝夜兼行王衍自利州奔歸成都斷吉柏津浮梁以絶諸軍延孝復造浮梁以渡

進收綿州王衍復斷綿江浮梁而去水深無舟檝可渡延孝謂招撫使李嚴曰吾懸軍深入利在急兵乘王衍破膽之時人心離沮但得百騎過鹿頭關彼卽迎降不暇如俟修繕津梁便留數日若王衍堅閉近關折吾兵勢儻延旬浹則勝負莫可知也宜促騎渡江因與李嚴乘馬浮江于是得濟者僅千人步軍溺死者亦千餘人延孝既濟長驅通鹿頭進據漢州居三日部下後軍方至僞蜀六軍使王宗弼令人持牛酒幣馬歸款旬日兩川平定延孝止漢州以俟繼岌平蜀之功延孝居最時邠州節度使董璋爲行營右廂馬步使華州節度使毛璋爲行營左廂馬步使以軍禮當事延孝郭崇韜以私愛董璋及西川平定之後崇韜每有兵機必召璋參決延孝不平時延孝軍于城西毛璋軍于城東董璋軍于城中閏十二月延孝因酒酣謂董璋曰吾有平蜀之功公等僕遬相從反首鼠于侍中之門謀相傾陷吾爲都將公乃禆校力能斬首璋惶恐謝之而退酒罷璋訴于郭崇韜陰銜之乃署董璋爲東川節度使落軍職延孝怒謂毛璋曰吾冒白刃犯險阻平定兩川董璋何功遽有其地二人因謁見崇韜言東

川重地宜擇良帥工部任尚書有文武才幹甚洽衆心請表爲東川帥崇韜怒曰紹琛反耶敢違吾節度延孝等惶恐而退未幾崇韜爲繼岌所害二人因責董璋曰公復首鼠何門璋俛首祈哀而已四年正月甲申大軍發成都繼岌令延孝以一萬二千人爲後軍二月癸巳中軍次武連中使詔至諭以西平王朱友謙有罪伏誅令繼岌殺其子遂州節度使令德延孝大驚俄而董璋率兵之遂州遇延孝不謁延孝怒謂諸校曰南平梁汴西定巴邛畫策之謀始于郭公而汗馬之勞力摧強敵即吾也若以背僞歸國掎角而成霸業即西平王之功第一西平與郭公皆以無罪赤族歸朝之後次當及我矣丙申延孝次劍州時延孝部下皆鄜延河中舊將焦武等知西平王被禍兼誅令德號哭軍門訴于延孝曰西平無罪二百口伏誅河中舊將無不從坐某等必死矣時魏王繼岌到泥溪延孝報繼岌云河中兵士號哭欲爲亂丁酉延孝至劍州遂擁衆迴自稱西川節度三州制置等使以檄招諭人三日間衆及五萬己亥繼岌至利州是夜守吉柏津使密告魏王曰得紹琛文字令斷吉柏浮梁繼岌懼乃令梁漢

顒以兵控吉柏津延孝已擁衆急趨西川繼岌遣人馳書諭之夜半令監軍使李廷安召任圜因署爲副招討使令圜率兵七千騎與都指揮使梁漢顒監軍李廷安討之辛丑先令都將何建崇擊劍門下之甲寅圜以大軍至漢州延孝來逆戰圜令董璋以東川懦卒當其鋒伏精兵于其後延孝擊退東川之兵急追之遇伏兵起延孝敗馳入漢州閉壁不出西川孟知祥以兵二萬與圜合勢攻之九國志李延厚傳康延孝入漢州知祥遣延厚率兵二千會李仁罕討之將行誓士卒曰今出師不三旬必破賊乃立功圖賞之日也士卒忠奮者立東廂衰疾者立西廂無自苦也得請行者七百人逐延孝西寨斬首百餘級竟拔其城漢州四面樹竹木爲柵三月乙丑圜陣于金鴈橋卽率諸軍鼓譟而進四面縱火風焰亘空延孝危急引騎出戰遇陣于金鴈橋又敗之以十數騎奔綿州何建崇追及擒之任圜命載以檻軍時孟知祥與任圜董璋置酒高會因引令延孝檻軍至會知祥問曰明公頃自梁朝脫身歸命纔平汴水節制陝郊近領前鋒剋平劍外歸朝之後授爵冊勳巨鎭尊官誰與爲競奈何躁憤自毀功庸入此檻車還爲鄧艾深爲痛惜誰肯愍之知祥因手自注盃以飲之延孝曰自知富貴難消官職已足然郭崇韜佐

命元勳輔成大業不動干戈收獲兩川自古殊功但恐不及一旦何罪闔門被誅延孝之徒何保首領以此思慮不敢歸朝天道相違一旦至此亦其命也夫復何言及圍班師行次鳳翔中使向延嗣賫詔至遂誅之部下懷其首級瘞于昭應縣民陳暉地天成初其子發之擕去

朱守殷小字會兒莊宗就學以廝養之役給事左右及莊宗即位爲長直軍使雖列戎行不聞戰攻每搆人之短長中于莊宗漸以心腹受委河上對壘稍遷蕃漢馬步都虞候守殷守德勝寨爲梁將王彥章所攻守殷無備遂陷南寨莊宗聞之曰駑才大誤予事因徹北寨往固楊劉明宗在鄆州密請以覆軍之罪罪之莊宗私于腹心忍而不問同光二年爲振武節度使不之任仍兼領蕃漢馬步軍京城初定內外警巡恃憑主恩蔑視勳舊與景進互相表裏又強作宿德之態言語遲緩自謂沈厚及郭從謙犯興教門步軍始亂中使急召騎士守殷按甲不進莊宗獨領宦官斫射屢退而騎軍終不至莊宗既崩守殷擁衆方在北邙憩于茂林之下迨聞凶問乃入內選嬪御及珍寶以歸恣軍士劫掠京

都翌日方定率諸校迎明宗于東郊天成初授河南尹判六軍諸衛事加侍中
移汴州節度使車駕將巡幸外議諠然初以爲平吳又云制置東諸侯守殷乃
生雲夢之疑遂殺都校馬彥超副使宋敬歐陽史守殷將叛召都指揮使馬彥超與計事彥超不從守殷殺之明宗憐彥超之死以其子承祚爲洛州長史守殷驅市人閉壁以叛明宗途次京水聞之親統禁軍倍
程亘抵其壘長圍夾攻緣城甚衆守殷力屈盡殺其族引頸令左右盡其命王
師入城索其黨盡誅之詔鞭守殷尸梟首懸于都市滿七日傳送洛陽

楊立者潞州之小校初事李嗣昭及李繼韜皆畜養甚厚繼韜被誅憤憤失志
同光二年四月有詔以潞兵三萬人戍涿州將發其衆謀曰我輩事故使二十
年衣食豐足未嘗邊塞征行苟于邊上差跌白骨何歸不如據城自固事成自
富貴耳因聚徒百餘輩攻子城東門城中大擾副使李繼珂及監軍張機祚出
奔立自稱留後率軍民上表請旄節莊宗怒命明宗與李紹真攻討一月拔之
生擒立及其同惡十餘人送于闕下皆磔于市潞州城峻而隍深故立輒敢據
之莊宗因茲詔諸道撤防城之備焉

賓廷琬者世爲青州牙將梁祖擢寘左右同光初爲復州遊奕使姦盜屏跡歷貝州刺史未幾請制置慶州鹽池逐年出絹十萬疋米十萬斛遂以廷琬爲慶州防禦使俾制置之由是嚴刑峻法屢撓邊人課利不集詔移任于金州廷琬據慶州叛詔邠州節度使李敬周率兵討平之夷其族

張虔釗遼州人也（九國志云虔釗遼州榆社人父簡唐檢校尚書左僕射）初爲太原牙校以武勇聞于流輩武皇莊宗之世累補左右突騎軍使（九國志莊宗嘗以偏師取鎮陽命虔釗率騎爲先鋒屢挫賊銳遂陷其城）明宗素聞虔釗有將帥才及卽位擢爲護駕親軍都指揮使領春州刺史天成中與諸將圍王都于中山大敗契丹于嘉山之下及定州平以功授滄州節度使（北夢瑣言虔釗鎮滄州日因亢旱民饑發廩賑之方上聞帝甚嘉獎他日秋成倍斗徵斂朝論鄙之）移鎮徐州長興中爲山南西道節度使兼西面馬步軍都部署及末帝起于鳳翔閔帝詔令虔釗帥部兵會王師于岐下洎西師俱變虔釗憤惋退歸興元因與洋州節度使孫漢韶俱送款于蜀孟知祥待之尤厚僞授本鎮節度使俾知祥坐獲山南之地由虔釗之故也（北夢瑣言入蜀取人產業黷貨無厭蜀民怨之）孟昶嗣僞位加檢校太師兼中書令晉開運末蜀

人聞契丹入洛令虔釗率衆數萬將寇秦雍俄聞漢高祖已定中原虔釗無功
而退九國志云歷左右匡聖馬步軍都指揮使出爲昭武軍節度使及漢祖即位乃移鎮梁州以觀朝廷之變會晉昌軍節度使趙匡贊鳳翔節度使侯益俱謀歸蜀遂以虔釗爲北面行營招討使應接經營俄而趙匡贊侯益請昶出師掠定三秦因命虔釗與韓保貞等總師五萬出散關雄武軍節度使何重建出隴右奉鑾肅衛都虞候李廷珪出子午谷會于雍州廷珪始出子午谷聞匡贊爲王景崇所逼棄城自拔東去遂先退師時虔釗福誠保貞師次陳倉謀不相叶而侯益聞匡贊已去廷珪班師亦誠款中變閉壘不出司天監趙廷樞累以雲氣不利爲諷保貞乃與福誠率所部取隴州道會重建歸蜀虔釗留寶雞以勢孤不可深入遂班師行至興州感憤而卒

楊彥温汴州人本梁朝之小校也莊宗朝累遷裨將天成中爲河中副指揮使及末帝鎮河中尤善待之因奏爲衙內都指揮使長興元年四月乘末帝閱馬于黃龍莊據城謀叛末帝遣人詰之曰吾善待汝何苦爲叛彥温報曰某非敢負恩緣奉樞密院宣頭令某拒命請相公但歸朝廷數日詔末帝歸朝明宗疑其詐不欲興兵授彥温絳州刺史安重誨堅請出師即命西京留守索自通侍衛步軍指揮使藥彥稠等帥兵攻之五日而拔自閉門及敗凡十三日初彥稠出師明宗戒之曰與朕生致彥温吾將自訊之及收城斬首傳送明宗深怒彥

稠等時議者以當時四海恬然五兵載戢蒲非邊郡近在國門而彥温安敢狂悖皆以爲安重誨方弄國權尤忌末帝之名故巧作窺圖究莫能傾陷也彥温愚昧爲人所嗾故滅其族焉

史臣曰春秋傳云夫不令之臣天下之所惡也故不復較其優劣焉唯虔釗因避地以偷生彥温乃爲人之所嗾比諸叛臣亦可矜也

舊五代史卷七十四

舊五代史卷七十四考證

唐列傳二十六朱守殷傳車駕將巡幸外議諠然初以爲平吳又云制置東諸侯守殷乃生雲夢之疑遂殺都校馬彥超副使宋敬守殷驅市人閉壁以叛明宗途次京水聞之親統禁軍倍程直抵其壘長圍夾攻縋城甚衆守殷力屈盡殺其族引頸令左右盡其命　案儒林公議云朱守殷與霍彥威同立明宗尋判諸軍事兼河南尹旋除宣武軍節度使時樞密使安重誨用事汴之財利遣中人筦權之守殷軍用不給累表抗論重誨既而復奪之守殷不平頗出怨言重誨奏其反狀明宗親率師討之車駕至汴京守殷自以本無不臣之意爲權臣誣奏登城門望明宗叩頭號哭稱冤明宗思其功許以開門自新重誨已麾軍登陴勢不可遏城陷誅之攷守殷之叛歐陽史通鑑與是書無異辭而儒林公議以爲守殷本無反心爲重誨所陷蓋傳聞之互異也

楊立傳有詔以潞兵三萬人戍涿州　案通鑑作發安義兵三千戍涿州

命明宗與李紹真攻討　李紹真通鑑作李紹榮

舊五代史卷七十四考證

舊五代史卷七十五

宋門下侍郎參知政事監修國史薛居正等撰

晉書第一

高祖紀一

高祖聖文章武明德孝皇帝姓石氏諱敬瑭太原人也本衞大夫碏漢丞相奮之後漢衰關輔亂子孫流泛西裔故有居甘州者焉四代祖璟以唐元和中與沙陁軍都督朱耶氏自靈武入附憲宗嘉之隸爲河東陰山府裨校以邊功累官至朔州刺史天福二年追尊爲孝安皇帝廟號靖祖陵曰義陵祖妣秦氏追謚爲孝安元皇后三代祖郴早薨贈左散騎常侍追尊爲孝簡皇帝廟號肅祖陵曰惠陵祖妣安氏追謚孝簡恭皇后皇祖諱翌任振武防禦使贈尚書右僕射追尊孝平皇帝廟號睿祖陵曰康陵祖妣米氏追謚孝平獻皇后皇考諱紹雍番字臬捩雞善騎射有經遠大略事後唐武皇及莊宗累立戰功與周德威相亞歷平洺二州刺史薨于任贈太傅追尊爲孝元皇帝廟號憲祖陵曰昌陵

皇妣何氏追謚孝元懿皇后帝卽孝元之第二子也以唐景福元年二月二十八日生于太原汾陽里時有白氣充庭人甚異焉及長性沈澹寡言笑讀兵法重李牧周亞夫行事唐明宗爲代州刺史每深心器之因妻以愛女唐莊宗聞其善射擢居左右明宗請隸大軍從之後明宗從莊宗征行命帝領親騎號三討軍倚以心腹天祐十二年莊宗併有河北之地開府于鄴梁遣上將劉鄩以兵五萬營于莘十三年二月鄩引兵突至淸平薄于城下莊宗自至甘陵兵未陣多爲鄩所掩帝領十餘騎横槊深入東西馳突無敢當者卒全部伍而還莊宗壯之拊其背曰將門出將言不謬爾因頒以器帛復親爲啗酥當時以爲異恩由是知名明年鄩兵陣于莘之西北明宗從莊宗酣戰久之塵埃四合帝與明宗俱陷陣內帝挺身躍劍反復轉鬬行數十里逐鄩于故元城之東是日鄩軍殺傷過半十五年唐軍拔楊劉鎭梁將賀瓌設伏于無石山明宗爲瓌所迫帝爲後殿破梁軍五百餘騎按轡而還十二月莊宗與梁軍大戰于胡柳陂衆號十萬總管周德威將左軍雜以燕人前鋒不利德威死之莊宗率步衆五千

固守高陵以避敵之銳明宗獨完右廣伏于土山之下顧謂帝曰梁人首獲其利旌旗甚整何計可以挫之帝曰臘後寒如此出手墮指彼多步衆易進難退莫若啜糒飲水徐而困之且超乘徒行其勢不等一擊而破期在必勝明宗曰是吾心也會日暮梁軍列于平野五六萬人爲一方陣麾遊騎以迫唐軍帝曰敵將遁矣乃請明宗令士整冑寬而羅之命左射軍三百人鳴矢馳轉漸束其勢以數千騎合之迨夜旌旗皆靡而一角先潰三面踵之其牙竿相擊若火爆之聲橫尸積甲不可勝計由是梁人勢削莊宗進營德勝渡十八年十月又從明宗戰梁人于德勝渡敗其將戴思遠殺二萬餘人十九年戰胡盧套唐軍稍卻帝覘其敵銳拔劍闢道肩護明宗而退敵人望之無敢襲者二十年十月從明宗觀梁人之楊村寨部曲皆不擐甲俄而敵出不意以兵掩明宗刃將及背帝挾戰戟而進一擊而凶酋落馬者數輩明宗遂解其難是歲莊宗卽位于鄴改元同光遣明宗越河懸軍深入以取鄆鄆人始不之覺帝以五十騎從明宗涉濟突東門而入鄆兵來拒帝中刃翼明宗羅兵通衢嶷然不動會後騎繼至

遂拔中城以據之既而平汴水滅梁室致莊宗一統集明宗大勳帝與唐末帝功居其最莊宗朝官未顯者以帝不好矜伐故也惟明宗心知之同光四年二月趙在禮據鄴爲亂朝廷遣元行欽招之不下羣議紛然以爲非明宗不可莊宗乃以明宗爲統帥時帝從行至魏諸軍有變叩馬請明宗帝河北明宗受霍彥威勸將自訴于天子遂佯諾諸軍亦恐事不果而散者甚衆明宗所全者惟常山一軍而已西次魏縣帝密言于明宗曰猶豫者兵家大忌必若求訴宜決其行某願率三百騎先趨汴水以探虎口如遂其志請大軍速進夷門者天下之要害也據之可以自雪安有上將與三軍言變他日有平手乎危在頃刻不宜恬然明宗至相州遂分驍騎三百付之遣帝由黎陽濟河自汴西門而入因據其城及明宗入汴莊宗親統師亦至城之西北五里登高歎曰吾不濟矣由此莊宗從兵大潰來歸明宗明宗尋遣帝令率兵爲前鋒趨汜水關俄而莊宗遇內難而崩是月明宗入洛嘉帝之功自總管府都校署陝府兵馬留後明宗即位改元天成五月加帝光祿大夫檢校司徒充陝州保義軍節度使歲未期

而軍民之政大治焉二年二月加檢校太傅兼六軍諸衞副使進封開國伯增食邑四百戶是月帝赴闕以倅六軍諸衞事故也八月加食邑八百戶實封一百戶旌爲政之效也十月明宗幸汴以帝爲御營使車駕次京水飛報汴州節度使朱守殷叛明宗命帝董親軍倍道星行信宿及浚城一戰而拔之尋以帝爲宣武軍節度使侍衞親軍步軍都指揮使兼六軍諸衞副使進封開國公加食邑五百戶賜耀忠匡定保節功臣四月車駕還洛制加檢校太傅同中書門下平章事與唐尹鄴都留守天雄軍節度使五月丁未加駙馬都尉長興元年二月明宗南郊禮畢加檢校太尉增食邑五百戶尋詔歸任時鄴都繁富爲天下之冠而土俗獷悍民多爭訟帝令投函府門一一覽之及踰年盈積几案滯于獄者甚衆時論以此減之九月東川董璋叛朝廷命帝爲東川行營都招討使兼知東川行府事十月至自魏博董衆西征二年春以川路險艱糧運不繼詔班師四月復兼六軍諸衞副使六月改河陽節度使仍兼兵柄是時秦王從榮奏伏見北面頻奏報契丹族移帳近塞吐渾突厥已侵邊地戍兵雖多未有

統帥早宜命大將一人以安雲朔明宗曰卿等商量從榮與諸大臣奏曰將校之中惟石敬瑭康義誠二人可行帝素不欲爲禁軍之副卽奏曰臣願此行明宗曰卿爲吾行事無不濟及受詔不落六軍副使帝復遷延辭避十一月乙酉明宗復謂侍臣曰雲州奏契丹自幽州移帳言就放牧終冬不退其患深矣樞密使范延光奏曰已議石敬瑭與康義誠北行然其定奪卽在宸旨帝奏曰臣雖不才爭敢避事但進退惟命明宗曰卿爲吾行甚叶衆議由是遂定丁亥加兼侍中太原尹北京留守河東節度使兼大同振武彰國威塞等軍蕃漢馬步軍總管改賜竭忠匡運寧國功臣翼日宴于中興殿帝捧觴上壽因奏曰臣雖微怯惟邊事敢不盡其忠力但臣遠違玉階無以時申補報帝因再拜告辭明宗泣下霑衿左右怪其過傷果與帝因此爲訣不復相見矣十二月明宗晏駕帝聞之長慟若喪考妣應順元年正月閔帝卽位加中書令及增食邑帝性簡儉未嘗以聲色滋味輒自燕樂每公退必召幕客論民間利害及刑政得失明而難犯事多親決有店婦與軍士訟云曝粟于門爲馬所食而軍士懇訴無以

自明帝謂鞫吏曰兩訟未分何以爲斷可殺馬刳腸而視其粟有則軍士誅無
則婦人死遂殺馬馬腸無粟因戮其婦人境內肅然莫敢以欺事言者三月移
鎭常山所歷方鎭以孝治爲急見民間父母在昆弟分索者必繩而殺之勤于
吏事廷無滯訟常山屬邑曰九門有人鬻地與異居兄議價不定乃移于他人
他人須兄立券兄固抑之因訴于令令以弟兄俱不義送府帝監之曰人之不
義由牧長新至教化所未能及吾甚愧焉若以至理言之兄利良田弟求善價
順之則是沮之則非其兄不義之甚也宜重笞焉市田以高價者取之上下服
其明及岐陽兵亂推潞王爲天子閔帝急詔帝赴闕欲以社稷爲託閔帝自洛
陽出奔于衛相遇于途遂與閔帝迴入衛州時閔帝左右將不利于帝帝覺之
因擒其從騎百餘人閔帝知事不濟與帝長慟而別帝遣刺史王宏贄安置閔
帝于公舍而去尋爲潞王所害帝後長以此愧心焉清泰元年五月復授太原
節度使北京留守充大同振武彰國威塞等軍蕃漢馬步總管二年夏帝軍屯
于忻州朝廷遣使送夏衣傳詔撫諭後軍人遽呼萬歲者數四帝懼斬挾馬將

李暉已下三十餘人以徇乃止三年五月移授鄆州節度使進封趙國公仍改扶天啓運中正功臣尋降詔促帝赴任帝心疑之乃召僚佐議曰孤再受太原之日主上面宣云與卿北門一生無議除改今忽降此命莫是以去年忻州亂兵見迫過相猜乎又今年千春節公主入覲當辭時謂公主曰爾歸心甚急欲與石郎反耶此疑我之狀固且明矣今天子用后族委邪臣沈湎荒惑萬幾停壅失刑失賞不亡何待吾自應順中少主出奔之日覩人情大去不能扶危持顛憤憤于方寸者三年矣今我無異志朝廷自啓禍機不可安然死于道路況太原險固之地積粟甚多若且寬我我當奉之必若加兵我則外告鄰方北構強敵興亡之數皎皎在天今欲發表稱疾以俟其意諸公以爲何如玉堂閒話晉祖在幷部嘗從容謂賓佐云近因晝寢忽夢若頃年在洛京時與天子連鑣于路過舊第天子請某入其第某遜讓者數四不得已即促轡而入至廳事下馬升自阼階西向而坐天子已馳車去矣其夢如此羣僚莫敢有所答是年冬果有鼎革之事蓋晉祖懷不軌之志久矣故託夢以惑衆也掌書記桑維翰都押衙劉知遠贊成密計遂拒末帝之命朝廷以帝不奉詔降制削奪官爵即詔晉州刺史北面副招討使張敬達領兵圍帝于晉陽帝尋命桑維翰詰諸

道求援契丹遣人復書諾之約以中秋赴義遼史太宗紀云七月丙申唐河東節度使石敬瑭爲其主所討遣趙瑩求救時趙德鈞亦遣使至河東復遣桑維翰來告急遂許興師八月庚午自將以援敬瑭六月北面招討指揮使安重榮以部曲數千人入城七月代州屯將安元信率一軍與西北面先鋒指揮使安審信引五百騎俱至八月懷州彰聖軍使張萬迪等各率千餘騎來降是月外衆攻我甚急帝親當矢石人心雖固廩食漸困九月辛丑契丹主率衆自鴈門而南旌騎不絕五十里餘遼史九月丁酉入鴈門戊戌次忻州己亥次太原先使人報帝云吾欲今日便破賊可乎帝使人馳告曰皇帝赴難比要成功賊勢至厚可明旦穩審議戰未爲晚也使未達契丹已與南軍騎將高行周符彥卿等合戰時張敬達楊光遠列陣西山下士未及成伍而行周彥卿爲伏兵所斷舍軍而退敬達等步兵大敗死者萬人是夜帝出北門見契丹主契丹主執帝手曰恨會面之晚因論父子之義遼史敬瑭率官屬來見帝執手撫慰之契丹國志云敬瑭見契丹帝問曰皇帝遠來士馬疲倦遽與唐大戰而勝何也帝曰始我謂唐必斷鴈門諸路伏兵險要不可得進使人偵視皆無之是以長驅而深入我氣方銳乘此擊之是以勝之敬瑭歎服明日帝與契丹圍敬達營寨南軍不復出矣帝與契丹本無結好自末帝見迫之後遣腹心何福以

刀錯爲信一言親赴其難迅若流電信天意耶己酉唐末帝率親軍步騎三萬出次河橋辛亥末帝詔樞密使趙延壽分衆二萬爲北面招討使又詔魏博節度使范延光統本軍二萬人屯遼州十月幽州節度使趙德鈞領所部萬餘人自上黨吳兒谷合延壽兵屯團柏谷與敬達寨相去百里彌月竟不能相通遼史初團晉安分遣精兵守其要害以絕援兵之路趙延壽等皆逗留不進十一月契丹主會帝于營中曰我三千里赴義事須必成觀爾體貌恢廓識量深遠真國主也天命有屬時不可失欲徇蕃漢羣議冊爾爲天子帝飾讓久之既而諸軍勸請相繼乃命築壇于晉陽城南冊帝爲大晉皇帝契丹主解衣冠授焉遼史太宗紀十一年冬十月甲子封敬瑭爲晉王十一月丁酉冊敬瑭爲大晉皇帝文曰維天顯九年歲次丙申十一月丙戌朔十二日丁酉大契丹皇帝若曰於戲元氣肇開樹之以君天命不恆人輔惟德故商政衰而周道盛秦德亂而漢圖昌人事天心古今靡異咨爾子晉王神鍾睿哲天贊英雄叶夢日以儲祥應澄河而啓運迨事數帝歷試諸艱武略文經迺由天縱忠規孝節固自生知猨以眇躬奄有北土曁明宗之享國也與我先哲王保奉明契所期子孫順

承患難相濟丹書未泯白日難欺顧予纂承匪敢失墜爾惟近戚實係本枝所以予視爾若子爾待予猶父也朕昨以獨夫從珂本非公族竊據寶圖棄義忘恩逆天暴物誅翦骨肉離間忠良聽任矯誣威虐黎獻華夷震悚內外崩離知爾無辜爲彼致害敢徵衆旅來逼嚴城雖併吞之志甚堅而幽顯之情何負達予聞聽深激憤驚乃命與師爲爾除患親提萬旅遠殄羣兇但赴急難罔辭艱險果見神祇助順卿士協謀旗一麾而棄甲平山鼓三作而殭尸徧野雖以遂予本志快彼羣心將期稅駕金河班師玉塞矧今中原無主四海未寧茫茫生民若墜塗炭況萬幾不可以暫廢大寶不可以久虛拯溺救焚當在此日爾有庇民之德格于上下爾有勘難之勳光于區宇爾有無私之行通乎神明爾有不言之信彰乎兆庶予懋乃德嘉乃丕績天之曆數在爾躬是用命爾當踐皇極仍以爾自茲幷土首建義旗宜以國號曰晉朕永與爲父子之邦保山河之誓於戲補百王之闕禮行茲盛典成千載之大義遂我初心爾其永保兆民勉持一德慎乃有位允執厥中亦惟無疆之休其誠之哉禮畢帝鼓吹道從而歸

始梁開國之歲卽前唐天祐四年也潞州行營使李思安奏壺關縣庶穰鄉鄉人伐樹樹倒自分兩片內有六字如左書云天十四載石進梁祖令藏于武庫然莫詳其義至帝卽位識者曰天字取四字中兩畫加之于旁則丙字也四字去中之兩畫加十字則申字也帝卽位之年乃丙申也又易云晉者進也國號大晉皆符契焉又帝卽位之前一年歲在乙未鄴西有柵曰李固清淇合流在其側柵有橋橋下大鼠與蛇鬬鬬及日之申蛇不勝而死行人觀者數百識者志之後唐末帝果滅于申又末帝真定常山人也有先人舊廬其側有古佛剎剎有石像忽搖動不已人皆異之及重圍晉陽帝遣心腹何福輕騎求援北蕃蕃主自將諸部赴之不以繒帛不以珠玉若響應聲謂福曰吾已兆于夢皆上帝命我非我意也契丹國志引紀異錄云契丹主德光常晝寢夢一神人花冠美姿容輜軿甚盛忽自天而下衣白衣佩金帶執鍻錄有異人十二隨其後內一黑兔入德光懷而失之神人語德光曰石郎使人喚汝汝須去覺告其母母忽之不以為異後復夢卽前神人也衣冠儀貌儼然如故曰石郎已使人來喚汝既覺而驚復以告母母曰可命筮乃召巫筮言太祖從西樓來言中國將立天王要爾為助爾須去未浹旬唐石敬瑭反于河東為後唐張敬達所敗亟遣趙瑩持表重賂許割燕雲求兵為援契丹主曰我非為石郎興師乃奉天帝敕使也時援兵未至偽將張敬達

引軍逼城設柵柵將成忽有大風暴雨柵無以立後築長城城就又爲水潦所壞城終不能合晉陽有北宮宮城之上有祠曰毗沙門天王帝曾焚修默而禱之經數日城西北闉正受敵處軍候報稱夜來有一人長丈餘介金執殳行于城上久方不見帝心異之又牙城有僧坊曰崇福坊之廡下西北隅有泥神神之首忽一日有煙生其騰郁如曲突之狀坊僧奔赴以爲人火所延及俯而視之無所有焉事尋達帝帝召僧之臘高者問焉僧曰貧道見莊宗將得天下曾有此煙觀此噴湧甚于當時兆可知矣自此日旁多有五色雲氣如蓮芰之狀帝召占者視之謂曰此驗應誰占者曰見處爲瑞更應何人又帝每詰旦使慰撫守陴者率以爲常忽一夕巳瞑城上有號令之聲聲不絕者三帝使人問之將吏云從上傳來者皆知神助時城中復有數家井泉暴溢不止及蕃軍大至合勢破之末帝之衆似拉朽焉斯天運使然非人力也是日帝言于契丹主願以鴈門已北及幽州之地爲壽仍約歲輸帛三十萬契丹主許之

晉高祖紀一本衞大夫碏漢丞相奮之後　案歐陽史作其姓石氏不知其得姓之始

皇考諱紹雍　紹雍原本作詔雍考五代會要歐陽史俱作紹雍今改正

命帝領親騎號三討軍　三討軍歐陽史作左射軍

乃命築壇于晉陽城南　案通鑑作築壇于柳林遼史亦作設壇晉陽

歲次丙申十一月丙戌朔十二日丁酉　案通鑑考異引廢帝實錄契丹立晉誤在閏月丁卯辨正在唐紀歐陽史及通鑑並從晉紀作十一月丁酉

四字去中之兩畫　案原本作中去之兩畫今從冊府元龜改正

帝遣心腹何福輕騎求援北蕃　案原本闕帝遣心腹四字今從冊府元龜增入

舊五代史卷七十五考證

舊五代史卷七十六

宋門下侍郎參知政事監修國史薛居正等撰

晉書第二

高祖紀二

天福元年十一月己亥帝御北京崇元殿降制改長與七年爲天福元年大赦天下十一月九日昧爽已前應在京及諸州諸色罪犯及曾授僞命職掌官吏并見禁囚徒已結正未結正已發覺未發覺罪無輕重常赦不原者咸赦除之應明宗朝所行敕命法制仰所在遵行不得改易其在京鹽貨元是官場出糶自今後並不禁斷一任人戶取便糴易仍下太原府更不得開場糴貨其麴每斤與減價錢三十文以節度判官趙瑩爲翰林學士承旨守尚書戶部侍郎知河東軍府事以節度掌書記桑維翰爲翰林學士守尚書禮部侍郎知樞密院事以觀察判官薛融爲吏部郎中兼侍御史知雜事太原縣令羅周岳爲左諫議大夫節度推官竇貞固爲翰林學士軍城都巡檢使劉知遠爲侍衛馬軍都

指揮使客將景延廣爲步軍都指揮使太原少尹李玘爲尚書工部侍郎閏十一月甲子晉安寨副招討使楊光遠等殺上將張敬達以諸軍來降丙寅制以翰林學士承旨知河東軍府戶部侍郎知制誥趙瑩爲門下侍郎同中書門下平章事監修國史以翰林學士權知樞密事禮部侍郎知制誥桑維翰爲中書侍郎同中書門下平章事集賢殿大學士依前知樞密院事並賜推忠興運致理功臣甲戌車駕至昭義受趙德鈞延壽降是日契丹主舉酒謂帝曰予遠來赴義大事已成皇帝須赴京都今令大詳袞勒兵相送至河梁要過河者任意多少予亦且在此州俟洛京平定便當北轅執手相泣久不能別脫白貂裘以衣帝贈細馬二十匹戰馬一千二百匹仍誡曰子子孫孫各無相忘己卯至河陽北節度使萇從簡來降舟楫已具庚辰望見洛陽煙火相次有將校飛狀請進辛巳唐末帝聚其族與親將宋審虔等登元武樓縱火自焚而死至晚車駕入洛唐兵解甲待罪皆慰而舍之帝止潛龍舊第百官稍稍見焉詔御史府促朝官入見詔文武兩班臣僚應事僞廷者並釋罪是日百辟謝恩于宮門之外

甲申車駕入內御文明殿受朝賀用唐禮樂制大赦天下應中外諸色職掌官吏內曾有受僞命者一切不問僞廷賊臣張延朗劉延皓劉延朗等並姦邪害物貪狠弄權罪既滿盈理難容貸除此三人已行敕命指揮外其有宰臣馬允孫樞密使房暠宣徽使李專美河府節度使韓昭允等四人並令釋放少帝宜令中書門下追尊定謚擇日禮葬妃孔氏宜行追册祔葬應天下節度使刺史下賓席郡職及將校等委中書門下各與改轉官資其北京管內鹽鐺戶合納逐年鹽利昨者僞命指揮每斗須令人戶折納白米一斗五升極知百姓艱苦自今後宜令人戶以元納食鹽石斗數目每斗依實價計定錢數取人戶便穩折納斛斗其洛京管內逐年所配人戶食鹽起來年每斤特與減價錢十文應諸道商稅仰逐處將省司合收稅條例牓于本院前牓內該設名目者卽得收稅十二月乙酉朔幸河陽餞送大詳袞蕃部兵士歸國詔降末帝爲庶人丁亥制以司空馮道守本官兼門下侍郎平章事宏文館大學士以步軍都指揮使符彥饒爲滑州節度使以河陽節度使萇從簡爲許州節度使以澤州刺史劉

凝爲華州節度使以皇子重乂爲河南尹庚寅以滑州節度判官石光贊爲宗正卿辛卯以舊相姚顗爲刑部尙書時自秋不雨經冬無雪命羣官徧加祈禱癸巳以邠州節度使張希崇爲靈武節度使鄧州節度使皇甫遇爲定州節度使詔國朝文物制度起居入閤宜依唐明宗朝事例施行鎭州衙內都虞候祕瓊作亂逐副使李彥琦殺都指揮使胡章同州小校門鐸殺節度使楊漢賓燒劫州城丙申帝爲明宗皇后曹氏薨舉哀于長春殿輟朝三日詔封故東丹王李贊華爲燕王遣前單州刺史李肅部署歸葬本國以右拾遺吳涓爲左補闕充樞密院學士己亥以汴州節度使李周充西京留守以前河中節度使李從璋爲鄧州節度使磁州奏草寇攻城三日而退庚子帝爲皇弟故彰聖指揮使敬殷沂州指揮使敬德檢校太子賓客敬友舉哀于長春殿以舊相盧文紀爲吏部尙書以皇城使周環爲大將軍充三司使以左贊善大夫馬重績爲司天監青州奏節度使房知温卒詔鄆州王建立以所部牙兵往青州安撫中書門下奏請以來年二月二十八日帝慶誕日爲天和節從之

天福二年春正月甲寅朔帝御文明殿受朝賀仗衛如式乙卯日有食之是夜有赤白氣相閒如耕墾竹林之狀自亥至丑生北濁過中天明滅不定徧二十八宿徹曙方散丁巳故皇弟敬德敬殷並贈太傅皇子重乂重進重英並贈太保右神武統軍康思立卒輟視朝贈太子少師是日詔曰唐莊宗陵名與國諱同宜改爲伊陵應京畿及諸州縣舊有唐朝諸帝陵并真源等縣並不爲次赤卻以畿甸緊望爲定其逐處縣令不得以陵臺結銜考滿日依出選門官例指揮隔任後準格例施行其宋州亳州節度使刺史落太清宮使副名額庚申以前吏部郎中兼侍御史知雜事王松爲左諫議大夫水部郎中王易簡本官知制誥定州奏契丹改幽州爲南京中書奏請立宗廟從之以翰林學士工部侍郎和凝爲禮部侍郎依前充職詔內外文武臣僚並與加恩皇基初造示普恩也太子少保致仕華温琪卒贈太子太保是日詔應朝臣中有藉才特除外任者秩滿無遺闕將來擬官之時在外一任同在朝一任升進其就便自求外職及不是特達選任者不在此限安州上言節度使盧文進殺行軍副使率部下

親兵過淮以前天平軍節度使檢校太尉兼侍中王建立爲平盧軍節度使以
守司空門下侍郎平章事宏文館大學士馮道兼諸道鹽鐵轉運等使天雄軍
節度使兼中書令范延光改封秦國公加食邑實封鳳翔節度使兼中書令西
平王李從曮加食邑實封乙丑以端明殿學士禮部侍郎呂琦爲檢校工部尙
書祕書監丙寅改中興殿爲天福殿門名從之湖南節度使楚王馬希範加食
邑實封改賜功臣名號前昭義節度使檢校太傅同平章事高行周起復右金
吾衞大將軍依前昭義軍節度使泰寧軍節度使李從溫荆南節度使南平王
高從誨歸德軍節度使趙在禮並加食邑實封改功臣名號以端明殿學士戸
部侍郎李崧爲兵部侍郎判戸部以左諫議大夫王松判度支魏府范延光奏
當管夏津鎭捕賊兵士誤殺郤新齊州防禦使祕瓊初延光將萌異志使人潛
結于瓊諾之及是以瓊背其謀密使精騎殺之由是延光反狀明矣以工部侍
郎李玘檢校右僕射爲汾州刺史以前彰國軍節度使尹暉爲左千牛衞上將
軍是日詔曰西天中印土摩竭陁舍衞國大菩提寺三藏阿闍梨沙門室利縛

曜宜賜號宏梵大師庚午涇州節度使李德珫徐州節度使安彥威秦州節度使康福延州節度使劉景巖襄州節度使安從進夏州節度使李彝殷並加食邑實封壬申正衙備禮冊贈故皇弟皇子等丙子故契丹人皇王歸葬輟視朝一日改汴州雍邱縣爲杞縣避廟諱也戊寅以兵部侍郎判戶部李崧爲中書侍郎同中書門下平章事充樞密使以權知樞密使事中書侍郎同中書門下平章事集賢殿學士桑維翰爲樞密使是日詔曰應天開國恭己臨人宜覃繼絕之恩以廣延洪之道宜于唐朝宗屬中取一人封公世襲兼隋之酅公爲二王後以後周介公備三恪主其祭祀及赴大朝會（五代會要載原敕云其唐朝宗屬中舊在朝及諸道爲官者各據資歷考限滿日從品秩序遷已有出身任令參選）以前鎮國軍節度使皇甫立爲神武統軍以前宗正卿李郁爲太子賓客庚辰以吏部侍郎龍敏判戶部二月丙戌以尚食使安友規充葬明宗皇后監護使以河陽節度使安審暉爲鄜州節度使癸巳詔停北京西北面討度司事吳越國王錢元瓘加食邑實封改賜功臣名號己亥詔應諸道行軍副使等得替後且就私家取便安止限一年後方得赴闕當便與

比擬壬寅詔應諸道馬步都虞候自今後朝廷更不差補委自藩方于本州衙前大將中慎選久歷事任曉會刑獄者充以三年限仍不得于元隨職員內差補以左散騎常侍孔昭序爲太子賓客尚書左僕射劉昫右僕射盧質並加食邑實封甲辰以滄州留後馬全節爲橫海軍節度使以太子賓客韓惲爲貝州刺史左羽林統軍羅周敬爲右金吾衛上將軍丙午以皇子左驍衛上將軍重信爲檢校太保河陽三城節度使以權知河陽軍州事周瓌爲安州節度使詔中外臣僚或因差使出入並不得薦屬人于藩鎮希求事任如有犯者並準唐長興二年敕條處分戊申中書舍人陳乂改左散騎常侍應在朝文武百僚及見任刺史先代未封贈者與加封贈母妻未敘封者並與敘封辛亥天和節帝御長春殿召左右街僧錄威儀殿內譚經循舊式也三月甲寅制北京留守太原尹皇子重貴封食邑三百戶刑部侍郎張鵬改兵部侍郎己未御史臺奏唐朝定令式南衙常參文武百僚每日朝退于廊下賜食謂之常食自唐末亂離常食漸廢仍于入閤起居日賜食每入閤禮畢閤門宣放仗羣官俱拜謂之謝

食至僞主清泰年中入閣禮畢更差中使至正衙門口宣賜食百官立班重謝此則交失唐朝賜食之意于禮實爲太煩臣恐因循漸失根本起今後入閣賜食望不差中使口宣準唐明宗朝事例處分從之五代會要載其年四月御史臺奏文武百官每月朔望入閣禮畢賜廊下食在京時祇于廟堂幕次兩廊下今在行朝于正衙門外權爲幕次房廊隘狹伏恐五月一日朝會禮畢準例賜食于幕次難爲排比伏見唐明宗時兩省官于文明殿前廊下賜食今未審入閣口權于正衙門內兩廊下排比賜食爲復別有處分敕宜依明宗時舊規廊下賜食中書奏準敕故庶人三月七日以王禮葬其妻男等竝以禮葬請輟其日朝參一日從之以宣徽南院使楊彥詢爲左監門衛上將軍依前充宣徽使兗州李從温奏節度副使王謙搆軍士作亂尋已處置丙寅詔王者省方設教靡憚于勤勞養士撫民必從其宜便顧惟涼德肇啓丕圖常務去于煩苛冀漸臻于富庶念京城俶擾之後屬舟船焚爇之餘饋運頓虧支費殊闕將別謀于飛輓慮轉困于生靈以此疚心未嘗安席今以夷門重地梁苑雄藩水陸交通舟車畢集爰資經度須議按巡寧免暫勞所期克濟取今月二十六日巡幸汴州云通鑑范延光聚卒繕兵悉召巡內刺史集魏州將作亂會帝謀徙都大梁桑維翰曰大梁北控燕趙南通江淮水陸都會資用富饒今延光反形已露大梁距魏不過十驛彼若有變大

軍尋至所謂疾雷不及掩耳也丙寅下詔託以洛陽漕運有闕東巡汴州以前貝州刺史史圭爲刑部侍郎充諸道
鹽鐵轉運副使前澤州刺史閻至爲戶部侍郎詔車駕經過州府管界所有名
山大川帝王陵廟名臣祠墓去路十里者令本州排比祇候駕經過日以酒脯
祭告左僕射劉昫等議立宗廟以立高祖已下四親廟其始祖一廟伏候聖裁
御史中丞張昭遠議請依隋唐之制立四廟推四世之中名位高者爲太祖詔
下百官定議百官請依唐廟追尊四廟爲定從之甲戌以右龍武統軍楊思權
爲左衛上將軍乙亥前鄜州節度使張萬進加檢校太傅前宋州節度使李從
敏加檢校太尉以吏部郎中兼侍御史知雜事薛融爲左諫議大夫以兵部郎
中段希堯爲右諫議大夫戊寅以戶部尚書王權爲兵部尚書工部尚書崔居
儉爲戶部尚書兵部尚書李鏻爲太子少保兵部尚書致仕裴皥爲工部尚書
東上閤門使李守貞爲右龍武將軍充職庚辰車駕離京四月癸未朔至鄭州
防禦使白景友進牲餼器皿帝曰不出民力否景友曰臣畏陛下法皆辦于己
俸命收之甲申駕入汴州丁亥制應天福二年四月五日昧爽已前諸道州府

見禁囚徒大辟已下罪無輕重並釋放天福元年已前諸道州府應係殘欠租稅並特除免諸道係徵諸色人欠負省司錢物宜令自僞清泰元年終已前所欠者據所通納到物業外並與除放昨者行至鄭州滎陽縣界路旁見有蟲食及旱損桑麥處委所司差人檢覆量與蠲免租稅河陽管內酒戶百姓應欠天福元年閏十一月二十五日已前不敷年額麴錢並放其諸處應經兵火者亦與指揮當罪即誅式明常典既往可憫宜示深仁僞清泰中臣僚內有從誅戮者並許收葬天下百姓有年八十已上者與免一子差徭仍逐處簡署上佐官梁故滑州節度使王彥章効命當時致身所事稟千年之正氣流百代之令名宜令超贈太師子孫量才敍錄應諸道州府管界有自僞命抽點鄉兵之時多是結集劫盜因此畏懼刑章藏隱山谷宜令逐處曉諭招攜各令復業自今年四月五日已前爲非者一切不問如兩月不歸業者復罪如初丁酉宣武軍節度使侍衞親軍使楊光遠加兼侍中己亥陝州節度使侍衞都虞候劉知遠加檢校太保庚子北京鄴都徐兗二州並奏旱詔今後立妃及拜免三公宰相及

命將封親王公主宜令並降制命餘從令式處分夏五月壬子朔帝御崇元殿受朝賀仗衛如式詔洛京魏府管內所徵今年夏苗稅物等宜放五分之一以徵旱故也丙辰御史中丞張昭遠奏汴州在梁室朱氏稱制之年有京都之號及唐莊宗平定河南復廢爲宣武軍至明宗行幸之時掌事者因緣修葺衙城遂挂梁室時宮殿門牌額當時識者或竊非之一昨車駕省方暫居梁苑臣觀衙城內齋閤牌額一如明宗行幸之時無都號而有殿名恐非典據臣竊尋秦漢已來寰海之內鑾輿所至多立宮名近代隋室于揚州立江都宮太原立汾陽宮岐州立仁壽宮唐朝于太原立晉陽宮同州立長春宮岐州立九成宮宮中殿閤皆題署牌以類皇居請準故事于汴州衙城門權挂一宮門牌額則餘齋閤並可取便爲名敕行闕宜以大寧宮爲名湖南青草廟舊封安流侯進封廣利公洞庭廟進封靈濟公磊石廟舊封昭靈侯進封威顯公黃陵二妃廟舊封懿節廟改封昭烈廟從馬希範之請也戊午以前成德軍節度判官張彭爲太府卿壬戌詔在朝文武臣僚每人各進封事一件仍須實封通進務裨闕政

用副虛懷甲子以虞部郎中知制誥于嶠爲中書舍人以戶部郎中于遘爲虞部郎中知制誥故太子少保致仕朱漢賓贈司空乙丑六宅使王繼宏送義州衙前收管前洛州團練使高信送復州收管二人于崇禮門內喧爭爲臺司所劾故也戊辰翰林學士戶部員外郎知制誥竇貞固改工部郎中知制誥翰林學士都官郎中知制誥李愼儀改中書舍人仍賜金紫並依舊充職庚午制封皇第二十一女爲長安公主封皇第十一妹烏氏爲壽安長公主皇第十二妹史氏爲永壽長公主皇第十三妹杜氏爲樂平長公主壬申天雄軍節度使守太傅兼中書令興唐尹范延光進封臨清王加食邑三千戶鳳翔節度使檢校太師兼中書令西平王李從曮進封岐王丙子平盧軍節度使兼中書令王建立進封臨淄王昭信軍節度使侍衞馬軍都指揮使景延廣改寧江軍節度使典軍如故太常卿梁文矩奏定四廟謚號廟號陵號太常少卿裴坦奏定四廟皇后追尊謚號從之戊寅以中書舍人權知貢舉王延爲御史中丞以翰林學士戶部侍郎知制誥崔棁爲兵部侍郎充承旨以翰林學士承旨兵部侍郎程

遜爲檢校禮部尚書太常卿以檢校禮部尚書太常卿梁文矩爲吏部尚書以御史中丞張昭遠爲戸部侍郎以吏部尚書盧文紀爲太子少傅己卯詔太社內先收掌唐朝罪人首級等宜令骨肉或先舊僚屬收葬其喪葬儀注不得過制六月壬午朔制宗正卿石光贊奏滎陽道左有萬石君石奮之廟德行懿美宜示封崇用光遠祖之徽猷益茂我朝之盛典贈奮太傅癸未契丹使伊勒希巴來聘致馬二百匹及人參貂鼠皮走馬木椀等物乙酉翰林學士司封員外郎知制誥王仁裕改都官郎中右贊善大夫盧損改右散騎常侍前有朝貶故也以祕書少監致仕劉頎爲鴻臚卿致仕前光祿少卿尹玉羽以少府監致仕丙戌宰臣李崧上表讓樞密使于趙瑩以瑩佐命之元臣也詔不允以前義成軍節度使李彥舜爲左武衛大將軍以左散騎常侍唐汭爲檢校禮部尚書國子祭酒以前左龍武統軍李承約爲左驍衛上將軍戊子宰臣趙瑩自契丹使迴癸巳東都奏瀍澗河溢壞金沙灘內舍屋幽州趙思温奏瀛莫兩州元係當道其刺史常行周白彥球乞發遣至臣本府詔遣行周等赴闕甲午六宅使張

言自魏府迴奏范延光叛命滑州符彥饒飛奏有兵士自北來傳范延光到黎陽乞發兵屯禦宣遣客省使李守貞往延光所問罪尋命護聖都指揮使白奉進領騎士一千五百赴白馬渡巡檢乙未魏府范延光男閑廄使守圖送御史臺攝荊南節度行軍司馬檢校太保歸州刺史王保義加檢校太傅知武泰軍節度觀察留後充荊南行軍司馬兼沿淮巡檢使襄州奏江水漲一丈二尺丁酉遣內班史進能押信箭一對往滑州賜符彥饒以前磁州刺史劉審交爲魏府計度使以東都巡檢使張從賓充魏府西南面都部署遣侍衞使楊光遠領步騎一萬赴滑州以東都副留守張延播充洛京都巡檢使白奉進奏捉得賊卒張柔稱范延光差澶州刺史馮暉充一行都部署元從都押衙孫銳充一行兵馬都監帝覽奏謂侍臣曰朕雖寡德寡謀自謂不居延光之下而馮暉孫銳過于兒戲朝夕就擒安能抗拒大軍爲我之患乎天平軍節度使安審琦起復舊任翰林學士禮部侍郎和凝改端明殿學士乙巳范延光差牙將王知新齎表到闕不令朝見收付武德司丁未詔侍衞使楊光遠充魏府西面都部署以

張從賓充副兼諸軍都虞候昭義節度使高行周充魏府西面都部署是日張從賓亦叛與范延光協謀害皇子河陽節度使重信皇子東都留守重乂己酉以奉國都指揮使侯益護聖都指揮使杜重威領步騎五千往屯汜水關備從賓之亂也（通鑑七月張從賓攻汜水關殺巡檢使宋廷浩帝戎服嚴輕騎將奔晉陽以避之桑維翰叩頭苦諫曰賊鋒雖盛勢不能久請少待之不可輕動帝乃止）七月辛亥兩浙錢元瓘奏弟吳越士客馬步諸軍都指揮使靜海軍節度使元球非時入府欲謀爲亂腰下搜得七首已誅戮訖詔削元球在身官爵甲寅奉國都指揮使馬萬奏滑州節度使符彥饒作亂屠害侍衛馬軍都指揮使白奉進尋以所部兵擒到彥饒差立功都虞候方太押送赴闕尋賜死于路是日削奪范延光在身官爵以馬萬爲滑州節度使以昭義節度使高行周爲河南尹東都留守充西面行營諸軍都部署以護聖左右廂都指揮使杜重威爲昭義節度使兼侍衛馬軍都指揮使充西面行營副部署以奉國都指揮使侯益爲河陽節度使以右神武統軍王周充魏府行營步軍都指揮使以滑州節度使馬萬充魏府行營馬軍都指揮使以左僕射劉昫充東都留守兼判河

南府事杜重威等奏收下汜水關破賊千人張從賓及其殘黨奔投入河兼收到護聖指揮使曹再晟一百人騎稱背賊投來並送赴行闕升貝州爲防禦使額皇子故東都留守重乂贈太傅皇子故河陽節度使重信贈太尉敕朋助張從賓逆人張延播張繼祚等十人宜令收捕親的骨肉並處斬丁卯以唐開府儀同三司守太尉兼中書令西平王李晟五代孫纖爲耀州司戶參軍示勸忠之義也壬申帝御崇元殿備禮冊四廟親授寶冊于使攝太尉守司空門下侍郎平章事馮道使副攝司徒守工部尚書裴皞赴洛京行禮甲戌以宰臣趙瑩判戶部以吏部侍郎判戶部龍敏爲東都副留守詔洛京留司百官並赴闕安州軍亂指揮使王暉害節度使周瓌于理所遣右衞上將軍李金全領千騎赴安州八月辛巳以許州節度使萇從簡爲徐州節度使以陝州節度使侍衞馬步軍都虞候劉知遠爲許州節度使以權北京留守徐州節度使安彥威爲太原尹北京留守河東節度使宰臣監修國史趙瑩奏請循近例依唐明宗朝凡有內廷公事及言動之間委端明殿學士或樞密院學士侍立冕旒繫日編錄

逐季送當館其百司公事亦望逐季送當館旋要編修日曆從之丁亥以前宋州節度使李從敏爲陝州節度使戊子以尙書左丞鄭韜光爲戶部尙書致仕改元德殿爲廣政殿門名從之庚子華州奏渭河泛溢害稼宰臣馮道加開府儀同三司食邑實封左僕射劉昫加特進兼鹽鐵轉運等使故東京留守判官李遐追贈右諫議大夫其母田氏封京兆郡太君子孫量才敘錄仍加賻贈長給遐在身祿俸終母之世先是遐監左藏庫于洛陽會張從賓判令強取錢帛遐拒而不與因而遇害故有是命乙巳詔天下見禁囚徒除十惡五逆放火劫舍持仗殺人合造毒藥官典犯贓欠負官錢外其餘不問輕重已發覺未發覺已結正未結正並從釋放應自張從賓作亂已來有曾被張從賓及張延播脅從染汙者及符彥饒下隨身軍將等兼安州王暉徒黨除已誅戮外並從釋放一切不問張繼祚在喪紀之中承逆豎之意顯從叛亂難貸刑章乃睠先臣實有遺德遽茲乏祀深所軫懷其一房家業準法雖已藉沒所有先臣并祖父母墳莊祠堂並可交付骨肉主張應自梁朝後唐已來前後奉使及北京沿邊管

界擄掠往向北人口宜令官給錢物差使賫持往彼收贖放歸本家云繼祚故
齊王全義之子也故有是詔丙午詔天下刑獄繫囚染疾者宜差醫工治療官
中量給藥價事輕者仍許家人看候合杖者俟損日決遣九月庚戌朔以前太
府卿兼通事舍人陳瓚爲衛尉卿兼通事舍人壬子故安遠軍節度使周瓌贈
太傅甲寅皇子北京留守知河東軍府事太原尹重貴加檢校太保爲右金吾
衛上將軍以右龍武統軍安崇阮爲右衛上將軍以前保大軍節度使檢校太
傅張萬進爲右龍衛軍統軍以右領軍衛上將軍權知安州軍州事李金全爲
安遠軍節度使魏府招討使楊光遠進攻城圖戊午以太子賓客孔昭序爲工
部尚書致仕將作少監高鴻漸上言伏覩近年已來士庶之家死喪之苦當殯
葬之日被諸色音聲伎藝人等作樂攪擾求覓錢物請行止絕從之庚申靜江
軍節度使檢校太尉同平章事馬希杲加階爵及功臣名號以前兵部侍郎楊
凝式爲檢校兵部尚書太子賓客故右金吾衛上將軍羅周敬贈太傅乙丑鄧
州節度使李從璋卒贈太師改興唐府爲廣晉府興唐縣爲廣晉縣癸酉以左

諫議大夫判度支王松爲尚書工部侍郎甲戌貝衞兩州奏河溢害稼乙亥以
將作監王峄爲太子賓客十月壬午以宣徽南院使左監門衞上將軍楊彥詢
爲鄧州威勝軍節度使詔選人試判兩道以左司郎中張瑑爲右諫議大夫以
刑部侍郎鹽鐵轉運副使史圭爲吏部侍郎以曹州刺史宋光業爲宣徽北院
使以左金吾衞大將軍高漢筠爲左驍衞大將軍充內客省使以宣徽北院使
左驍衞大將軍劉處讓爲左監門衞上將軍充宣徽南院使丙戌遣使祀五嶽
四瀆故天平軍節度使閻寶追封太原郡王故大同軍節度使李存璋贈太師
故瀛州刺史李嗣顒贈太尉故相州刺史史建瑭故代州刺史王建及並贈太
保故幽州節度使周德威追封燕王十一月庚戌賜楊光遠空名官告自司空
至常侍凡四十道將士立功者得補之而後奏中書上言準唐貞元二年九月
五日敕文官充翰林學士及皇太子諸王侍讀武官充禁軍職事並不常朝參
其在三館等諸職事者並朝參訖各歸所務自累朝以來文武在內廷充職兼
判三司或帶職額及六軍判官等例不赴常朝元無正敕準近敕文武職事官

未升朝者按舊制並赴朔望朝參其翰林學士侍讀三館職事望準元敕處分其諸在內廷諸司使等每受正官之時來赴正衙謝後不赴常朝大朝會不離禁廷位次三司職官免常朝惟赴大朝會其京司未升朝官員祇赴朔望朝參帶諸司職掌者不在此例文官除端明殿翰林學士樞密院學士中書省知制誥外有兼官兼職者仍各發遣本司公事從之丙辰太子賓客王岯卒改潞京潛龍宅爲廣德宮北京潛龍宅爲興義宮戊午中書奏準雜令車駕巡幸所祇承者賜會並同京官從之戊辰鎮海鎮東節度使吳越王錢元瓘加天下兵馬副元帥封吳越國王庚午以右拾遺李澣充翰林學士甲戌命太常卿程遜兵部員外郎韋棁充吳越國王加恩使丙子以戶部侍郎張昭遠守本官充翰林學士仍知制誥丁丑湖南馬希範貢寶裝龍鳳器用結銀花果子等物帝覽之謂侍臣曰奇巧蕩心斯何用耳但以來遠之道不欲阻其意聞者服之壬午安州李金全上言奉詔抽臣元隨左都押衙胡漢筠其人染重病候損日赴闕漢筠本滑吏也從金全歷數鎮而濫聲諠聞帝知之欲授以他職免昭功臣漢筠

懼其罪遂託疾由是勸金全貳于朝廷自此始也十二月以監察御史徐台符爲尙書膳部員外郎知制誥以右補闕史官修撰吳承範爲尙書屯田員外郎知制誥左諫議大夫薛融改中書舍人辭而不拜尙書水部郎中知制誥王易簡改中書舍人故隴西郡王李嗣昭追封韓王故橫海軍節度使安審通贈太師辛丑湖南節度使兼中書令楚王馬希範加食邑實封改賜扶天佐運同德致理功臣甲辰車駕幸相國寺祈雪

舊五代史卷七十六

舊五代史卷七十六考證

晉高祖紀二甲戌車駕至昭義　案歐陽史及通鑑並從是書作甲戌至潞州遼史作辛未與是書異

己卯至河陽北　案是書唐紀作庚辰晉帝至河陽遼史又作辛巳並與此紀異通鑑作己卯與此紀同

乙卯日有食之　案五代春秋作正月乙卯朔日食通鑑考異引十國紀年蜀人亦以乙卯爲朔蓋晉人避正朝日食故改甲寅朔耳

定州奏契丹改幽州爲南京　南京歐陽史作燕京通鑑遼史契丹國志並作南京

安州上言節度使盧文進殺行軍副使率部下親兵過淮　案盧文進棄鎮奔吳通鑑作元年十二月五代春秋歐陽史作二年正月與是書同

洞庭廟進封靈濟公　案洞庭廟不載舊封疑有脫文考五代會要十國春秋並與是書同

磊石廟舊封昭靈侯進封威顯公　威顯公五代會要作廣利威顯公

以奉國都指揮使侯益爲河陽節度使　案宋史侯益傳晉祖召益謂曰宗社危若綴旒卿能爲朕死耶益曰願假銳卒五千人破賊必矣以益爲西面行營副都部署據是書高行周爲都部署杜重威爲副部署不言侯益爲副都部署與宋史異

杜重威等奏收下汜水關破賊千人張從賓及其殘黨奔投入河　案宋史侯益傳益率禁兵數千人次虎牢從賓軍萬餘人夾汜水而陣益親鼓士乘之大敗其衆擊殺殆盡汜水爲之不流從賓乘馬入河溺死據是書秪言破賊千人與宋史異

安州軍亂指揮使王暉害節度使周瓌于理所　案王暉害周瓌五代春秋通鑑俱不書日歐陽史作丙子是書作甲戌諸史所載俱異

大詳袞舊作大相溫今改　伊勒希巴舊作夷離畢今改

舊五代史卷七十六考證

舊五代史卷七十七

宋門下侍郎參知政事監修國史薛居正等撰

晉書第三

高祖紀三

天福三年正月戊申朔，帝御崇元殿受朝賀，仗衛如式。己酉，百官守司，以太史先奏日食故也，至是不虧，內外稱賀。壬戌，是夜以上元張燈于京城，縱都人遊樂，帝御大寧宮門樓觀之。丙寅，端明殿學士、禮部侍郎和凝兼判度支，工部侍郎、判度支王松改尚書刑部侍郎，戶部郎中高延賞改左諫議大夫，充諸道鹽鐵轉運副使。壬申，以前右諫議大夫薛融爲左諫議大夫，前興元節度使張筠卒于西京。輟視朝一日。五代會要：太常禮院申，準故事，前節度使無例輟朝，勑宜特輟一日朝參。二月庚辰，左散騎常侍張允進駁赦論，帝覽而嘉之，降詔獎飾，仍付史館。甲申，荆南節度使高從誨加食邑實封。戊子，翰林學士李澣賜緋魚袋，以尚書屯田員外郎、知制誥吳承範爲庫部員外郎，充樞密院直學士。乙未，御札曰：「曾有宣示百官，令進封事，今據到者未及十人朕雖無德自行敕後已是數月至于假手于人也合各有一件事數奏食祿于朝豈當如是言而不用朕所甘心用而不言誰之責也丙申制武清軍節度使馬希蕚改威武軍節度使辛丑中書上言禮經云禮不諱嫌名二名不偏諱注云嫌名謂音聲相近若禹與雨邱與區也二名不偏諱謂孔子之母名徵在言在不稱徵言徵不稱在此古禮也唐太宗二名並諱明皇二名亦同人姓與國諱音聲相近是嫌名者亦改姓氏與古禮有異廟諱平聲字即不諱餘三聲諱側聲即不諱平聲字所諱字正文及偏旁闕點畫望依令式施行詔曰朝廷之制今古相沿道在人宏禮非天降方開曆數虔奉祖宗雖踰孔子之文未爽周公之訓所爲二名及嫌名事宜依唐禮施行（案太原縣有史匡翰碑立于天福八年匡翰建瑭之子也碑于瑭字空文以避諱而建瑭父敬思仍書敬字蓋當時避諱之體如此）乙巳天和節宴近臣于廣政殿三月戊午鴻臚卿劉頎卒贈太子賓客壬戌東上閤門使前司農卿蘇繼顏改鴻臚卿充職回鶻可汗王仁美進野馬獨峯駝玉團碙砂等方物甲戌永壽長公主薨輟朝一日故涇州節度觀察留後盧順密贈右驍衛上將軍丁丑

詔禁止私下打造鑄瀉銅器四月丁亥以尚書吏部侍郎盧詹爲尚書左丞中書舍人李詳上疏請沙汰在朝文武臣僚以減冗食仍條貫藩侯郡守凡遇溥恩不得多奏衙前職員妄邀恩澤疏奏嘉之戊子宣武軍節度侍衛親軍馬步軍都指揮使廣晉府行營都招討使楊光遠加兼中書令昭義節度使侍衛馬軍都指揮使廣晉府行營都排陣使杜重威河陽節度使兼奉國左右廂都指揮使廣晉府行營馬步都虞候侯益並加檢校太傅鳳翔節度使檢校太師兼中書令岐王李從曮進封秦王平盧軍節度使檢校太尉兼中書令臨淄王王建立進封東平王甲午泰寧軍節度使李從温西京留守京兆尹李周歸德軍節度使趙在禮並加兼侍中是月諸道藩侯郡守皆等第加恩改雍熙樓爲章和樓避廟諱也五月丁未朔帝御崇元殿受朝仗衛如式丁巳詔應諸州縣名犯廟諱者並改之庚申以楊光遠男承祚爲檢校工部尚書左威衛將軍駙馬都尉丁卯魏府行營步軍都指揮使檢校司徒右神武統軍王周加檢校太保戊辰故振武節度使李嗣本贈太尉己巳詔中外臣僚帶平章事侍中中書令

及諸道節度使並許私門立戟仍並官給及據官品依令式處分六月丁丑右監門衞上將軍王彥璘卒甲申以太子詹事王居敬制置安邑解縣兩池榷鹽事左諫議大夫薛融上疏請停修洛京大內優詔褒之尋罷營造庚寅翰林學士尚書工部郎中知制誥竇貞固改中書舍人充職戶部尚書致仕蕭蘧卒贈右僕射詔貢舉宜權停一年以員闕少而選人多常調有淹滯故也丁酉詔尚書司門應管諸闕令丞等宜準唐天成四年四月四日敕本司不得差補秖委闕鎮使鈐轄見差補者並畫時勒停訖奏聞應常帶使相節度使自楊光遠已下凡七人並改鄉里名號七月丙午朔差左諫議大夫薛融祕書監呂琦駕部員外郎兼侍御史知雜事劉皞刑部郎中司徒詡大理正張仁瑑同共詳定唐明宗朝編敕庚戌御史中丞王延改尚書右丞尚書右丞盧導改尚書吏部侍郎以左諫議大夫薛融爲御史中丞辛酉製皇帝受命寶以受天明命惟德允昌爲文據六典受命寶者天子修封禪禮神祇則用之其始皆破皇業錢以製之皇業者藩邸主事之所有也五代會要天福三年六月中書門下奏準敕製皇帝受命寶今案唐貞觀十六年太宗文皇帝

所刻之璽白玉爲螭首其文曰皇帝景命有德者昌敕宜以受天明命惟德允昌爲文刻之壬戌虞部郎中知制誥于遘改中書舍人宰臣趙瑩桑維翰李崧各改鄉里名號荊南節度使高從誨本貫汴州浚儀縣王畿鄉表節東坊改爲擁旌鄉浴鳳里八月戊寅以左僕射劉昫爲契丹冊禮使左散騎常侍韋勳副之給事中盧重爲契丹皇太后冊禮使壬午魏府軍前奏前澶州刺史馮暉自逆城來歸定州奏境內旱民多流散詔曰朕自臨寰宇每念生民務切撫綏期于富庶屬干戈之未戢慮徭役之或煩惟彼中山偶經夏旱因茲疾苦遽至流移達我聽聞深懷憫惻應定州所差軍前夫役逃戶夏秋稅並放甲申襄州奏漢江水漲一丈一尺己丑以前澶州刺史馮暉爲檢校太保充義成軍節度使詔河府同州絳州等三處災旱逃移人戶下所欠累年殘稅幷今年夏稅差科及麥苗子沿徵諸色錢物等並放其逃戶下秋苗據見檢到數不計是元額及出剩頃畝並放一半委觀察使散行曉諭專切攜應歸業戶人仍指揮逐縣切加安撫翰林學士中書舍人竇貞固上言請令文武百僚逐司之內各奏舉一人述其人有某能堪爲某官某職據所薦減

否定舉主黜陟宋史竇貞固傳載此疏略云爲國之要進賢是先陛下方樹丕基宜求多士乞降詔百僚令各司議定一人有何能識堪何職官朝廷依奏用之若能符薦引果謂當才所奏之官望加獎賞如乖其舉或涉徇私所奏之官宜加黜罰自然官由德序位以才升三人同行尚聞擇善十目所視必不濫知臣職在論思敢陳狂狷疏奏嘉之仍令文武百官于搢紳之內草澤之中知灼然有才器者列名以奏宴契丹冊禮使于廣政殿戊戌鄆州奏陽穀縣界河決青州王建立奏高麗國宿衛質子王仁翟乞放歸鄉里從之辛丑鎮邢定三州奏奉詔共差樂官六十七人往契丹詔魏府城下自屯軍已來墳墓多經劚掘雖已差人收掩今更遣太僕卿邢德昭往伸祭奠九月己酉宮苑使焦繼勳自軍前押范延光牙將馬諤齎歸命請罪表到闕壬子延光領部下士素服于本府門俟命有詔釋罪乙卯詔司空兼門下侍郎平章事馮道官一品給門戟十六枝中書侍郎平章事桑維翰李崧給門戟十二枝己未宣遣靜鞭官劉守威左金吾仗勘契官王英司天臺雜叫學生商暉等並赴契丹庚申契丹使人往洛京般取趙氏公主宋史趙贊傳德鈞父子降晉契丹盡錮之北去贊獨與母公主留西洛天福三年晉祖命贊奉母歸薊門襄州奏漢江水漲三丈出岸害稼東都奏洛陽水漲一丈五尺壞下浮橋乙丑于闐國

王楊仁美遣使貢方物回鶻可汗遣使貢駝馬丙寅趙延壽進馬謝恩放燕國長公主歸幽州范延光差節度副使李式到闕奉表首罪兼進玉帶一條遣宣徽南院使劉處讓權知魏府軍府事己巳復范延光官爵其制略曰頃朕始登大寶未靜中原六飛纔及于京師千里未通于懷抱楚王求舊方在遺簪曾子傳疑忽成投杼尋聞悛悔遽戢姦回干戈俄至于經時雷雨因思于作解果馳賓介疊貢表章向丹闕以傾心瀝素誠而効順而況保全黎庶完整甲兵納款斯來其功非細得不特頒鐵契重建牙章封本郡之土茅移欒郊之旌鉞至于將吏咸降絲綸於戲上穹之運四時不愆者信大道之崇三寶所重者慈活萬戶之傷夷息六師之勞瘁遂予仁惻旌爾變通永貽子孫長守富貴敬佩光寵可不美歟可復推誠奉義佐運致理功臣天雄軍節度管內觀察處置等使開府儀同三司守太傅兼中書令廣晉尹上柱國臨清王食邑一萬戶食實封一千戶改授鄆州刺史天平軍節度鄆齊（原本闕一字）等州觀察處置等使賜鐵券改封高平郡王仍令擇日備禮冊命以天雄軍節度副使檢校刑部尚書李式檢

校尚書右僕射充亳州團練使以貝州刺史孫漢威爲檢校太保隴州防禦使以天雄軍三城都巡檢使薛霸爲檢校司空衞州刺史以天雄軍馬步軍都指揮使王建爲檢校司空虢州刺史以天雄軍內外馬軍都指揮使藥元福爲檢校司空深州刺史以天雄軍內外步軍都指揮使安元霸爲檢校司空隨州刺史以天雄軍都監前河陽行軍司馬李彥珣爲檢校司空坊州刺史李式延光之舊僚也其餘皆延光之將佐也故有是命庚午遣客省使李守貞押器幣賜魏府立功將校辛未以魏府招討使楊光遠檢校太師兼中書令行廣晉尹充天雄軍節度使十月乙亥福建節度使王繼恭遣使貢方物戊寅契丹命使以寶冊上帝徽號曰英武明義皇帝歐陽史作契丹使中書令韓頻來奉冊是日左右金吾六軍儀仗太常鼓吹等並出城迎引至崇元殿前陳列如儀鄆州范延光奏到任內庚辰御札曰爲國之規在于敏政建都之法務要利民歷考前經朗然通論顧惟涼德獲啓丕基當數朝戰伐之餘是兆庶傷殘之後車徒既廣糈廩咸虛經年之輓粟飛芻繼日而勞民動衆常煩漕運不給供須今汴州水陸要衝山河形

勝乃萬庾千箱之地是四通八達之郊爰自按巡益觀宜便俾升都邑以利兵民汴州宜升爲東京置開封府仍升開封浚儀兩縣爲赤縣其餘升爲畿縣應舊置開封府時所管屬縣並可仍舊割屬收管亦升爲畿縣其洛京改爲西京其雍京改爲晉昌軍留守改爲節度觀察使依舊爲京兆府列在七府之上其曹州改爲防禦州其餘制置並委中書門下商量施行丙戌以護聖左廂都指揮使曹州刺史張彥澤爲鎮國軍節度使以工部尚書裴皞爲尚書左僕射致仕是日詔改大寧宮門爲明德門又改京城諸門名額南門尉氏以薰風爲名西二門鄭門梁門以金義乾明爲名北二門酸棗門封邱門以元化宣陽爲名東二門曹門宋門以迎春仁和爲名戊子以右金吾大將軍馬從斌爲契丹國信使考功郎中劉知新副之以前天平軍節度使檢校太尉同平章事安審琦爲晉昌軍節度使行京兆尹襄州奏江水漲害稼壬辰以樞密使中書侍郎平章事集賢殿大學士桑維翰兼兵部尚書皆罷樞密使案以上疑有闕文據通鑑考異引晉高祖實錄維翰與李崧並罷樞密使戊戌大赦天下以魏府初平故也庚子楊光遠朝覲到闕對于便

殿錫賚甚厚于闐國王李聖天册封爲大寶于闐國王以杭州嘉興縣爲秀州
從錢元瓘之奏也十一月甲辰樞密直學士祠部員外郎吴涓進金部郎中知
制誥樞密直學士庫部員外郎吴承範進祠部郎中知制誥乙巳鄆州范延光
來朝丙午封閩王昶爲閩國王加食邑一萬五千戸又以中吳建武等軍節度
使檢校太師兼中書令蘇州誠州刺史錢元璙爲太傅以清海軍節度使廣州
刺史錢元璹爲檢校太尉兼中書令仍改名元懿應有魏府行營將校及六軍
諸道本城將校等並與加恩戊申以門下侍郎平章事監修國史判戸部趙瑩
兼吏部尚書以威武軍節度福建管內觀察處置等使王繼恭爲特進檢校太
傅仍封臨海郡王以魏博節度使楊光遠爲守太尉洛京留守兼河陽節度使
判六軍諸衛事端明殿學士尚書禮部侍郎判度支和凝改尚書戸部侍郎充
職庚戌鄆州范延光上表乞休退詔不允辛亥升廣晉府爲鄴都置留守升廣
晉元城兩縣爲赤縣屬府諸縣升爲畿縣升相州爲彰德軍置節度觀察使以
澶衛二州爲屬郡其澶州仍升爲防禦州移于德勝口爲治所升貝州爲永清

軍置節度觀察使以博冀二州爲屬郡以西京留守高行周爲廣晉鄴都留守廣晉府行營中軍使貝州防禦使王延允加檢校太傅充相州彰德軍節度使廣晉府行營步軍都指揮使右神武統軍王周爲貝州永清軍節度使甲寅以范延光爲太子太師致仕丙辰以祕書監呂琦爲禮部侍郎歸德軍節度使趙在禮改天平軍節度使昭義軍節度使兼侍衞親軍馬步軍都虞候杜重威改忠武軍節度使忠武軍節度使侍衞親軍馬步軍都指揮使劉知遠改歸德軍節度使前河陽節度使兼奉國左右廂都指揮使侯益改昭義軍節度使癸亥割濮州濮陽縣隸澶州詔許天下私鑄錢以天福元寶爲文丙寅冬至帝御崇元殿受朝賀仗衞如式十二月甲戌朔以前兵部尚書梁文矩爲太子太師以鎭州節度副使符蒙爲右諫議大夫以吏部郎中曹國珍爲左諫議大夫丙子以前涇州彰義軍節度使李德珫爲晉州建雄軍節度使加同平章事以皇太子右金吾衞上將軍重貴爲檢校太傅開封尹封鄭王加食邑三千戶戊寅制以于闐國進奉使檢校太尉馬繼榮爲鎭國大將軍副使黃門將軍國子少監

張再通爲試衞尉卿監使殿頭承旨通事舍人吳順規爲試將作少監回鶻使

都督李萬金爲歸義大將軍監使雷德順爲順化將軍是日詔宜令天下無問

公私應有銅欲鑄錢者一任取便酌量輕重鑄造戊子以河陽潛龍宅爲開晉

禪院邢州潛龍舊宅爲廣法禪院龍武統軍李從昶卒輟朝一日贈太尉

舊五代史卷七十七

晉高祖紀三八月戊寅以左僕射劉昫爲契丹冊禮使左散騎常侍韋勳副之

給事中盧重爲契丹皇太后冊禮使　案歐陽史八月戊寅馮道及左僕射

劉昫爲契丹冊禮使通鑑戊寅以馮道爲太后冊禮使左僕射劉昫爲契丹

主冊禮使與是書此紀異

左金吾仗勘契官王英同天臺雞叫學生商暉等　王英歐陽史作王殷商暉

歐陽史作殷暉蓋是書避宣祖諱

九月己酉宮苑使焦繼勳自軍前押范延光牙將馬諤齎歸命請罪表到闕壬

子延光領部下士素服于本府門俟命有詔釋罪　案歐陽史作九月己酉

赦范延光蓋并書于奉表請罪之日也

以右金吾大將軍馬從斌爲契丹國信史考功郎中劉知新副之　案馬從斌

使契丹以報其加尊號也考通鑑則始以命王權權辭以老疾乃改命從斌

耳歐陽史止書從斌不載劉知新五代春秋作十月馮道使契丹

舊五代史卷七十七考證

舊五代史卷七十八

宋門下侍郎參知政事監修國史薛居正等撰

晉書第四

高祖紀四

天福四年春正月癸卯帝御崇元殿受朝賀仗衛如式丙午召太子太師致仕范延光宴于便殿以延光歸命之後慮懷疑懼故休假之內錫以款密帝謂之曰無忿疾以傷厥神無憂思以勞厥衷朕方示信于四方豈食言于汝也延光俯伏拜謝其心遂安丁未以西京副留守龍敏爲吏部侍郎戊申盜發唐閔帝陵己酉朔方軍節度使張希崇卒贈太師以澶州防禦使張從恩爲樞密副使甲寅以侍衛步軍都指揮使寧江軍節度使景延廣爲義成軍節度使以義成軍節度使馮暉爲朔方軍節度使乙卯左諫議大夫曹國珍上言請于內外臣寮之中選才略之士聚唐六典前後會要禮閣新儀大中統類律令格式等精詳纂集俾無漏落別爲書一部目爲大晉政統從之其詳議官宜差太子少卿

梁文矩左散騎常侍張允大理卿張澄國子祭酒唐汭大理少卿高鴻漸國子司業田敏禮部郎中呂咸休司勳員外郎劉濤刑部員外郎李知損監察御史郭延升等一十九人充文矩等咸曰攺前代禮樂刑憲爲大晉政統則堯典舜典當以晉典革名列狀駁之曰作者之謂聖述者之謂明苟非聖明焉能述作若運因革故則事乃惟新或改正朔而變犧牲或易服色而殊徽號是以五帝殊時不相沿樂三王異世不相襲禮至于近代率由舊章比及前朝日滋條目多因行事之失改爲立制之初或臣奏條章君行可否皆表其年月紀以姓名聚類分門成文作則莫不悉稽前典垂範後昆述自聖賢歷于朝代得金科玉條之號設亂言破律之防守而行之其來尚矣皇帝陛下運齊七政歷契千年爰從創業開基莫不積功累德所宜直筆具載鴻猷若備錄前代之編年目作聖朝之政統此則是名不正也夫名不正則言不順而媚時掠美非其實矣若翦截其辭此則是文不備也夫文不備則啓爭端而禮樂刑政于斯亂矣若改舊條而爲新制則未審何門可以刊削何事可以編聯旣當革故從新又須廢

彼行此則未知國朝能守不能守乎臣等同共參詳未見其可疏奏嘉之其事遂寢辛酉以前晉昌軍節度使李周爲靜難軍節度使是日封皇第十一妹安定郡主爲延慶長公主皇第十二妹廣平郡主爲清平長公主二月辛卯改東京玉華殿爲承福殿中書上言太原潛龍莊望建爲慶長宮使相鄉望改爲龍飛鄉都尉里望改爲神光里從之丁酉宰臣馮道左散騎常侍韋勳禮部員外郎楊昭儉自契丹使回帝慰勞備至錫賚豐厚庚子以天和節宴羣官于廣政殿賜物有差三月癸卯朔左僕射劉昫給事中盧重自契丹使回頒賜器幣如馮道等乙巳回鶻可汗仁美遣使貢方物中有玉狻猊實奇貨也丙午涇州節度使張萬進卒贈太師己未皇子開封尹鄭王重貴歸德軍節度使兼侍衛親軍馬步軍都指揮使劉知遠忠武軍節度使杜重威並加同中書門下平章事天平軍節度使趙在禮封衛國公庚申遣內臣趙處玭以版詔徵華山隱者前右拾遺鄭雲叟玉笥山道士羅隱之靈州戍將王彥忠據懷遠城作叛帝遣供奉官齊延祚乘驛而往彥忠率衆出降延祚矯制殺之詔齊延祚辜我誓言擅

行屠戮彰殺降之罪隳示信之文宜除名決重杖一頓配流王彥忠贈官收葬辛酉封回鶻可汗仁美爲奉化可汗癸亥以左龍武統軍皇甫遇爲鎭國軍節度使張彥澤爲彰義軍節度使夏四月壬申朔以河中節度副使薛仁謙爲衞尉卿丙子以汝州防禦使宋彥筠爲同州節度使以護聖左右軍都指揮使李懷忠爲侍衞親軍馬軍都指揮使領壽州忠正軍節度使以奉國左右廂都指揮使郭謹爲侍衞親軍步軍都指揮使夔州寧江軍節度使戊寅詔廢長春宮使額（五代會要載原勑云同州長春宮使額宜停沿宮職務委州司制置）乙卯改明德殿爲滋德殿宮城南門同名故也以華州節度使劉遂凝爲右龍武統軍以右龍武統軍張延蘊爲絳州刺使庚辰徵前右拾遺鄭雲叟爲右諫議大夫玉笥山道士羅隱之賜號希夷先生甲申以翰林學士承旨兵部侍郎崔梲權判太常卿以端明殿學士戶部侍郎和凝爲翰林學士承旨樞密院學士尚書倉部郎中司徒詡樞密院學士尚書工部郎中顏衎並落職守本官樞密副使張從恩改宣徽使初廢樞密院故也先是桑維翰免樞密之務以劉處讓代之奏議多不稱旨及處讓丁母憂

遂以密院印付中書故密院廢焉丙戌以韓昭允爲兵部尚書致仕馬允孫爲太子賓客致仕房暠爲右驍衞大將軍致仕皆唐末帝之舊臣也戊子升永岳二州爲團練使額改湘川縣爲全州從馬希範之奏也五月壬寅朔帝御崇元殿受朝仗衞如式癸卯以左僕射劉昫兼太子太保封譙國公乙巳昭順軍節度使姚彥章卒升靈州方渠鎮爲威州隸于靈武改舊威州爲清邊軍戊申湖南節度使馬希範加天策上將軍以前邠州節度使安叔千爲滄州節度使庚戌虞部郎中楊昭儉以本官知制誥辛亥置靜海軍于温州從錢元瓘之請也壬子以侍御史盧價爲戶部員外郎知制誥尽部尚書崔棁卒甲寅詔止絕朝臣不得外州府求覓表狀奏薦交親乙卯升金州爲節鎮以懷德軍爲使額以齊州防禦使潘瓌爲懷德軍節度使右諫議大夫致仕鄭雲叟賜號逍遙先生仍給致仕官俸丁巳以刑部尚書姚顗爲戶部尚書以兵部侍郎權判太常卿事崔棁爲尚書左丞以工部侍郎任贊爲兵部侍郎以禮部尚書李懌爲刑部尚書以左丞盧詹爲禮部尚書以左散騎常侍韋勳爲工部侍郎庚申廢華清

宮爲靈泉觀辛酉御史臺奏省郎知雜之時赴臺禮上軍巡邸吏之輩咸集公參赤縣府司悉呈杖印今後年深御史判雜上事欲依前例從之丙寅以鎮海軍衙內統軍上直馬步軍都監檢校太傅睦州刺史陸仁章爲同平章事遙領遂州武信軍節度使以鎮海軍與武左右開道都指揮使明州刺史仰仁銓爲檢校太傅同平章事領宣州寧國軍節度使從錢元瓘之請也六月辛未朔陳郡民王武穿地得黃金數餅州牧取而貢之帝曰宿藏之物既非符寶不合入官命付所獲之家庚辰西京大風雨應天福門屋瓦皆飛鴟吻俱折辛卯詔禮部貢舉宜權停一年秋七月庚子朔日有食之西京大水伊洛瀍澗盡溢壞天津橋癸卯以華清宮使李頃爲右領軍衞上將軍甲辰以定州節度使皇甫遇爲潞州節度使檢校太尉以潞州節度使侯益爲徐州節度使戊申御史中丞薛融等上詳定編勅三百六十八道分爲三十一卷是日詔先令天下州郡公私鑄錢近多鉛錫相兼缺薄小弱有違條制今後私鑄錢下禁依舊法壬戌以太子少保梁文矩爲太子太保致仕閏七月庚午朔百官不入閤兩霑服故也

壬申以中書侍郎平章事集賢殿大學士桑維翰爲檢校司空兼侍中相州彰德軍節度使以彰德軍節度使王延允爲義武軍節度使尙書戶部奏李自倫義居七世準敕旌表門閭先有鄧州義門王仲昭六代同居其旌表有廳事步欄前列屏樹烏頭正門閥閱一丈二尺二柱相去一丈柱端安瓦桶墨染號爲烏頭築雙闕一丈在烏頭之南三丈七尺夾街十有五步槐柳成列今舉此爲例則令式不該詔王仲昭正廳烏頭門等制不載令文又無敕命旣非故事難黷大倫宜從令式祇表門閭于李自倫所居之前量地之宜高其外門門外安綽楔門外左右各建一臺高一丈二尺廣狹方正稱臺之形圬以白泥四隅漆赤其行列樹植隨其事力其同籍課役一準令文壬午濮州刺史武從諫勒歸私第受贓十五萬故也丁酉故皇子河南尹重乂妻虢國夫人李氏落髮爲尼賜名悟因仍錫紫衣法號及夏臘二十八月己亥朔河決博平甘陵大水辛丑以守司空兼門下侍郎平章事宏文館大學士馮道爲守司徒兼侍中封魯國公壬寅詔曰皇圖革故庶政惟新宜設規程以諧公共其中書印祇委上位宰

臣一人知當戊申前兵部尚書王權授太子少傅致仕己酉以天下兵馬副元帥鎮海鎮東等軍節度使檢校太師行中書令吳越王錢元瓘爲天下兵馬元帥壬子升亳州爲防禦使額依舊隸宋州丙辰司天監馬重績等進所撰新曆降詔褒之詔翰林學士承旨和凝制序命之曰調元曆九月辛未以右羽林統軍周密爲鄜州節度使癸酉升婺州爲武勝軍額丁丑宴羣臣于永福殿契丹使訥默庫來聘致牛馬犬腊顛駿十四遼史會同二年正月戊申晉遣金吾衛大將軍馬從斌考功郎中劉知新來貢珍幣丙辰晉遣使謝免沿邊四州錢幣七月戊申晉遣使進犀帶閏月乙酉遣使賜晉良馬八月乙丑晉遣使貢歲幣奏輸戍亥二歲金幣于燕京己卯遙領洮州保順軍節度使鮑君福加檢校太師兼侍中判湖州諸軍事辛巳相州節度使桑維翰上言管內所獲賊人從來籍沒財產請止之詔今後凡有賊人準格律定罪不得沒納家貲天下諸州準此癸未封唐許王李從益爲郇國公奉唐之祀服色旌旗一依舊制仍以西京至德宮爲廟牲幣器服悉從官給五代會要九月勑周受龍圖立夏殷之祀唐膺鳳曆開酅介之封乃睠前朝載稽舊典宜封土宇俾奉宗祧宜以郇國三千戶封唐許王李從益爲郇國公云丙戌高麗王王建遣使貢方物己丑以中書侍郎平章事李崧權判集賢殿事

庚寅詔停寒食七夕重陽及十月暖帳內外羣官貢獻丙申以威勝軍節度副使羅周岳爲給事中中書舍人李詳改禮部侍郎禮部侍郎呂琦改刑部侍郎刑部侍郎王松改戶部侍郎戶部侍郎閻至改兵部侍郎中書舍人王易簡充史館修撰判館事冬十月戊戌朔故昭信軍節度使白奉進贈太尉丙午以太常卿程遜沒于海廢朝一日贈右僕射庚戌閩王王昶威武軍節度使王繼恭遣僚佐林恩鄭元弼等朝貢致書于宰執無人臣之禮帝怒詔令不受所貢應諸州綱運並令林恩鄭元弼等押歸本道既而兵部員外郎李知損上疏請禁錮使人籍沒綱運可之收林恩等下獄丙辰谿州刺使彭士愁以錦蔣之兵與蠻部萬人掠辰澧二境湖南節度使馬希範遣牙兵拒之而退金州山賊度從讜等寇洵陽遣兵討平之十一月甲戌以太子賓客李延範爲司農卿乙亥詔立唐高祖太宗及莊宗明宗閔帝五廟于洛陽丁丑祠部郎中知制誥吳承範改中書舍人充翰林學士翰林學士中書舍人竇貞固改御史中丞御史中丞薛融改尚書左丞尚書右丞王延改吏部侍郎尚書左丞崔梲改太常卿戊寅

史館奏請令宰臣一人撰錄時政記逐時以備撰述從之五代會要史館奏唐長壽二年右丞姚璹奏帝王謨訓不可闕文其仗下所言軍國政事令宰臣一人撰錄號時政記唐明宗朝又委端明殿學士撰錄逐季送付史館伏乞遵行者宜令宰臣一員撰述

己卯吏部侍郎龍敏改尚書左丞己丑以太子賓客楊凝式爲禮部尚書致仕詔建錢鑪于欒川丙申諫議大夫致仕逍遙先生鄭雲叟卒十二月丁酉朔百官不入閣大雪故也己亥故皇子重英妻張氏落髮爲尼賜名悟愼幷夏臘二十庚戌禮官奏來歲正旦王公上壽皇帝舉酒奏元同之樂再飲奏文同之樂三飲奏同前從之歌辭不錄丙辰詔今後城郭村坊不得創造僧尼院舍丁巳帝謂宰臣曰大雪害民五旬未止京城祠廟悉令祈禱了無其驗豈非涼德不儲神休未洽者乎因令出薪炭米粟給軍士貧民等壬戌禮官奏正旦上壽宮懸歌舞未全且請雜用九部雅樂歌教坊法曲從之

舊五代史卷七十八考證

晉高祖紀四以澶州防禦使張從恩爲樞密副使　樞密副使原本作樞密使

按下文亦作樞密副使今從歐陽史及宋史張從恩傳改正

以版詔徵華山隱者前右拾遺鄭雲叟　右拾遺歐陽史作左拾遺考是書前

後俱作右拾遺今仍其舊

以潞州節度使侯益爲徐州節度使　案宋史侯益傳天福四年晉祖追念虎

牢之功遷武寧軍節度同平章事是書不載同平章事五代會要所載天福

中使相有侯益與宋史同

今後私鑄錢下禁依舊法　案歐陽史七月丙辰復禁鑄錢是書作七月戊申

李自倫義居七世準勅旌表門閭　七世歐陽史作六世又旌表門閭歐陽史

作正月與是書作閏七月異

先有鄧州義門王仲昭六代同居　案王仲昭歐陽史作登州人

乙亥詔立唐高祖太宗及莊宗明宗閔帝五廟于洛陽案立唐廟于西京歐陽

舊五代史卷七十九

宋門下侍郎參知政事監修國史薛居正等撰

晉書第五

高祖紀五

天福五年春正月丁卯朔帝御崇元殿受朝賀仗衞如式降德音應天福三年終公私債欠一切除放壬申蜀人寇西鄙羣盜張達任康等劫清水德鐵之城以應之癸酉湖南奏閩人殺王昶夷其族王延羲因民之欲而定之甲戌遣宣徽使楊彥詢使于契丹辛巳皇子開封尹鄭王重貴加檢校太尉己丑回鶻可汗仁美遣使貢良馬白玉謝冊命也庚寅以二王後前右贊善大夫襲酅國公楊延壽爲太子左諭德三恪汝州襄城縣令襲介國公宇文頡加食邑三千戶辛卯升絳州爲防禦州癸巳以左神武統軍陸思鐸爲右羽林統軍以隴州防禦使何福進爲右神武統軍甲午太常少卿裴羽奏請追諡唐莊宗皇后劉氏爲神閔敬皇后明宗皇后曹氏請追諡爲和武憲皇后閔帝魯國夫人孔氏請

追謚爲閔哀皇后從之丙申河中節度使安審信奏軍校康從受李崇孫大裕張崇于千等以所部兵爲亂尋平之死者五百人二月丁酉朔沙州歸義軍節度使曹義金卒贈太師以其子元德襲其位乙巳御史中丞竇貞固奏國忌日宰臣跪爐焚香文武百寮列坐竊惟禮例有所未安今欲請宰臣仍舊跪爐百寮依班序立詔可之仍令行香之後飯僧百人永爲定制庚戌北京留守安彥威來朝帝慰接甚厚賜上樽酒壬子升中書門下平章事爲正二品丁巳青州節度使東平王王建立來朝己未以中書門下侍郎爲清望正三品諫議大夫御史中丞爲清望正四品三月丁卯朔右散騎常侍張允改禮部侍郎辛未宋州歸德軍節度使侍衛親軍馬步軍都指揮使劉知遠加特進改鄴都留守廣晉尹典軍如故以兗州節度使李從温爲徐州節度使以北京留守安彥威爲宋州節度使壬申詔朝臣覲省父母依天成例頒賜茶藥癸酉以青州節度使王建立爲昭義軍節度使進封韓王仍割遼沁二州爲昭義屬郡以建立本遼州人用成其衣錦之美也以晉州節度使李德琉爲北京留守以潞州節度使

皇甫遇爲晉州節度使是日容州節度使馬存卒甲戌以給事中李光廷爲左散騎常侍亳州團練使李式爲給事中乙亥相州節度使桑維翰加檢校司徒改兗州節度使許州節度使杜重威改鄆州節度使河中節度使安審信改許州節度使丁丑長安公主出降駙馬都尉楊承祚戊寅詔中書門下五品已上官于兩省上事宰臣押角之禮及第舉人與主司選勝筵宴及中書舍人靸鞋接見舉人兼兵部禮部引人過堂之日幕次酒食會客悉宜廢之己卯以前樞密使劉處讓爲相州節度使辛巳湖南遣牙將劉勍領兵大破溪峒羣蠻收溪錦蔣三州丁亥以秦州節度使康福爲河中節度使以徐州節度使侯益爲秦州節度使庚寅御明德樓餞送昭義軍節度使王建立賜玉斧蜀馬甲午詔吏部三銓聽四時選擬官旋奏不在團甲之限夏四月丙申朔宴羣臣于永福殿戊戌曹州防禦使石暉卒帝之從弟也禮官奏天子爲五服之內親本服周者三哭而止從之己亥罷洛陽京兆進苑囿瓜果憫勞人也壬寅右僕射致仕裴皞卒贈太子太保丙午詔曰承旨者承時君之旨非近侍重臣無以稟朕旨宣

于言是以大朝會宰臣承旨草制詔學士承旨若無區別何表等威除翰林承旨外殿前承旨宜改爲殿直密院承旨宜改爲承宣御史臺三司閤門客省所有承旨並令別定其名庚戌以滄州節度使馬全節爲安州節度使禮部侍郎張允奏請廢明經童子科從之因詔宏詞拔萃明算道舉百篇等科並停之五月癸酉宋州貢瑞麥兩歧甲申以前徐州節度使萇從簡爲右金吾衛上將軍丙戌安州節度使李金全叛詔新授安州節度使馬全節以洛汴汝鄭單宋陳蔡曹濮十州之兵討之以前鄜州節度使安審暉爲副以內客省使李守貞爲都監仍遣供奉官劉彥瑤奉詔以諭金全命麾下齊謙以詔送于淮夷雲夢人齊峴斬謙歸其詔于闕辛卯昭義節度使韓王王建立薨輟朝二日贈尚書令壬寅（壬寅上疑脫六月二字）少府監致仕尹玉羽卒癸卯淮南使李承裕代李金全金全南走承裕以淮兵二千守其城甲辰馬全節自應山縣進軍于大化鎮戊申與鄂州賊軍陣于安陸之南三戰而後克之斬首三千級生擒千餘人供奉官安友謙登鋒力戰奮不顧身全節賞其忠勇使馳獻捷書竭死于路是日削奪李

金全官爵丁巳淮夷僞校李承裕率衆掠城中貲貨而遁馬全節入城撫其遺民遣安審暉率兵以逐承裕擒而斬之執其僞都監杜光鄴及淮南軍五百餘人露布獻于闕下帝曰此輩何罪皆厚給放還癸亥道士崇真大師張薦明賜號通元先生是時帝好道德經嘗召薦明講說其義帝悅故有是命尋令薦明以道德二經雕上印版命學士和凝別撰新序冠于卷首俾頒行天下秋七月甲子朔降安州爲防禦使額以申州隸許州丙寅安州節度使馬全節加檢校太尉改昭義軍節度使前鄜州節度使安審暉加檢校太傅爲威勝軍節度使丁卯湖南奏遣天策府步騎將張少敵領兵五萬樓船百艘次于岳陽將進討淮夷也甲戌宣徽使楊彥詢加檢校太傅充安國軍節度使乙亥戶部尚書致仕鄭韜光卒贈右僕射戊寅福州王延羲遣商人閒路貢表自述戊子宿州奏淮東鎮移牒云本國奏書于上國皇帝曰久增景慕莫會光塵但循戰國之規敢預睦鄰之道一昨安州有故脫難相歸邊校貪功乘便據壘矧機宜之孰在顧茫昧以難申否臧皆凶乃大易之明義進取不止亦聖人之厚顏適屬暑雨

稍頻江波甚漲指揮未到事實已違今者猥沐睿咨曲形宸旨歸其俘獲示以
英仁其如軍法朝章彼此不可揚名建德曲直相懸雖認好生匪敢聞命其杜
光鄴等五百七人已令郤過淮北帝復書曰昨者災生安陸釁接漢陽當三伏
之炎蒸動兩朝之師旅豈期邊帥不稟上謀洎復城池備知本末尋已捨諸俘
執還彼鄉閭不惟念効命之人兼亦敦善鄰之道今承來旨將正朝章希循宥
罪之文用廣崇仁之美其杜光鄴等再令歸復尋遣使押光鄴等于桐墟渡淮
淮中有棹船甲士拒之南去不果詔光鄴等歸京師授以職秩其戎士五百人
立爲顯義都八月丁酉帝觀稼于西郊己亥詳定院以先奉詔詳定冬正朝會
禮節樂章二舞行列等事上之事具樂志庚子以前金州防禦使田武爲金州
懷德軍節度使辛丑升復郢二郡爲防禦使額戊午左龍武統軍相里金卒廢
朝一日贈太師己未太子太師致仕范延光卒于河陽廢朝二日贈太師丁卯
宰臣李崧加集賢殿大學士以翰林學士承旨戶部侍郎和凝爲中書侍郎平
章事丙子廢翰林學士院其公事並歸中書舍人丁丑以翰林學士中書舍人

李愼儀爲右散騎常侍以翰林學士左右補闕李澣爲吏部員外郎以右散騎常侍趙元輔爲太子賓客以太子賓客韓惲爲兵部尙書以右諫議大夫段希堯爲萊州刺史甲申西京留守楊光遠加守太尉兼中書令充平盧軍節度使封東平王戊子改東京上源驛爲都亭驛冬十月丁酉制天下兵馬元帥鎭海鎭東浙江東西等道節度使中書令吳越王錢元瓘加守中書令充天下兵馬都元帥戊戌戶部尙書姚顗卒廢朝一日贈右僕射癸卯湖南上言福建王延義與弟延政互起干戈內相侵伐甲辰升萊州爲防禦使額以汝州防禦使楊承貴領之以新授萊州刺史段希堯爲懷州刺史丁未契丹使實里來聘致馬百匹及玉鞍狐裘等遼史會同三年三月戊辰遣使使晉乙未晉遣使來覲四月壬寅遣人使晉丙午晉遣宣徽使楊端王朓等來問起居丙辰晉遣使進茶藥癸亥晉遣使賀端午五月庚辰晉遣使進弓矢甲申遣皇子天德及檢校司徒邸用和使晉六月庚子晉遣使來見九月丙戌晉遣使貢名馬庚申晉遣使貢布十二月丙申遣使使晉己酉宴羣臣于永福殿賜帛有差癸丑詔今後竊盜贓滿者處死三匹已上者決杖配流以盜論者準律文處分又詔過格選人等許赴吏部南曹召保委正身者降一資注官十一月壬戌遙領遂州武信軍節

度使鎭海軍衙內統軍檢校太傅同平章事陸仁璋卒贈太子太傅甲子滑州節度使景延廣加檢校太傅改陝州保義軍節度使以鄭州防禦使駙馬都尉史匡翰爲義成軍節度使戊辰曹州防禦使石贇加檢校太保充河陽三城節度使庚午以翰林學士戸部侍郎張昭遠爲兵部侍郎丙子冬至帝御崇元殿受朝賀始用二舞帝舉觴奏元同之樂登歌奏文同之樂舉食文舞奏昭德之舞武舞奏成功之舞典禮久廢至是復興觀者悅之丁丑吳越國進奉使陳元亮進冬日觀仗詩一首帝覽之稱善賜服馬器幣癸未移德州長河縣大水故也甲申制授閩國王延羲檢校太師兼中書令福州威武軍節度使封閩國王以兩浙西南面安撫使錢元懿爲檢校太尉兼中書令遙領廣州清海軍節度使又以恩州團練使錢驛爲檢校太尉同平章事遙領楚州順化軍節度使丁亥割衞州黎陽縣隸滑州十二月壬辰朔遙領洮州保順軍節度使檢校太尉兼侍中判湖州軍州事鮑君福卒贈太傅丙申詔故靜海軍兼東南面安撫制置使檢校太傅温州刺史錢宏巽贈太子太傅故吳越兩軍節度副使檢校太

尉宏傳贈太子太師
天福六年春正月辛酉朔帝御崇元殿受朝賀仗衞如式刑部員外郎李象上二舞賦帝覽而嘉之命編諸史冊甲子同州指揮使成殷謀亂事洩伏誅時節度使宋彥筠御下無恩旣貪且鄙故殷與子彥璋陰搆部下爲亂會有告者遂滅其黨乙丑青州奏海凍百餘里丙寅遣供奉官張澄等領兵二千發幷鎮忻代四州山谷吐渾令還舊地先是吐渾苦契丹之虐受鎮州安重榮誘召叛而南還入常山太原二境帝以契丹歡好之國故遣歸之戊辰詔應諸州無屬州錢處今後冬至寒食端午天和節及諸色謝賀不得進貢壬申以左司郎中趙上交爲諫議大夫戊寅封唐叔虞爲興安王臺駘神爲昌寧公差給事中張璟戶部郎中張守素就行冊禮又詔嶽鎮海瀆等廟宇並令崇飾仍禁樵採丙戌故皇第二叔檢校司徒萬友贈太師皇第三叔檢校司空萬銓贈太尉皇兄故檢校左僕射敬儒贈太傅二月辛卯詔天下郡縣不得以天和節禁屠宰輒滯刑獄壬辰置浮橋于德勝口甲午詔諸衞上將軍月俸舊三十千令增至五十

千戊戌以三恪汝州襄城縣令龔介國公宇文頡爲太子率更令己亥詔戶部侍郎張昭遠起居郎賈緯祕書少監趙熙吏部郎中鄭受益左司員外郎李爲光等同修唐史仍以宰臣趙瑩監修壬寅以三白渠制置使張瑑爲給事中戊申詔侯伯來朝君臣相見賞宴貢奉今後宜停起居郎賈緯以所撰唐年補錄六十五卷上之帝覽之嘉歎賜以器幣仍付史館（五代會要起居賈緯奏曰伏以唐高祖至代宗已有紀傳德宗亦存實錄武宗至濟陰廢帝凡六代惟有武宗實錄一卷餘皆闕略臣今搜訪遺聞及耆舊傳說編成六十五卷目爲唐朝補遺錄以備將來史官修述）癸丑長安公主薨帝之長女也笄年降于駙馬楊承祚帝悼惜之甚輟視朝二日追贈秦國公主三月甲子河中節度使康福進封許國公己丑左驍衛上將軍李承約卒癸酉詔天福四年終已前百姓所欠夏秋租稅一切除放夏四月庚寅朔湖南奏谿州刺史彭士愁五溪酋長等乞降已立銅柱于谿州鑄誓狀于其上以五溪銅柱圖上之丙申詔顯義指揮使劉康部下兵五百人放還淮海即安州所俘也己亥虞部郎中知制誥楊昭儉還中書舍人戶部侍郎王松改御史中丞禮部郎中馮玉改司門郎中知制誥辛丑宰臣監修國史趙瑩奏

奉詔差張昭遠等五人同修唐史內起居郎賈緯丁憂去官請以刑部侍郎呂琦侍御史尹拙同與編修又奏史館所闕唐朝實錄請下敕購求並從之五代會要監修國史趙瑩奏自李朝喪亂迨五十年四海沸騰兩都淪覆今之書府百無二三臣等近奉綸言俾令撰述褒貶或從于新意纂修須案于舊章既闕簡編先虞漏略今據史館所闕唐書實錄請下敕命購求況咸通中宰臣韋保衡與蔣伸皇甫煥撰武宗宣宗兩朝實錄皆遇多事或值播遷雖聞撰述未見流傳其韋保衡裴贄合有子孫見居職任或門生故吏曾記纂修聞此討論諒多欣愜請下三京諸道及內外臣寮凡有將此數朝實錄詣闕進納量其文武才能不拘資地除授一官如卷帙不足據數進納亦請不次獎酬以勸來者自會昌至天祐垂六十年其初李德裕平上黨著武宗伐叛之書其後康承訓定徐方有武寧本末之傳如此事類記述頗多請下中外臣寮及名儒宿學有于此六十年內撰述得傳記及中書銀臺史館日曆制敕冊書等不限年月日多少並許詣闕進納如年月日稍多記錄詳備請特行簡拔不限資序臣與張昭遠等所撰唐史敘本紀以綱帝業列傳以述功臣十志以書刑政所陳條例請下所司從之壬寅以戶部員外郎知制誥盧價為虞部郎中知制誥以昭義節度副使陳元為光祿卿致仕乙巳齊魯民饑詔兗鄆青三州發廩賑貸五月庚申朔以前邢州節度使丁審琪為延州節度使延州節度使劉景巖為邠州節度使故皇子杲冊贈太尉進封陳王庚午涇州奏雨雹川水大溢壞州郡鎮戍二十四城甲戌北京遣牙將劉從以吐渾大首領白承福念龐里赫連功德來朝邢州

上言吐渾移族帳于鎮州封部六月丙申以前衛尉卿趙延乂爲司天監丁酉
詔今後藩侯郡守凡有善政委倅貳官條件聞奏百姓官吏等不必遠詣京闕
壬寅右領衛上將軍李頃卒贈太師甲辰遊葉彌陀國僧嗟哩以佛牙泛海而
至丙午高麗國王王建加開府儀同三司檢校太師食邑一萬戶戊午鎮州節
度使安重榮執契丹使伊喇遣輕騎掠幽州南境之民處于博野仍貢表及馳
書天下述契丹援天子父事之禮貪傲無厭困耗中國巳繕治甲兵將與決戰
帝發諭止之重榮跋扈愈甚由是與襄州節度使安從進潛相搆謀爲不軌

舊五代史卷七十九

舊五代史卷七十九考證

晉高祖紀五五月丙戌安州節度使李金全叛詔新授安州節度使馬全節以洛汴汝鄭單宋陳蔡曹濮十州之兵討之　案五代春秋五月李金全叛附于吳馬全節帥師討安州吳人救安州全節敗吳師克安州金全奔吳六月放吳俘還歐陽史作五月李金全叛六月克安州馬令南唐書作六月安州節度使李金全來降遣鄂州屯營使李承裕帥師迎之紀月互異

執其僞都監杜光鄴　僞都監馬令南唐書作監軍通事舍人

尋遣使押光鄴等于桐墟渡淮　桐墟原本作桐廬據通鑑注引九域志云宿州蘄縣有桐墟鎮自桐墟而南至渦口則濟淮矣今改正

太子太師致仕范延光卒于河陽廢朝二日　案歐陽史作西京留守楊光遠殺太子太師范延光考本傳延光本爲楊光遠推墮溺水死爲之輟朝諱之也

丁卯　案歐陽史作九月丁卯原本疑有脫字

發幷鎮忻代四州山谷吐渾令還舊地　案晉逐吐谷渾在天福六年通鑑與是書同考天福六年卽遼會同四年也遼史作會同三年晉以幷鎮忻代之吐谷渾來歸與是書異

甲戌北京遣牙將劉從以吐渾大首領白承福念龐里赫連功德來朝　案通鑑四月辛巳北京留守李德珫遣牙校以吐谷渾酋長白承福入朝是書作五月甲戌與通鑑異歐陽史從是書

鎮州節度使安重榮執契丹使伊喇　案遼史作二月晉安重榮執使者伊喇是書作六月先後互異

實里舊作舍利今改　伊喇舊作拽刺今改

舊五代史卷七十九考證

舊五代史卷八十

宋門下侍郎參知政事監修國史薛居正等撰

晉書第六

高祖紀六

天福六年秋七月己未朔，帝御崇元殿視朝。庚申，升陳州爲防禦使額。辛酉，以前鄧州節度使焦方爲貝州節度使。壬戌，涇州奏西涼府留後李文謙今年二月四日閉宅門自焚。遣元入西涼府譯語官與來人賫三部族蕃書進之。以三司使劉審交爲陳州防禦使。癸亥，以前鄆州節度使趙在禮爲許州節度使，以前鄴都留守廣晉尹高行周爲河南尹、西都留守。詔改拱辰、威和、內直等軍並爲興順。甲子，以宣徽使權西京留守張從恩判三司。己巳，以鄴都留守兼侍衞親軍馬步軍都指揮使、廣晉尹劉知遠爲太原尹，充北京留守、河東節度使，仍割遼、沁二州却隸河東。以北京留守李德琉爲廣晉尹，充鄴都留守。以昭義節度使馬全節爲邢州節度使，加同平章事。甲戌，詔今後諸道行軍副使不得奏薦骨肉爲殿直供奉官己卯以前陝州節度使李從敏爲昭義軍節度使以陝州節度使景延廣爲河陽三城節度使兼侍衛親軍馬步軍都虞候以河陽節度使石贇爲陝州節度使壬午突厥遣使朝貢以遙領壽州忠正軍節度使兼侍衛馬軍都指揮使李懷忠爲同州節度使以宣徽北院使李守貞遙領忠正軍節度使侍衛馬軍指揮使甲申降御札取八月五日暫幸鄴都沿路供頓並委所司以官物排比州縣不得科率人戶丙戌以右諫議大夫趙遠爲中書舍人吏部郎中鄭受益爲右諫議大夫刑部郎中殷鵬爲水部郎中知制誥八月戊子朔以皇子開封尹鄭王重貴爲東京留守以天平軍節度使兼侍衛親軍馬步軍副都指揮使杜重威爲侍衛親軍馬步軍都指揮使以宣徽南院使張從恩爲東京內外兵馬都監改奉德馬軍爲護聖放文武百官朝參取便先赴鄴都壬辰車駕發東京己亥至鄴左右金吾六軍儀仗排列如儀迎引入內改舊澶州爲德清軍以內客省使劉遂清爲宣徽北院使判三司壬寅制應天福六年八月十五日昧爽已前諸色罪犯常赦所不原者咸赦除之其持仗行劫

及殺人賊並免罪移鄉配逐處軍都收管犯枉法贓者雖免罪不得再任用諸徒流人並放還貶降官未量移與量移者約資敘用天福五年終已前殘稅並放應河東起義之初及收復鄴都汜水立功將校並與加恩亡歿者與追贈自東京至鄴都緣路昨因行幸有損踐田苗處據頃畝與放今年租稅鄴都管內有潛龍時在職者並與加恩耆年八十已上者版授上佐官天下農器並許百姓自鑄造亡命山澤者招喚歸業百日不出者復罪如初唐梁國公狄仁傑宜追贈官秩應天福三年已前敗闕場院官無家業者並與除放其人免罪永不任使私下債負徵利及一倍者並放主持者不在此限丁未以客省使將作監丁知浚爲內客省使引進使鴻臚卿王景崇爲客省使殿中監判四方館事劉政恩爲引進使壬子改鄴都皇城南門應天門爲乾明門大明館爲都亭驛甲寅遣光祿卿張澄國子博士謝攀使高麗行冊禮九月己未以兵部侍郎閻至爲吏部侍郎辛酉滑州河決一漑東流鄉村戶民攜老幼登邱冢爲水所隔餓死者甚衆壬申忠武建武等軍節度使守太傅兼中書令行蘇州睦州刺史錢

元璙進封彭城郡王遙領廣州清海軍節度使判婺州軍州事錢元懿爲檢校
太師乙亥遣前邢州節度使楊彥詢使于契丹錫賚甚厚丁丑吐渾遣使朝貢
壬午夜有彗星出于西方長二丈餘在房一度尾跡穿天市垣東行踰月而滅
丙戌兗州上言水自西來漂沒秋稼冬十月丁亥朔遣鴻臚少卿魏玭等四人
分往滑濮鄆澶視水害苗稼己丑詔以胡梁度月城爲大通軍浮橋爲大通橋
壬寅詔唐梁國公狄仁傑可贈太師十一月丁未鄭王夫人張氏薨福州王延
羲遣使貢方物甲寅遣太子賓客聶延祚吏部郎中盧撰持節冊天下兵馬元
帥守尚書令吳越國王錢元瓘甲子以御史中丞王松爲尚書右丞中書舍人
史館修撰判館事王易簡爲御史中丞戶部侍郎張昭遠爲兵部侍郎國子祭
酒田敏以本官兼戶部侍郎辛未太妃皇后至自東京壬申遣給事中李式考
功郎中張鑄持節冊閩國王王延羲甲戌太子少傅致仕王瓘卒贈左僕射丁
丑襄州安從進舉兵叛以西京留守高行周爲南面行營都部署率兵討之以
前同州節度使宋彥筠爲副以宣徽南院使張從恩監護焉十二月丙戌朔以

東京留守開封尹鄭王重貴爲廣晉尹進封齊王以鄴都留守廣晉尹李德琉爲開封尹充東京留守南面軍前奏十一月二十七日武德使焦繼勳先鋒都指揮使郭金海等于唐州南遇安從進賊軍一萬餘人大破之案宋史陳思讓傳思讓爲先鋒右廂都監從武德焦繼勳領兵進討遇從進之師于唐州花山下急擊大破之生擒衙內都指揮使安宏義獲山南東道之印安從進單騎奔逸丁亥詔襄州行營都部署高行周權知襄州軍州事是日鎮州節度使安重榮稱兵向闕以侍衛親軍馬步軍都指揮使杜重威爲北面行營招討使率兵擊之以邢州節度使馬全節爲副以前貝州節度使王周爲馬步軍都虞候癸巳武德使焦繼勳奏安從進遣弟從貴領兵千人取接均州刺史蔡行遇尋領所部兵掩殺賊軍七百餘人生擒安從貴截其雙腕却放入城戊戌以皇子重睿爲銀青光祿大夫檢校尚書左僕射己亥北面軍前奏十三日未時于宗城縣西南大破鎮州賊軍殺一萬五千人餘黨走保宗城縣是夜三更破縣城前深州刺史史虔武自縛歸降獲馬三千匹絹三萬餘匹餘物稱是安重榮脫身遁走是日百官稱賀癸卯削奪安從進安重榮在身官

爵右金吾上將軍萇從簡卒廢朝贈太師乙巳天下兵馬都元帥守尚書令吳越國王錢元瓘薨廢朝三日謚曰文穆是日帝習射于後苑諸軍都指揮使已上悉預焉賜物有差丁未南面行營都部署高行周奏今月十三日部領大軍至襄州城下相次降賊軍二千人其降兵馬軍詔以彰聖爲號步軍以歸順爲號庚戌以權知吳越國事錢宏佐爲起復鎮軍大將軍檢校太師兼中書令杭州越州大都督鎮海鎮東等軍節度使封吳越國王壬子杜重威部領大軍至鎮州城下

天福七年春正月丙辰朔不受朝賀用兵故也戊午以前將作監李錯爲少府監北面招討使杜重威奏今月二日收復鎮州斬安重榮傳首闕下帝御乾明樓宣露布訖大理卿受馘付市徇之百官稱賀曲赦廣晉府禁囚遼史云戊辰晉函安重榮首來獻上數欲親討重榮至是乃止辛酉追贈皇弟三人故沂州馬步軍都指揮使贈太傅德再贈太尉追封福王故檢校太子賓客贈太傅殷再贈太尉追封通王故彰聖右第三軍都指揮使長州刺史贈太傅威再贈太尉追封廣王壬戌追贈皇子五

人故右衞將軍贈太保重英再贈太傅追封號王故權東京留守河南尹贈太
傅重乂再贈太尉追封壽王故皇城副使贈太保重裔再贈太傅追封郯王故
河陽節度使贈太尉重信再贈太師追封沂王故左金吾衞將軍贈太保重進
再贈太傅追封夔王癸亥改鎮州爲恆州成德軍爲順國軍丙寅以門下侍郎
平章事監修國史趙瑩爲侍中青州節度使楊光遠加食邑改賜功臣名號兗
州節度使桑維翰加檢校太保河東節度使劉知遠加兼侍中以鄆州節度使
北面行營招討使侍衞親軍都指揮使杜重威爲恆州順國軍節度使加兼侍
中皇子廣晉尹兼功德使齊王重貴加兼侍中秦州節度使侯益加特進增食
邑丁亥以判四方館事孟承誨爲太府卿充職戊辰以滄州節度使安叔千爲
邢州節度使以北面行營副招討使邢州節度使馬全節爲定州節度使以定
州節度使王延允爲滄州節度使以前邢州節度使楊彥詢爲華州節度使恆
州立功將校王温以降等第除郡庚午契丹遣使來聘是日上元節六街諸寺
燃燈御乾明門觀之夜半還宮壬申延州節度使丁審琦加爵邑鄧州節度使

安審徽加檢校太傅陝州節度使石贇加檢校太傅乙亥契丹遣使來聘河陽節度使兼侍衞馬步軍都虞候景延廣加檢校太尉改鄆州節度使典軍如故以前貝州節度使北面行營馬步軍都虞候王周爲河陽節度使加檢校太保丁丑以刑部侍郎竇貞固爲門下侍郎以禮部郎中邊歸讜爲比部郎中知制誥壬午以河陽節度使王周爲涇州節度使以恆州節度副使王欽祚爲殿中監二月丁亥皇妹清平公主進封衞國長公主契丹遣使來聘己丑宴于武德殿新恆州節度使杜重威已下諸軍副兵馬使已上悉預焉賜物有差己亥以曹州防禦使何建爲延州留後涇州奏差押牙陳延暉賫勅書往西涼府本府都指揮使等請以陳延暉爲節度使辛丑宰臣李崧丁母憂起復舊任延州蕃寇作亂同州鄜州各起牙兵討平之丙午詔鄧唐隨郢諸州多有曠土宜令人戸取便開耕與免五年差稅三月己未兵部尚書韓惲卒庚申遣前齊州防禦使宋光鄴翰林茶酒使張言使于契丹壬戌分命朝臣諸寺觀禱雨丙寅皇后爲妹契丹樞密使趙延壽妻燕國長公主卒于幽州舉哀于外次辛未滑州節

度使駙馬都尉史匡翰卒輟朝贈太保詔唐州湖陽縣蓼山神祠宜賜號爲蓼山顯順之神乙亥以晉昌軍節度使安審琦爲河中節度使以前亳州防禦使王令温爲貝州節度使丙子賜宰臣李崧白藤肩輿以起復故也丁丑以晉州節度使皇甫遇爲河陽節度使以壽州節度使兼侍衞馬軍都指揮使李守貞爲滑州節度使以夔州節度使兼侍衞步軍都指揮使郭謹爲相州節度使皆典軍如故宰臣于寺觀禱雨閏月丙戌以兵部郎中司徒詡爲右諫議大夫戊子兗州節度使桑維翰加特進封開國公庚寅以延州留後何建爲延州節度使以引進使兼殿中監劉政恩爲太子詹事壬辰宋州節度使安彥威奏修滑州黃河功畢詔于河決之地建碑立廟丙申以鄜州節度使周密爲晉州節度使以左羽林統軍符彥卿爲鄜州節度使壬寅詔百官五日一度起居日輪定兩員具所見以封事奏聞詔改鄴都宣明門爲朱鳳門武德殿爲視政殿文思殿爲崇德殿畫堂爲天清殿寢殿爲乾福殿其門悉從殿名皇城南門爲乾明門北門爲元德門東門爲萬春門西門爲千秋門羅城南塼門爲廣運門觀音

門爲金明門橙槽門爲清景門寇氏門爲永芳門朝臣門爲景風門大城南門爲昭明門觀音門爲廣義門北河門爲靜安門魏縣門爲應福門寇氏門爲迎春門朝城門爲與仁門上斗門爲延清門下斗門爲通遠門戊申宋州節度使安彥威封邠國公賞修河之勞也癸丑涇州節度使王周奏前節度使張彥澤在任日不法事二十六條已改正停廢詔褒之是春鄴都鳳翔兗陝汝恆陳等州旱鄆曹澶博相洛諸州蝗夏四月甲寅朔避正殿不視朝日食故也是日太陽不虧百官上表稱賀詔沿河藩郡節度使刺史並兼管內河堤使己未右諫議大夫鄭受益兩疏論張彥澤在涇州之日違法虐民支解掌書記張式部曲楊洪等請下所司明申其罪皆留中不出庚申刑部郎中李濤張麟員外郎麻麟王禧同詣閤門上疏論張彥澤罪犯詞甚懇切宋史李濤傳涇帥張彥澤殺記室張式奪其妻式家人詣闕上訴晉祖以彥澤有軍功釋其罪濤伏閤抗疏請寘于法晉祖召見諭之濤植笏叩階聲色俱厲晉祖怒叱之濤執笏如初晉祖曰吾與彥澤有誓約恕其死濤厲聲曰彥澤私誓陛下不忍食其言范延光嘗賜鐵券今復安在晉祖不能答即拂衣起辛酉詔張彥澤刳剔賓從誅剝生聚冤聲穢跡流聞四方章表繼來指陳甚切尚以曾施微功特示寬恩深懷

曲法之慚貴徇議勞之典其張彥澤宜削一階仍降爵一級其張式宜贈官張式父鐸弟守貞男希範並與除官仍于涇州賜錢十萬差人津置張式靈柩并骨肉歸鄉所有先收納却張式家財物畜並令却還其涇州新歸業戶量與蠲減稅賦翌日以前涇州節度使張彥澤為左龍武大將軍宋史楊昭儉傳昭儉與李濤論張彥澤不報會有詔令朝臣轉對或有封事亦許以不時條奏昭儉復上疏曰天子君臨四海日有萬幾懋建諍臣彌縫其闕今則諫臣雖設言路不通藥石之論不達于聖聰而邪佞之徒取容于左右御史臺紀綱之府彈糾之司銜冤者固當昭雪為蠹者難免放流陛下臨御以來寬仁太甚徒置兩司殆如虛器遂令節使慢侮朝章屠害幕吏始訴冤于丹闕反執送于本藩苟安跋扈之心莫恤冤抑之苦願回宸斷誅彥澤以謝軍吏戊辰廢雄州為昌化軍警州為威肅軍其軍使委本道差補故涇州節度掌書記張式贈尚書虞部郎中以式父鐸為沁州司馬致仕弟守貞為貝州清河縣主簿男希範為興元府文學甲戌詔皇子齊王就前河府節度使康福第以教坊樂宴會前見任節度使戊寅前慶州刺史米廷訓追奪在身官爵配流麟州坐姦妻兄之女也是月州郡十六蝗五月己亥中書門下奏時屬炎蒸事宜簡省應五日百官起居望令押班宰臣一員押百官班其轉對官兩員封付閤門使引進本官隨百寮

退不用別出謝恩其文武內外官寮乞假寧覲搬家婚葬病損並門見門辭諸道進奉物等不用殿前排列引進使引至殿前奏云某等進奉奏訖令進奉使便出其進奉專使朝見日班首一人致詞都附起居刺史幷行軍副使諸道馬步軍都指揮使已下差人到闕並門見門辭州縣官謝恩曰甲頭一人都致詞不用逐人告官其供奉官殿直等如是當直及合于殿前排立者卽入起居如不當直排立者不用每日起居委宣徽使點檢常須整齊從之時帝不豫難于視朝故也（遼史二月甲午遣使使晉索吐谷渾叛者契丹國志云遼以晉招納吐谷渾遣使責讓晉高祖憂悒成疾）左威衞上將軍衞審崄卒贈太子少保乙巳尊皇太妃劉氏爲皇太后（徐無黨五代史記注云高祖所生母也）丁未工部侍郎韋勳改刑部侍郎壬子以左散騎常侍李光廷爲祕書監給事中蕭愿爲右散騎常侍左諫議大夫曹國珍爲給事中太常卿裴坦爲左諫議大夫是月州郡五奏大水十八奏旱蝗六月丁巳以兗州節度使桑維翰爲晉昌軍節度使以前許州節度使安審琦爲兗州節度使襄州都部署高行周奏安從進觀察判官李光圖出城請援送赴闕乙丑帝崩于保昌殿壽五十一遺制

齊王重貴于柩前即皇帝位喪紀並依舊制山陵務從節儉馬步諸軍優紀並從嗣君處分通鑑攷異云漢高祖實錄晉高祖大漸召近臣屬之曰此天下明宗之天下寡人竊而處之久矣寡人既謝當歸許王寡人之願也此說難信八月太常卿崔棁上謚曰聖文章武明德孝皇帝廟號高祖以其年十一月十日庚寅葬于顯陵宰臣和凝撰謚冊哀冊文五代史補高祖尙明宗女宮中謂之石郎及將起兵于太原京師夜間狼皆羣走往往入宮中愍帝患之命諸班能射者分頭捕逐謂之射狼或遇諸塗問曰汝何從而來對曰看射狼未幾高祖至蓋射亦石也五代史闕文梁開平初潞州行營使李思安奏函關縣礫鄉民伐樹樹仆自分爲二中有六字如左書云天十四載石進梁帝藏于武庫時莫詳其義至帝即位識者曰天字取四字兩畫加之于傍即丙字也四字去中之兩畫加十字即申字也帝即位之年迺丙申也進者晉也石者姓也臣謹按天祐二十年歲在癸未其年莊宗建號改同光元年至清泰三年歲丙申其年晉祖即位改元天福元年自未至申凡十四載矣故讖書云天十四載石進者言自天祐滅後十四載石氏興于晉也豈不明乎而拆字解讖以就丙申非也

史臣曰晉祖潛躍之前沈毅而已及其爲君也旰食宵衣禮賢從諫慕黃老之教樂淸淨之風以絁爲衣以麻爲履故能保其社稷高朗令終然而圖事之初彊鄰來援契丹自茲而孔熾黔黎由是以罹殃迨至嗣君兵連禍結卒使都城失守舉族爲俘亦由決鯨海以救焚何逃沒溺飲鴆掇而止渴終取喪亡謀之

不臧何至于是儻使非由外援之力自副皇天之命以兹睿德惠彼蒸民雖未足以方駕前王亦可謂仁慈恭儉之主也

舊五代史卷八十

舊五代史卷八十考證

晉高祖紀六乙亥遣前邢州節度使楊彥詢使于契丹　案楊彥詢使于契丹歐陽史通鑑俱從是書作九月遼史作二月己未晉遣楊彥詢來貢且言鎮安州重榮跋扈狀遂留不遣與是書異

丁丑襄州安從進舉兵叛　案安從進反歐陽史五代春秋俱作十月通鑑從是書作十一月遼史作十二月戊子晉遣使來告山南節度使安重進反則因其赴告之月而書之也

生擒衙內都指揮使安宏義　案宋史焦繼勳傳作擒其牙將安洪義鮑洪等五十餘人

是日鎮州節度使安重榮稱兵向闕　案安重榮反歐陽史通鑑俱從是書作十二月五代春秋繫于十月之後遼史作十一月丙寅晉以討安重榮來告與是書異

遣前齊州防禦使宋光鄴　宋光鄴遼史避諱作宋暉業

宋州節度使安彥威奏修滑州黃河功畢　案修河事是書紀于閏月壬辰歐陽史作三月歸德軍節度使安彥威塞決河于滑州蓋以奉使之月言是書以奏功之日言也

詔改鄴都宣明門爲朱鳳門　朱鳳門五代會要作來鳳門

皇城南門爲乾明門北門爲元德門東門爲萬春門西門爲千秋門　案五代會要晉改皇城四門爲乾明元德萬春千秋在天福六年是書統繫于七年與會要異

舊五代史卷八十考證

舊五代史卷八十一

宋門下侍郎參知政事監修國史薛居正等撰

晉書第七

少帝紀一

少帝名重貴高祖之從子也父諱敬儒母安氏以唐天祐十一年六月二十七日生帝于太原汾陽里敬儒嘗爲後唐莊宗騎將早薨高祖以帝爲子帝少而謹厚高祖愛之洎歷方鎮嘗遣從行委以庶事但性好馳射有祖禰之風高祖鎮太原命瑯琊王震以禮記教帝不能領其大義謂震曰非我家事業也及高祖受圍于太原親冒矢石數獻可于左右高祖愈重焉高祖受契丹冊將入洛欲留一子撫晉陽先謀于契丹主主曰使諸子盡出吾當擇之乃于行中指帝謂高祖曰此眼大者可矣遂以帝爲北京留守授金紫光祿大夫檢校司徒行太原尹知河東管內節度觀察事天福二年九月徵赴闕授光祿大夫檢校太保右金吾衞上將軍三年十二月授開封尹加檢校太傅封鄭王增食邑三千

戶俄加檢校太尉同中書門下平章事六年高祖幸鄴改廣晉尹進封齊王以下疑脫七年正月加兼侍中八字是歲六月十三日乙丑高祖崩承遺制命柩前卽皇帝位帝在并州未著人望及保釐浚郊大有寬裕之稱從幸鄴都是歲遇旱高祖遣祈雨于白龍潭有白龍見于潭心是夜澍雨尺餘人皆異之至是果登大位焉丁卯賜侍衛諸軍將校錢一百貫下至五貫以初卽位示賚也戊辰宰臣馮道等率百寮請聽政凡三上表允之庚午始聽政于崇德殿門偏廊分命廷臣以嗣位奏告天地宗廟社稷遣右驍衛將軍石德超等押先皇御馬二匹往相州西山撲祭用北俗禮也丙午以司徒兼侍中馮道爲大行皇帝山陵使門下侍郎竇貞固副之太常卿崔梲爲禮儀使戶部侍郎呂琦爲鹵簿使御史中丞王易簡爲儀仗使徐無黨五代史記注云舊史實錄無橋道頓遞使疑不置或闕書漢高紀亦然己卯遣判四方館事朱崇節右金吾大將軍梁言持國信物使于契丹是時河南河北關西並奏蝗害稼秋七月癸未朔百官素服臨于天清殿戊子詔應宮殿州縣及官名府號人姓名與先帝諱同音者改之改西京明堂殿爲宣德殿中書政事堂爲政事廳堂後

官房頭爲錄事餘爲主事案東都事略陶穀傳穀本姓唐避晉祖諱改姓陶蓋當時避諱之體如此己丑大行皇帝大祥帝釋繐服百官衣縿辛卯帝除禫服百官吉服壬辰太皇太后劉氏崩高祖之庶母也遺詔服紀園陵毋用后禮皇帝不得廢軍國機務既而禮官奏準令式爲祖父母齊繐周又準喪葬令皇帝本服周者三哭而止請準後唐同光三年皇太妃北京薨莊宗于洛京西內發哀素服不視事三日從之仍遣國子祭酒兼戶部侍郎田敏奏告高祖靈座癸巳右諫議大夫鄭受益中書舍人楊昭儉並停現任以請假在外不赴國喪故也丁酉宰臣馮道等率文武百寮詣崇德殿門拜表請御正殿凡三上表允之安州奏水平地深七尺庚子帝御正殿宣制大赦天下諸道州府各色罪犯除十惡五逆殺人強盜官典犯贓合作毒藥屠牛鑄錢外其餘罪犯咸赦除之襄州安從進如能果決輸誠並從釋放其中外臣寮將校並與加恩天下有蟲蝗處並與除放租稅辛丑恆州順國軍節度使杜威河東節度使劉知遠並加檢校太師仍增爵邑青州平盧軍節度使楊光遠加守太師癸卯鄆州天平軍節度使兼侍衞馬步都虞候景延廣加

特進同中書門下平章事充侍衛親軍都指揮使滑州義成軍節度使兼侍衛
馬軍都指揮使李守貞相州彰德軍節度使侍衛步軍都指揮使郭謹並加檢
校太傅仍增爵邑宰臣馮道等上表請依舊置樞密使略曰竊以樞密使創自
前朝置諸近侍其來已久所便尤多頃歲樞密使劉處讓偶屬家艱爰拘喪制
旣從罷免暫議改更不曾顯降勅文永停使額所願各歸職分豈敢苟避繁難
伏請依舊置樞密使初高祖事後唐明宗覩樞密使安重誨秉政擅權賞罰由
己常惡之及登極故斷意廢罷一委中書至是馮道等厭其事繁故復請置之
庶分其權表凡三上不允乙巳徐州節度使李從温宋州節度使安彥威並加
兼中書令西都留守充襄州行營都部署高行周加兼侍中鳳翔節度使李從
曮加守太保遣中使就中書賜宰臣馮道生辰器幣道以幼屬亂離早喪父母
不記生日堅讓不受丙午以給事中羅周岳爲左散騎常侍以右諫議大夫符
蒙爲給事中以祕書少監兼廣晉少尹邊蔚爲右散騎常侍以廣晉少尹張煦
爲右諫議大夫以廣晉府判官光祿少卿邊光範爲右諫議大夫丁未荆南節

度使南平王高從誨加兼尙書令湖南節度使楚王馬希範加守太傅自是藩侯郡守皆第加官封示溥恩也是月州郡十七蝗八月壬子朔百官素服臨于天清殿乙卯以左散騎常侍羅周岳爲東京副留守庚申以山陵禮儀使太常卿崔梲爲太子賓客分司西都病故也壬戌晉昌軍節度使桑維翰加檢校太傅甲子宰臣馮道加守太尉趙瑩加中書令李崧加左僕射兼門下侍郎和凝加右僕射契丹遣使致慰禮馬二十匹及羅絹等物是日襄州行營都部署高行周奏收復襄州安從進自焚而死生擒男宏贊斬之前河東節度使康福卒贈太師謚曰武安戊辰以太子太保兼尙書左僕射劉昫爲太子太傅詔賜襄州城內百姓粟大戶二斛小戶一斛以久困重圍也己巳以太子賓客趙元輔權判太常卿事充山陵禮儀使庚午葬太皇太后于魏縣秦固村癸酉契丹遣使致祭于高祖賻禮御馬二匹羊千口絹千匹契丹主母亦遣使來慰詔免襄州城內人戶今年夏秋來屋稅其城外下營處與放二年租稅應被安從進脅從者一切不問是月河中河東河西徐晉商汝等州蝗九月丁丑朔百官素服

臨于天清殿己卯分命朝臣詣寺觀禱雨辛巳兩浙節度使吳越國王錢宏佐
福建節度使王延羲並加食邑仍改賜功臣名號癸未帝御乾明門觀襄州行
營都部署高行周都監張從恩等獻俘馘有司宣露布訖以安從進男宏受等
四十四人徇于市皆斬之曲赦京城禁囚甲申宴班師將校于崇德殿賜物有
差乙酉宰臣和凝上迴河頌賜鞍馬器帛丁亥以宋州歸德軍節度使安彥威
爲西京留守兼河南尹以襄州行營都部署西京留守高行周爲宋州節度使
加檢校太師戊子降襄州爲防禦使額均房二州割屬鄧州升泌州爲團練使
額己丑以東京留守兼開封尹李德珫爲廣晉尹以宣徽南院使襄州行營都
監張從恩爲東京留守兼開封尹加檢校太尉以前同州節度使襄州行營副
部署宋彥筠爲鄧州威勝軍節度使加檢校太尉山陵禮儀使撰高祖祔饗太
廟酌獻樂章上之庚寅詔今後除授留守宜降麻制癸巳樂平公主史氏進封
魯國大長公主壽安長公主烏氏進封魏國大長公主鄭國長公主杜氏進封
宋國大長公主荊南高從誨累表讓尚書令之命己亥追封故秦國長公主爲

梁國長公主故永壽長公主爲岐國大長公主故延慶長公主爲邠國大長公主辛丑以義成軍節度使兼侍衛馬軍都指揮使李守貞充大行皇帝山陵一行都部署壬寅以宣徽北院使判三司劉遂清爲鄭州防禦使以澶州防禦使李承福爲宣徽北院使癸卯詔大行皇帝十一月十日山陵宜自十月一日至十一月二十日不坐放文武百官朝參甲辰上大行皇帝尊謚寶册百官素服班于天清殿五代會要天福七年中書門下奏山陵禮儀使狀高祖尊謚號及廟號伏準故事將啓殯宮前擇日命太尉率百寮奉謚册告天于圜丘畢奉謚册跪讀于靈前此累朝之制蓋以天命尊極不可稽留今所上高祖聖文章武明德孝皇帝尊謚寶册伏緣去洛京地遠寶册難以往來當司詳酌伏請祇差官往洛京奏告南郊太廟其日中書門下文武百官立班中書令侍中升靈座前讀寶册行告謚之禮禮儀使撰進高祖祔饗太廟酌獻樂章舞名請以咸和之舞爲名從之冬十月辛亥朔百官素服臨于天清殿襄州利市廟封爲順正王仍令本州修崇廟宇癸亥啓攢官百官衣初喪服入臨甲子靈駕進發帝于朱鳳門外行遣奠之祭辭畢還宮丁丑太保盧質卒贈太子太師謚曰文忠己卯宰臣李崧母喪歸葬深州遣使弔祭之庚辰契丹遣使致祭于高祖賻馬三匹衣三襲十一月庚寅葬高祖皇帝于顯陵

壬辰湖南奏前洪州節度使馬希振卒戊戌詔宰臣等分詣寺廟祈雪庚子祔高祖神主于太廟辛丑以金吾衛大將軍權判三司董遇爲三司使詔州郡稅鹽過稅斤七錢住稅斤十錢州府鹽院並省司差人勾當先是諸州府除蠶鹽外每年海鹽界分約收鹽價錢一千七萬貫高祖以所在禁法抵犯者衆遂開鹽禁許通商令州郡配徵人戶食鹽錢上戶千文下戶二百分爲五等時亦便之至是掌賦者欲增財利難于驟變前法乃重其關市之征蓋欲絕其興販歸利于官也其後鹽禁如故鹽錢亦徵至今爲弊焉是日詔天地宗廟社稷及諸祠祭等訪聞所司承管多不精潔宜令三司預支一年禮料物色于太廟置庫收貯差宗正丞主掌委監察御史監當祭器祭服等未備者修製五代會要勅差宗正丞石戴仁專主掌監察御史宋彥昇監庫兼差供奉官陳審璘往洛京于太廟內隱便處修蓋庫屋五間候畢日催促所支物色監送入庫交付訖取收領文狀歸闕每有祠祭諸司各請禮料至時委監庫御史宋彥昇宗正丞石戴仁旋行給付其大祠中祠兼令監察御史檢點小祠卽令行事官檢點如致慢易本司準格科罪其祭器未有者修製已有者更仰整飭十二月辛丑以威武軍節度副使充福建管內諸軍都指揮使王亞澄爲威武軍副大使知節度事詔諸道州府每遇大祭祀冬至寒

食立春立夏雨雪未晴不得行極刑如有已斷下文案可取次日及雨雪定後施行乙丑以前鄧州節度使安審暉爲左羽林統軍以前延州節度使丁審琪爲右羽林統軍以前金州節度使潘瓌爲左神武統軍以前華州節度使皇甫立爲左金吾衛上將軍以右龍武統軍劉遂凝爲左驍衛上將軍以前貝州節度使馬萬爲右驍衛上將軍以左龍武大將軍張彥澤爲右武衛上將軍丙寅宰臣馮道滑州節度使兼侍衛馬軍都指揮使李守貞河陽節度使皇甫遇西京留守安彥威廣晉尹李德珫並加爵邑以山陵充奉之勞也己巳回鶻進奉使密里等各授懷化歸德大將軍將軍郎將放還蕃庚午故洪州節度使馬希振追封齊國公辛未故中吳建武等軍節度使彭城郡王錢元璙追封廣陵郡王丙子于闐回鶻皆遣使貢方物

天福八年春正月辛巳盜發唐坤陵莊宗母曹太后之陵也河南府上言逃戶凡五千三百八十七餓死者兼之詔諸道以廩粟賑饑民民有積粟者均分借便以濟貧民時州郡蝗旱百姓流亡餓死者千萬計東都人士僧道請車駕復

幸東京後唐莊宗德妃伊氏自契丹遣使貢馬庚寅沙州留後曹元深加檢校太傅充沙州歸義軍節度使癸巳發禁軍萬人並家口赴東京乙巳于闐回鶻入朝使劉再成等並授懷化大將軍將軍郎將放還蕃二月庚戌御札取今月十一日車駕還東京沿路州府不用修飾行宮食宿頓遞並以官物供給文武臣寮除有公事合隨駕外並先次進發以侍衞親軍使景延廣充御營使癸丑以廣晉尹李德珫權鄴都留守己未車駕發鄴都曲赦都下禁囚甲子次封邱文武百官見于行宮乙丑至東京甲戌以東京留守張從恩爲權鄴都留守以皇弟檢校司徒重睿爲檢校太保開封尹年幼未出閤差左散騎常侍邊蔚知府事丁丑以前太僕卿薛仁謙爲衞尉卿河中逃戶凡七千七百五十九是時天下饑穀價翔踴人多餓殍右金吾衞上將軍劉處讓卒贈太尉三月己卯朔以中書令監修國史趙瑩爲晉昌軍節度使以晉昌軍節度使桑維翰爲侍中監修國史（通鑑作晉昌節度使兼侍中桑維翰爲侍中胡三省注云桑維翰始居藩鎮而兼侍中今入朝正爲門下省長官）辛巳以左散騎常侍盧重爲祕書監以東京副留守羅周岳爲右散騎常侍癸未青州節

度使東平王楊光遠進封壽王北京留守劉知遠恆州節度使杜威並加兼中書令乙酉以鄴州節度使符彥卿爲河陽節度使以權鄴都留守前開封尹張從恩爲鄴都留守廣晉尹以右羽林統軍丁審琪爲鄜州節度使丁亥天策上將軍湖南節度使楚王馬希範加守尚書令兼中書令己丑桂州節度使馬希杲依前檢校太尉兼侍中兼知朗州軍州事朗州武平軍節度使馬希萼加檢校太尉進封爵邑以武平軍節度副使岳州團練使馬希瞻爲檢校太尉領盧州昭信軍節度使以武安軍節度副使永州團練使馬希廣爲檢校太尉領洪州鎮南軍節度使皆楚王馬希範之弟也庚寅以宣徽北院使李承福爲右武衞大將軍充宣徽南院使以前鄭州防禦使劉繼勳爲左千牛衞大將軍充宣徽北院使國子祭酒兼戶部侍郎田敏以印本五經書上進賜帛五十段甲午有白烏棲作坊桐樹作坊使周務掠捕而進之辛丑引進使太府卿孟承誨使契丹詔京百司攝官親公事及五年與授初官癸卯以左諫議大夫司徒詡爲給事中左司郎中王仁裕爲右諫議大夫前鴻臚卿王均爲少府監夏四月戊

申朔日有食之庚戌以許州節度使趙在禮爲徐州節度使以徐州節度使李從温爲許州節度使己巳中書門下奏請以六月二十七日降誕日爲啓聖節從之是月河南河北關西諸州旱蝗分命使臣捕之五月己卯追封皇故長姊爲吳國長公主癸未皇姪女永福縣主薨輟朝三日追封平昌郡主丁亥皇第二叔祖贈太師萬友追封秦王皇第三叔祖贈太尉萬銓贈太師追封趙王皇伯贈太傅敬儒贈太師追封宋王皇叔贈太尉福王德贈太師追封如故皇叔贈太傅暉贈太師追封韓王皇叔贈太尉通王殷皇叔贈太尉廣王威皇兄贈太傅郯王重裔並贈太師追封如故皇兄贈太師沂王重信追封楚王皇兄贈太傅虢王重乂皇兄贈太師夔王重進皇弟贈太尉陳王重杲等並贈太師追封如故仍令所司擇日册命辛卯以御史中丞王易簡爲尚書左丞以禮部侍郎張允爲御史中丞以中書舍人吳承範爲禮部侍郎以吏部侍郎王延爲尚書右丞以尚書右丞王松爲吏部侍郎以兵部侍郎張昭遠爲吏部侍郎以戶部侍郎呂琦爲兵部侍郎以刑部侍郎韋勳爲戶部侍郎以工部侍郎李詳爲

刑部侍郎癸巳命宰臣等分詣寺觀禱雨己亥飛蝗自北翳天而南太子賓客李梲卒甲辰詔諸道州府見禁罪人除十惡五逆行劫殺人僞行印信合造毒藥官典犯贓各減一等外餘並放是時所在旱蝗故有是詔乙巳幸相國寺祈雨六月庚戌以螟蝗爲害詔侍衞馬步軍都指揮使李守貞往皐門祭告仍遣諸司使梁進超等七人分往開封府界捕之乙卯以左羽林統軍安審暉爲潞州節度使宿州奏飛蝗抱草乾死丙辰貝州奏逃戶凡三千七百遣供奉官衞延韜詣嵩山投龍祈雨戊午以西京留守馬從斌爲左監門衞上將軍開封府界飛蝗自死庚申開封府奏飛蝗大下徧滿山野草苗木葉食之皆盡人多餓死禮部侍郎吳承範卒丙寅以將冊皇太后遣尚書左丞王易簡奏告天地陜州奏蝗飛入界傷食五稼及竹木之葉逃戶凡八千一百丁卯以給事中符蒙爲禮部侍郎以左諫議大夫裴坦爲給事中辛未遣內外臣寮二十八人分往諸道州府率借粟麥時使臣希旨立法甚峻民間碓磑泥封之隱其數者皆斃之由是人不聊生物情胥怨是月諸州郡大蝗所至草木皆盡

舊五代史卷八十一考證

晉少帝紀一命瑯琊王震　案歐陽史作博士王震

遣判四方館事朱崇節　案歐陽史作四方館使宋崇節

恆州順國軍節度使杜威　案杜重威避少帝諱去重字至漢始復故少帝紀皆作杜威

乙丑至東京　案遼史作丁未晉王至汴與是書異五代春秋歐陽史通鑑並從是書

河南河北關西諸州旱蝗分命使臣捕之　案歐陽史作供奉官張福率威順軍捕蝗于陳州

仍遣諸司使梁進超等七人分往開封府界捕之　案歐陽史作癸亥供奉官七人帥奉國軍捕蝗于京畿與是書異

辛未遣內外臣寮二十八人分往諸道州府率借粟麥　案通鑑七月己丑詔以年饑國用不足遣使者六十餘人于諸道括民穀與是書異

舊五代史卷八十一考證

舊五代史卷八十二

宋門下侍郎參知政事監修國史薛居正等撰

晉書第八

少帝紀二

天福八年秋七月丁丑朔京師雨水深三尺辛巳許州節度使李從温來朝進封楚國公壬午以前河陽節度使皇甫遇爲右龍武統軍丁亥以宣徽南院使李承福爲同州節度使癸巳改陝州甘棠驛爲通津驛避廟諱也甲午正衙命冊皇太后以宰臣李崧充使右散騎常侍李慎儀爲副丁酉幸南莊召從駕臣僚習射路左農人各賜布衫麻屨八月戊申右衞上將軍楊思權卒贈太傅辛亥分命朝臣一十三人分檢諸州旱苗涇青磁鄴都共奏逃戶凡五千八百九十諸縣令佐以天災民餓攜牌印納者五癸酉以前昭義節度使李從敏爲左龍武統軍九月戊寅尊秦國夫人安氏爲皇太妃帝所生母也丁亥追冊故魏國夫人張氏爲皇后帝之元妃也丙子以金部郎中知制誥馮玉爲檢校尚書

右僕射充頳州團練使戊子前頳州團練使田令方追奪在身官爵勒歸私第
坐前任耀州日額外配民麴錢納歸私室故也延州奏綏州刺史李彝敏拋棄
郡城與弟彝俊等五人將骨肉二百七十口來投當州押送赴闕稱與兄夏州
節度使彝殷偶起猜嫌互相攻伐故也辛卯夏州奏差宥州刺史李仁立權知
綏州癸巳故絳州刺史張從訓贈太尉追冊皇后之父也甲午夏州李彝殷奏
衙內都指揮使拓拔崇斌等五人作亂當時收擒處斬訖相次綏州刺史李彝
敏擅將兵士直抵城門尋差人掩殺彝敏知事不濟與弟五人將家南走詔李
彝敏潛結兇黨顯恣逆謀骨肉之間尚興屠害照臨之內難以含容送夏州處
斬丙申幸大年莊遂幸侍衛使景延廣第延廣進金玉器玩賜延廣玉帶名馬
母妻賓佐部曲僮僕錫賚咸及之庚子以右諫議大夫邊光範爲給事中以吏
部郎中劉知新爲右諫議大夫是月諸州郡括借到軍食以籍來上吏民有隱
落者並處極法州郡二十七蝗餓死者數十萬冬十月戊申制以吳國夫人馮
氏爲皇后仍令所司擇日備禮冊命庚戌封皇第十一妹爲嘉興長公主第十

二妹爲永泰長公主是夕五更有彗見于東方在角旬日而滅壬子以權知延州軍州事前鳳州防禦使杜威爲延州留後甲寅以國子祭酒兼戶部侍郎田敏充宏文館學士判館事以吏部侍郎張昭遠充史館修撰判館事以給事中司徒詡充集賢殿學士判院事西京奏百姓馬知饒殺男吳九不死以其侵母食也詔赦之甲子以前延州節度使何建爲涇州節度使丙寅以涇州節度使王周爲陝府節度使己巳以左散騎常侍權知開封府事邊蔚爲工部侍郎依前知府事壬申以前兵部侍郎李玘爲吏部侍郎癸酉命使攝太尉右僕射平章事和凝使副攝司徒給事中邊光範追冊故魏國夫人張氏爲皇后奉寶冊至西莊影殿行禮鹵簿儀仗如式十一月丁丑以鄧州節度使宋彥筠爲晉州節度使以涇州節度使何建爲鄧州節度使己卯以前鄴都留守廣晉尹李德珫爲涇州節度使丙申所司奏議故天下兵馬都元帥吳越國王錢元瓘諡曰莊穆詔改爲文穆戊戌遣前復州防禦使吳巒權知貝州軍事詔節度使王令温赴闕庚子單州軍事判官趙岳奏刺史楊承祚初夜開門出城稱爲母病往

青州寧親于孔目官齊琪處留下牌印臣已行用權知州事辛丑高麗遣使朝貢昭化軍節度使瑞慎等州觀察等使杜建徽進封鄖國公遣侍衛步軍都指揮使郭謹領兵赴鄆州十二月乙巳朔遣左領軍衛將軍蔡行遇押兵士屯于鄆州仍遣供奉官殿直二十六人自河陰至海口分擘地分巡檢以青州節度使楊光遠謀叛故也庚子前左御正齊國夫人吳氏已降二十一人並封郡國夫人太后宮皇后宮知客夫人等亦如之太子太保致仕梁文矩卒贈太子太傅癸丑詔河陽節度使符彥卿宋州節度使高行周貝州節度使王令溫同州節度使李承福陳州梁漢璋亳州李蕘懷州薛懷讓並赴闕分命使臣諸州郡巡檢以契丹入寇故也遣給事中邊光範前登州刺史郭彥威使于契丹行至恆州敵已犯境不能進留于公館數月不達其命而回遼史天福八年二月乙卯晉遣使進先帝遺物辛酉晉遣使請居汴從之三月丁未晉主至汴遣使來謝五月己亥遣使如晉致生辰禮六月辛酉晉遣使貢金秋八月丁未朔晉復貢金己未如奉聖州晉遣其子延煦來朝甲寅以單州刺史楊承祚爲登州刺史從其便也華州陝府奏逃戶凡一萬二千三百乙丑臘車駕不出詔前陝州節度使石贇率諸節度使畋于

郡郊太子賓客聶延祚卒丁卯詔宣徽使劉繼勳就杜威園亭會節度使統軍等習射淄州奏青州節度使楊光遠反遣兵士取淄州劫刺史翟進宗入青州是冬大饑河南諸州餓死者二萬六千餘口

開運元年春正月甲戌朔是夕陣雲掩北斗之魁星乙亥滄恆貝鄴馳告契丹前鋒趙延壽趙延昭引五萬騎入寇將及甘陵青州楊光遠召之也己卯契丹陷貝州知州吳巒死之庚辰以宋州節度使高行周爲北面行營都部署以河陽節度使符彥卿爲馬軍左廂排陣使以右神武統軍皇甫遇爲馬軍右廂排陣使以陝州節度使王周爲步軍左廂排陣使以左羽林統軍潘瓌爲步軍右廂排陣使太原奏契丹入鴈門圍忻代二州恆滄邢三州上言契丹大至是歲天下餓死者數十萬人詔逐處長吏瘞之壬午詔取此月十三日車駕北征以前邠州節度使李周爲權東京留守乙酉車駕發東京丁亥敵騎至黎陽以侍衞馬軍都指揮使李守貞爲前軍都虞候河北危蹙諸州求救者人使相望戊子車駕至澶州以貝州節度使王令温爲鄧州節度使時令温弟令崇自契丹

至訴以舉族陷于甘陵故有是命辛卯鄴都留守張從恩遣人夜縋城間行奏契丹主以鐵騎三四萬建牙帳于元城以趙延壽爲魏博節度使改封魏王延壽曰率騎軍摩壘而退甲午以北京留守劉知遠爲幽州道行營招討使以恆州節度使杜威副之定州節度使馬全節爲都虞候其職員將校委招討使便宜署置乙未大霧中有白虹相偶占者曰斯爲海淫其下必將有戰詔率天下公私之馬以資騎軍丙申契丹攻黎陽遣右武衛上將軍張彥澤等率勁騎三千以禦之己亥遣譯語官孟守忠致書于契丹主求修舊好守忠自敵帳迴契丹主復書曰已成之勢不可改也辛丑太原奏與契丹戰于秀容斬首三千級生擒五百人獲敵將一十七人賊軍散入鵶鳴谷已進軍追襲二月甲辰朔遣石贇守麻家口何建守楊劉鎮白再榮守馬家渡安彥威守河陽鄆州奏博州刺史周儒以城降契丹又與楊光遠潛約引契丹于馬家渡濟河時郭謹在汶陽遣左武衛將軍蔡行遇率數百騎赴之遇伏兵于葭葦中突然而出轉鬬數合部下皆遁行遇爲賊所執鋒鏑重傷不能乘馬坐畚中舁至幕帳遣李守貞

等水陸進兵而下以救汶陽丙午先鋒指揮使石公霸與契丹遇于戚城之北爲契丹所圍高行周符彥卿方息于林下聞賊至駭愕督軍而進契丹衆甚盛被圍數重遣人馳告景延廣請益師延廣遲留候帝進止行周等大譟瞋目奮擊賊衆傷死者甚多帝自御親軍救之方解宋史符彥卿傳契丹騎兵數萬圍高行周于鐵邱諸將莫敢當其鋒彥卿獨引數百騎擊之遼人遁去行周得免高懷德傳至戚城被圍數重援兵不至危甚懷德左右射縱橫馳突衆皆披靡挾父而出登戚城古臺置酒以勞三將咸咎延廣不遣兵赴難相對泣下戊申契丹築壘于馬家渡東岸以騎軍列于外以禦王師李守貞以師搏之遂破其衆敵騎散走赴河溺死者數千遂拔其壘初西岸敵軍數萬鼓譟揚旗以助其勢及見東岸兵敗號哭而去獲馬八百匹生擒敵將七十八人部衆五百人送行在悉斬之辛亥夏州節度使李彝殷合蕃漢之兵四萬抵麟州濟河侵契丹之境以牽脅之壬子以彝殷爲契丹西南面招討使易州刺史安審約奏戰契丹于北平賊退保祁溝關斷其橋梁而還癸丑博州殘兵至自敵中周儒之降也敵執其軍士將獻于幕帳行次中途守者夜寢其中軍士一人自解桎梏爲諸兵釋縛取敵戈矛

盡殺援者二百餘人南走而歸至河無舟浮水而過溺死之餘所存者六十七人是日日有黃白暈二白虹夾日而行己未滄州奏賊衆三千人援送所掠人口寶貨等由長蘆入蕃以輕騎邀之斬獲千餘人人口輜重悉委之而走庚申宰臣馮道等再上表請聽樂皆不允時帝自期年之後于宮中閒舉細聲女樂及親征以來日于左右召淺蕃軍校奏三絃胡琴和以羌笛擊節鳴鼓更舞迭歌以爲娛樂常謂侍臣曰此非音樂也故馮道等奏請舉樂詔旨未允而止壬戌楊光遠率兵圍棣州刺史李瓊以州兵擊之棄營而遁冀州奏敗賊軍于城下見舁棺者訊其降者曰戚城之戰上將金頭王中流矢而死此其櫬也癸亥以前鄧州節度使何建爲東南面馬步軍都部署率師屯汝陽甲子蜀人寇我階州三月癸酉朔契丹主領兵十餘萬來戰時契丹僞棄元城寨已旬日矣伏精騎于頓邱故城以待王師（通鑑鄴都留守張從恩屢奏敵已遁去大軍欲進追之會霖雨而止）設伏累日人馬饑頓趙延壽謀曰晉軍悉在河上畏我鋒鋭不敢前進不如徑造城下四面而進攻奪其橋梁天下定矣契丹主然之是日前軍高行周在戚城之南賊將趙

延壽趙延昭以數萬騎出王師之西契丹主自擁精騎出王師之東兩軍接戰交相勝負至晡時契丹主以勁兵中央出而來帝御親軍列爲後陣東西濟河爲偃月之勢旗幟鮮盛士馬嚴整契丹主望之謂左右曰楊光遠言晉朝兵馬半已餓死今日觀之何其壯耶敵騎往來馳突王師植立不動萬弩齊發飛矢蔽空敵軍稍却會有亡者告契丹主曰南軍東面人少沿河城柵不周可以攻之契丹乃率精騎以攻東邊王師敗走敵騎追之時有夾馬軍士千餘人在堤間治水寨旗幟之末出于堰埭敵望見之以爲伏兵所起追騎乃止久之復戰王師又退李守超以數百騎短兵直起擊之敵稍却戰場之地人馬死者無算斷箭殘鏃橫厚數寸遇夜賊擊鉦抽軍而退夜行三十里而舍焉護聖指揮使協霸（協霸二字上疑有脫文）亡入賊中夷其族護聖第二都指揮使安重懷指揮使烏韓七監軍何彥超等臨陣畏怯手失兵仗悉斬之乙亥契丹主帳內小校竊其主所乘馬來奔云契丹已傳木書收軍北去（契丹國志云景延廣疑有詐閉壁不敢追遼帝北歸所過焚掠民物殆盡）齊州奏青州賊軍寇明水鎮壬午禮部尚書盧詹卒贈太子太保甲申契丹東

帳已過貝州以趙延昭守貝州遼史三月壬午留趙延昭守貝州徙所俘戶于內地辛卯定州馬全節攻泰州拔之俘其兵士二千人雜畜戎仗稱是癸巳北京留守兼中書令劉知遠封太原王餘如故是日詔天下抽點鄉兵凡七戶出一士六戶資之仍自具兵仗以武定爲軍號太常丞王緒棄市緒家于青州常致書于楊光遠緒有妾之兄慊緒不爲賙給遂告與光遠連謀密書述朝廷機事遂收捕斬之夏四月車駕在澶州滄州奏契丹陷德州刺史尹居璠爲敵所執甲辰鄴都留守張從恩來朝丁未加從恩平章事還鄴己酉詔取今月八日車駕還京令高行周王周留鎮澶淵近地兵馬委便宜制置甲寅至自澶州曲赦京城大辟以下罪人丁巳升冀州爲防禦使額同華奏人民相食己未以右武衛上將軍張彥澤爲右神武統軍辛酉以鄆州節度使侍衛親軍都指揮使景延廣爲西京留守以宋州節度使高行周爲侍衛親軍都指揮使以侍衛親軍都虞候義成軍節度使李守貞爲兗州節度使典軍如故是日分命文武臣寮三十六人往諸道州府括率錢帛以資軍用癸亥以西京留守安彥威爲晉昌軍節度使以晉昌軍節

度使趙瑩爲華州節度使以左龍武統軍皇甫遇爲滑州節度使是日置酒宮中召景延廣謂之曰卿有佐命之功命保釐伊洛非酬勳之地也因解御衣寶帶以賜之丙寅隴州奏餓死者五萬六千口五月壬申朔太原劉知遠奏邊境未寧軍用甚廣所封王爵乞未行冊命戊寅遣侍衛親軍都虞候李守貞率步騎二萬討楊光遠于青州丁亥以鄴都留守張從恩爲貝州行營都部署通鑑張從恩上言趙延昭雖據貝州麾下將士久客思歸宜速進軍攻詔以從恩爲貝州行營都部署以滑州節度使皇甫遇爲行營都虞候以左神武統軍潘環掌騎兵右神武統軍張彥澤掌步兵辛卯張從恩奏貝州賊將趙延昭縱火大掠棄城而遁通鑑延昭屯于瀛莫阻水自固以李守貞爲青州行營都部署以河陽節度使符彥卿副之戊戌以鄧州節度使何建爲貝州永清軍節度使是月澤潞上言餓死者凡五千餘人六月辛丑朔王師拔淄州斬楊光遠僞署刺史劉翰辛卯以太尉兼侍中馮道爲檢校太師兼侍中充同州節度使丙午詔復置樞密院丁未以侍中桑維翰爲中書令充樞密使權開封府尹李周卒輟朝贈太師辛亥以邢州節度使安叔千爲晉州節度使加同平章

事以晉州節度使宋彥筠爲陝州節度使以吏部郎中李穀充樞密直學士丙辰滑州河決漂注曹單濮鄆等州之境環梁山合于汶濟宋史楊昭儉傳河決數郡大發丁夫以本部帥董其役旣而塞之晉少主喜詔立碑紀其事昭儉表諫曰陛下刻石紀功不若降哀痛之詔摛翰頌美不若頌罪己之文言甚切至少主嗟賞之卒罷其事戊午升府州爲團練使額庚申襄州獻白鵲甲子復置翰林學士乙丑宰臣等三上表請聽樂詔允之戊辰以門下侍郎王松爲左丞以右丞王易簡爲吏部侍郎以右散騎常侍蕭愿爲祕書監以右諫議大夫王仁裕爲給事中以給事中李式爲左散騎常侍以金部郎中知制誥徐台符爲翰林學士以禮部郎中李澣本官知制誥充翰林學士以刑部郎中劉温叟改都官郎中充翰林學士以主客員外郎范質充翰林學士御史張宜改倉部員外郎知制誥庚午以前晉州節度使周密爲左龍武統軍以同州節度使李懷忠爲左羽林統軍

舊五代史卷八十二考證

晉少帝紀二以青州節度使楊光遠謀叛故也　案楊光遠反五代春秋作十一月與是書作十二月異歐陽史從是書

乙亥滄恆貝鄴馳告契丹前鋒趙延壽趙延昭引五萬騎入寇將及甘陵　案歐陽史作甲戌朔契丹寇滄州據遼史云甲戌朔趙延壽延昭率前鋒五萬騎次任邱與歐陽史合

太原奏契丹入雁門圍忻代二州　案通鑑契丹入雁門不書日遼史作丙子入雁門圍忻代

乙酉車駕發東京丁亥敵騎至黎陽　案歐陽史作丙戌契丹寇黎陽

辛卯鄴都留守張從恩遣人夜縋城間行奏契丹主以鐵騎三四萬建牙帳于元城以趙延壽爲魏博節度使改封魏王　案遼史己丑次元城授延壽魏博節度使封魏王率所部屯南樂蓋遼人屯于元城自在己丑晉人至辛卯始得奏聞也歐陽史作辛卯契丹屯于元城趙延壽寇南樂殊誤

己亥遣譯語官孟守忠致書于契丹主求修舊好　案遼史云辛丑晉遣使來

修舊好詔割河北諸州及遣桑維翰景延廣來議與是書微異

鄆州奏博州刺史周儒以城降契丹　案博州刺史周儒降于契丹歐陽史通

鑑契丹國志俱作正月是書及遼史作二月

舊五代史卷八十二考證

舊五代史卷八十三

宋門下侍郎參知政事監修國史薛居正等撰

晉書第九

少帝紀三

開運元年秋七月辛未朔帝御崇元殿大赦天下改天福九年爲開運元年河北諸州曾經契丹蹂踐處與免今年秋稅諸軍將士等第各賜優給諸州率借錢帛赦書到日晝時罷徵出一千貫已上者與免科徭一萬貫已上者與授本州上佐云是日宣赦未畢會大雷雨匆遽而罷時都下震死者數百人明德門內震落石龍之首識者以爲石乃國姓蓋不祥之甚也癸酉以定州節度使馬全節爲鄴都留守加兼侍中以昭義節度使安審暉爲邢州節度使加檢校太師乙亥前陝州節度使王周加檢校太尉改定州節度使鄴都留守張從恩改鄆州節度使禮官奏天子三年喪畢祫享于太廟高祖聖文章武明德孝皇帝今年八月喪終畢合以十月行大祫之禮冬季祠祭改薦爲祫從之丁丑虞部

員外郎知制誥陶穀改倉部郎中知制誥大理卿吳德謙改祕書監致仕辛巳以左龍武統軍李從敏爲潞州節度使天策府都護軍桂州節度使知朗州軍事馬希杲加檢校太師壬午降金州爲防禦州降萊州爲刺史州戶部侍郎田敏改兵部侍郎刑部侍郎李祥改尚書左丞以穎州團練使馮玉爲戶部侍郎充端明殿學士中書舍人趙上交改刑部侍郎己丑以樞密使中書令桑維翰充宏文館大學士太子太傅譙國公劉昫爲守司空兼門下侍郎平章事監修國史判三司宰臣李崧和凝進封爵邑庚寅宣徽北院使劉繼勳改宣徽南院使三司使董遇改宣徽北院使辛卯以前陝州節度使石贇爲鄧州節度使同州節度使李承福卒贈太傅八月辛丑命十五將以禦契丹東都事略范質傳契丹入寇晉出帝命十五將出征是夕質宿直出帝命諸學士分草制質曰宮城已閉慮泄機事遂獨爲之北京留守劉知遠充北面行營都統鎮州節度使杜威充北面行營都招討使鄆州節度使張從恩充馬步軍都監西京留守景延廣充馬步軍都排陣使徐州節度使趙在禮充馬步軍都虞候晉州節度使安叔千充馬步軍左廂排陣使前兗州節度使安審信充馬步

軍右廂排陣使河中節度使安審琦充馬步軍都指揮使河陽節度使符彥卿充馬軍左廂都指揮使滑州節度使皇甫遇充馬軍右廂都指揮使右神武統軍張彥澤充馬軍排陣使滄州節度使王廷允充步軍左廂都指揮使陝州節度使宋彥筠充步軍右廂都指揮使前金州節度使田武充步軍左廂排陣使左神武統軍潘環充步軍右廂排陣使壬寅閩王王延羲爲其下連重遇朱文進所害衆推文進知留後事稱天福年號間道以聞甲辰太子少傅盧文紀改太子太傅太子少保李麟改太子太保刑部尚書李懌改戶部尚書給事中司徒詡改右散騎常侍以府州刺史折從阮爲安北都護充振武節度使是夜熒惑入南斗乙未詔復置明經童子二科己酉以鄧州節度使王令温爲延州節度使癸丑以威武軍兵馬留後權知閩國軍事朱文進爲檢校太傅福州威武軍節度使知閩國事癸亥升澶州爲節鎮以鎮寧爲軍額割濮州爲屬郡甲子以延州節度使史威爲澶州節度使九月庚午朔日有蝕之乙酉以戶部侍郎韋勳爲太子賓客以前棣州刺史段希堯爲戶部侍郎以光祿卿張仁愿爲大

理卿己丑禮部侍郎符蒙卒壬辰太原奏代州刺史白文珂破契丹于七里烽斬首千餘級生擒將校七十餘人癸巳以前隴州防禦使翟光鄴爲宣徽北院使己亥以滄州節度使王廷允卒輟朝贈中書令冬十月壬寅兩浙節度使吳越國王錢宏佐加守太尉庚戌以徐州節度使北面行營馬步都虞候趙在禮爲北面行營副都統鄴都留守馬全節爲北面行營副招討使甲寅以起居郎知制誥賈緯爲戶部郎中知制誥戊午詔曰朕虔承顧命獲嗣丕基常懼顛危不克負荷宵分日昃罔敢遑寧夕惕晨興每懷祗畏但以恩信未著德教未敷理道不明咎徵斯至向者頻年災沴稼穡不登道殣相望上天垂譴涼德所招仍屬干戈尚興邊陲多事倉廩不足則輟人之餱食帑藏不足則率人之資財兵士不足則取人之丁口戰騎不足則假人之乘馬雖事不獲已而理將若何訪聞差去使臣殊乖體認不能敦于勉諭而乃臨以威刑自有所聞益深愧悼旋屬守臣叛命敵騎入邊致使甲兵不暇休息軍旅有征戰之苦人民有飛輓之勞疲瘵未蘇科徭尚急言念于茲寢食何安得不省過興懷側身罪己載深

減損思召和平所宜去無用之資罷不急之務棄華取實惜費省功一則符先帝慈儉之規慕前王樸素之德向者造作軍器破用稍多但取堅剛不須華楚今後作坊製器械不得更用金銀裝飾比于遊畋素非所好凡諸服御尤欲去奢應天下府州不得以珍寶玩好及鷹犬爲貢在昔聖帝明君無非惡衣菲食況于薄德所合恭行今後大官尚膳減去多品衣服帷帳務去華飾在禦寒溫而已峻宇雕牆昔人所誡玉杯象箸前代攸非今後凡有營繕之處丹堊雕鏤不得過度宮闈之內有非理費用一切禁止於戲繼聖承祧握樞臨極昧于至道若履春冰屬以天災流行國步多梗因時致懼引咎推誠期于將來庶幾有補更賴王公將相貴戚豪宗各啓乃心率由茲道共臻富庶以致康寧凡百臣寮宜體朕意十一月壬申詔曰蕃寇未平邊陲多事卽日雖無侵軼亦須廣設隄防朕將親率虎貔躬擐甲冑候聞南牧卽便北征不預先定日辰別行告諭所有供億宜令三司預行計度合隨從諸司職員並宜常備行計云己卯以陳州刺史梁漢璋充侍衛馬軍都指揮使壬午以貝州節度使何建爲澶州節度

使兼北面行營馬軍右廂排陣使以澶州節度使史威爲貝州節度使丙戌以前金州節度使田武爲滄州節度使兼北面行營步軍右廂都指揮使以前相州節度使郭謹爲鄜州節度使十二月己亥朔幸皋門射中白兔癸丑福州節度使朱文進加同平章事封閩國王丁巳青州楊光遠降光遠子承勳等斬觀察判官邱濤牙將白延祚楊贍杜延壽等首級送于招討使李守貞乃縱火大譟刧其父處于私第以城納款遣卽墨縣令王德柔貢表待罪楊光遠亦遣節度判官楊麟奉表請死詔釋之閏月庚午以楊承信爲右羽林將軍承祚爲右驍騎衞將軍皆光遠之子先詣闕請罪故特授是官癸酉李守貞奏楊光遠卒初光遠旣上表送降帝以光遠頃歲太原歸命欲曲全之議者曰豈有反狀滔天而赦之也乃命守貞便宜處置守貞遣人拉殺之以病卒聞乙酉前登州刺史張萬迪削奪官爵處斬青州節度判官楊麟配流威州掌書記任邈配流原州支使徐晏配流武州縱逢恩赦不在放還之限並以楊光遠叛故也工部尚書權知貢舉竇貞固奏試進士諸科舉人入策舊例夜試以三條燭盡爲限天

成二年改令晝試今欲依舊夜試從之曲赦青州管內罪人立功將士各賜優給青州吏民爲楊光遠詿誤者一切不問青州行營招討使兗州節度使兼侍衞都虞候李守貞加同平章事副招討使河陽節度使符彥卿改許州節度使丙戌降青州爲防禦使額以萊州刺史楊承勳爲汝州防禦使己丑以工部尚書竇貞固爲禮部尚書太常卿王延爲工部尚書左丞王松爲太常卿以前尚書右丞龍敏爲尚書左丞癸巳以前安州防禦使李建業爲河陽兵馬留後以宣徽使翟光鄴爲青州防禦使以內客省使李彥韜爲宣徽北院使甲午以給事中邊光範爲左散騎常侍以樞密直學士吏部郎中李穀爲給事中依前充職是月契丹耶律德光與趙延壽領全軍入寇圍恆州分兵陷鼓城槀城元氏高邑昭慶寧晉蒲澤欒城柏鄉等縣前鋒至邢州河北諸州告急詔張從恩馬全節安審琦率師屯邢州趙在禮屯鄴都

開運二年春正月戊戌朔帝不受朝賀不豫故也己亥張從恩部領兵士自邢州退至相州人情震恐趙在禮還屯澶州馬全節歸鄴都遣右神武統軍張彥

澤屯黎陽詔西京留守景延廣將兵守胡梁渡契丹寇邢州侍衛馬軍都指揮使梁漢璋改鄭州防禦使典軍如故以齊州防禦使劉在明爲相州留後癸卯以客省使孟承誨爲內客省使滑州奏今月二日至四日相州路烽火不至甲辰以前汝州防禦使宋光鄴爲左驍衛大將軍詔青州行營將校自副兵馬使以上各賜功臣名號乙巳帝復常膳以左武衛上將軍袁義爲客省使上將軍如故詔滑州節度使皇甫遇率兵赴邢州馬全節赴相州契丹寇洛磁犯鄴都西北界所在告急壬子王師與契丹相拒于相州北安陽河上皇甫遇慕容彥超率前鋒與敵騎戰于榆林店遇馬中流矢僅而獲免遼史皇甫遇與濮州刺史慕容彥超將兵千騎來覘遼軍至鄴都遇遼軍數萬且戰且卻至榆林店遼軍繼至遇與彥超力戰百餘合遇馬斃步戰安審琦引騎兵踰水以救遼軍乃還是夜張從恩引軍退保黎陽惟留五百人守安陽河橋既而知州符彥倫與軍校謀曰此夜紛紜人無固志五百疲兵安能守橋卽抽入相州嬰城爲備至曙賊軍萬餘騎已陣于安陽河北彥倫令城上揚旗鼓譟賊不之測至辰時渡河而南悉陳甲騎于城下如攻城之狀彥倫曰此敵將走矣乃出甲士五百于城北張弓弩

以待之契丹果引去當皇甫遇榆林戰時至晚敵衆自相驚曰晉軍悉至矣契丹在邯鄲聞之即時北遁官軍亦南保黎陽甲寅以河陽留後李建崇爲邢州留後以鳳州防禦使案此下有闕文爲河陽留後詔李守貞領兵屯滑州以宣徽北院使李彦韜權侍衞馬步都虞候改諸道武定軍爲天威軍己未以前許州節度使李從温爲北面行營都招撫使以鄆州節度使張從恩權東京留守辛酉相州奏契丹抽退其鄉村避寇百姓已發遣各歸本家營種初帝以不豫初平未任親御軍旅既而張從恩馬全節相次奏賊軍充斥恆州杜威告事勢危急帝曰北敵未平固難安寢當悉衆一戰以救朔方生靈若宴安遲疑則大河以北淪爲寇壤矣即日命諸將點閱以定行計辛酉下詔親征誅楊光遠部下指揮使張迴等五人以戎事方興慮其扇搖故也癸亥以樞密直學士李穀爲三司副使判留司三司公事乙丑車駕發離京師是月京城北壕春冰之上有文若大樹花葉凡數十株宛若圖畫觀者如堵二月戊辰朔車駕次滑州己巳渡浮橋幸黎陽勞軍至晚還滑州以滄州節度使田武充東北面行營都部署甲戌

幸澶州以景延廣爲隨駕馬步軍都鈐轄丙子大閱諸軍于戚城帝親臨之戊寅北面行營副招討使馬全節行營都監李守貞右神武統軍張彥澤等以前軍先發己卯以許州節度使符彥卿爲北面行營馬軍都指揮使以左神武統軍潘瓌爲北面行營步軍都指揮使辛巳幸楊村故壘符彥卿皇甫遇李殷率諸軍進發以左散騎常侍邊光範爲樞密直學士詔河北諸州應蕃騎經由之地吏民遭殺害者委所在收瘞量事祭奠詔恆州杜威與馬全節等會合進軍丙戌幸鐵邱閱馬因幸趙在禮李從温軍是日大雪戊子安審琦梁漢璋領兵北征府州防禦使折從阮奏部領兵士攻圍契丹勝州降之見進兵趨朔州甲午以河中節度使安審琦爲北面行營馬步軍都虞候許州節度使符彥卿充馬步軍左廂都指揮使滑州節度使皇甫遇充馬步軍右廂都指揮使侍衛馬軍都指揮使梁漢璋充馬軍左右廂都指揮使侍衛步軍都指揮使李殷充步軍左右廂都指揮使左神武統軍張彥澤充馬軍左右廂都排陣使右神武統軍潘瓌充步軍左右廂都排陣使丙申以端明殿學士尚書戸部侍郎馮玉爲

戶部尚書充樞密使三月戊戌契丹陷祁州刺史沈斌死之乙巳左補闕袁範先陷契丹自賊中逃歸杜威奏與李守貞馬全節安審琦皇甫遇部領大軍赴定州易州刺史安審約奏二月三日夜差壯丁斫敵營殺敵十餘人是日以符彥卿爲北面行營馬步軍左右廂都排陣使以皇甫遇爲北面行營馬步軍左廂排陣使以王周爲馬步軍右廂排陣使丁未畋于戚城還幸景延廣安審信軍庚戌王師攻泰州刺史晉庭謙以城降易州奏郎山塞將孫方簡破契丹千餘人斬其將嘉哩相公擄其妻以獻甲寅杜威奏收復滿城獲契丹首領默埒相公并蕃漢兵士二千人以前戶部尚書李懌爲兵部尚書乙卯杜威奏收復遂城丙辰奏大軍自遂城却退至滿城時敵將趙延壽部曲來降言契丹主昨至古北口幽州走報漢軍大下收却泰州尋下令諸部令輜重入塞輕騎却迴契丹率五萬餘騎來勢極盛明日前鋒必至請爲之備杜威李守貞謀曰我師糧運不繼深入賊疆而逢大敵亡之道也不如退還泰州觀其兵勢强弱而禦之軍士皆以爲然是日還滿城丁巳至泰州戊午契丹前鋒已至己未大軍發

泰州而南契丹踵其後是日次陽城庚申敵騎如牆而來我步軍爲方陣以禦之選勁騎擊敵鬭二十餘合南行十餘里賊勢稍却渡白溝而去辛酉杜威召諸將議曰北主自來實爲勍敵若不血戰吾輩何以求免諸將然之是日敵騎還遶官軍相去數里明日我軍成列而行蕃漢轉鬭殺聲震地纔行十餘里軍中人馬飢乏癸亥大軍至白團衛村下營人馬俱渴營中掘井及水輒壞兵士取其泥絞汁而飲敵衆圍繞漸東其營宋史藥元福傳晉師列方陣設拒馬是爲行砦契丹以奇兵出陣後斷糧道日東北風猛揚塵折樹契丹主坐車中謂衆曰漢軍盡來秖有此耳今日並可生擒然後平定天下令下馬拔鹿角飛矢兩集軍士大呼曰招討使何不用軍而令士卒虛死諸將咸請擊之杜威曰候風勢稍慢觀其進退守貞曰此風助我也彼衆我寡黑風之內莫測多少若候風止我輩無噍類矣即呼衆軍齊力擊賊張彥澤符彥卿皇甫遇等率騎奮擊風勢尤猛沙塵如夜敵遂大敗宋史符彥卿傳時晉師居下風將戰弓弩莫施彥卿謂張彥澤皇甫遇曰與其束手就擒曷若死戰然未必死彥澤然之遂潛兵尾其後順風擊之契丹大敗又藥元福傳守貞與元福謀曰軍中飢渴已甚若候風反出戰吾屬爲擄矣彼謂我不能逆風以戰宜出其不意以擊之此兵家之奇也元福乃率麾下開拒馬出戰諸

將繼至契丹大敗時步騎齊進追襲二十餘里至陽城東賊軍稍稍成列我騎復擊之乃渡河而去守貞曰今日危急極矣幸諸君奮命吾事獲濟兩日以來人馬渴乏今喫水之後脚重難行速宜收軍定州保全而還上策也由是諸將整衆而還是時契丹主坐車中及敗走車行十餘里追兵旣急獲一橐駝乘之而走乙丑杜威等大軍自定州班師入恆州夏四月丙子以車駕將還京差官往西京告天地宗廟社稷辛巳鑾發澶州甲申至京師曲赦在京禁囚丁亥詔鄴都依舊爲天雄軍庚寅河東節度使劉知遠封北平王恆州節度使杜威加守太傅徐州趙在禮移鎭兗州宋州節度使加侍衞親軍馬步都指揮使高行周移鎭鄆州侍衞如故鄴都留守馬全節改天雄軍節度使兗州節度使兼侍衞都虞候李守貞移鎭宋州加檢校太師兼侍衞親軍副指揮使河中節度使安審琦加兼侍中移鎭許州許州節度使符彥卿加同平章事移鎭徐州滑州節度使皇甫遇加同平章事壬辰西京留守景延廣加邑封改功臣泰州節度使侯益移鎭河中定州節度使王周加檢校太師

舊五代史卷八十三考證

晉少帝紀三八月辛丑命十五將以禦契丹　案東都事略亦載出帝命十五將出征事歐陽史云劉知遠爲北面行營都統杜威爲都招討使葢略之也

壬辰太原奏代州刺史白文珂破契丹于七里烽　案通鑑作丙子契丹寇遂城樂壽深州刺史康彥進擊却之與是書異歐陽史契丹國志並與是書同

圍恆州分兵陷鼓城稾城元氏高邑昭慶寧晉蒲澤欒城柏鄉等縣　案遼史己卯圍恆州下其九縣歐陽史繫于乙酉之後疑誤

易州奏郞山塞將孫方簡破契丹千餘人　案孫方簡歐陽史作孫方諫

賊勢稍却渡白溝而去　案通鑑庚申契丹大至晉軍與戰逐北十餘里契丹踰白溝而去歐陽史庚申杜威及契丹戰于陽城敗之俱與是書同惟遼史云己未重威守貞引兵南遁追至陽城大敗之復以步卒爲方陣來拒與戰二十餘合是遼師未嘗言敗也葢當時南北軍俱有掩飾故紀載不同如此

大軍至白團衞村下營　案歐陽史作衞村通鑑攷異引漢高祖實錄作白檀

舊五代史卷八十四

宋門下侍郎參知政事監修國史薛居正等撰

晉書第十

少帝紀四

開運二年夏五月丙申朔帝御崇元殿受朝大赦天下丁酉以右衞上將軍馬萬爲左金吾上將軍致仕戊戌陝州節度使宋彥筠移鎭鄭州澶州節度使何建移鎭河陽以左神武統軍潘瓌爲澶州節度使以宣徽北院使李彥韜遙領壽州節度使兼侍衞馬軍都指揮使以滄州節度使田武遙領夔州節度使兼侍衞步軍都指揮使辛卯白虹貫日壬子宰臣桑維翰劉昫李崧和凝並加階爵禮部尚書竇貞固改刑部尚書太常寺卿王松改工部尚書以尚書左丞龍敏爲太常卿以翰林學士承旨兵部侍郎李愼儀爲尚書左丞以御史中丞張允爲兵部侍郎知制誥充翰林學士承旨以左諫議大夫顏衎爲御史中丞宋史顏衎傳喪亂之後朝綱不振衎執憲頗有風采嘗上言纔除御史者旋授外藩賓佐復有以私故細事求假外拜州郡無參謁之儀出入失風憲之體漸恐四

方得以輕易百辟無所準繩請自今藩鎮幕僚勿得任臺官雖親王宰相出鎮亦不得奏充賓佐非奉制勘事勿得出京自餘不令釐雜務詔惟辟召入幕餘從其請以兵部侍郎宏文館學士判館事田敏為國子祭酒以戶部侍郎段希堯為兵部侍郎以工部侍郎邊蔚為戶部侍郎依前權知開封府事以左散騎常侍李式為工部侍郎以給事中王仁裕為左散騎常侍甲寅以華州節度使趙瑩為開封尹以皇弟開封尹重睿為秦州節度使以宣徽南院使劉繼勳為華州節度使以前鄆州節度使張從恩為晉州節度使丙辰杜威來朝定州奏大風雹北岳廟殿宇樹木悉摧敗之六月乙丑朔帝御崇元殿百官入閤監修國史劉昫史官張昭遠等以新修唐書紀志列傳并目錄凡二百三卷上之賜器帛有差癸酉以恆州節度使杜威為天雄軍節度使充鄴都留守以鄴都留守馬全節為恆州節度使以翰林學士金部郎中知制誥徐台符為中書舍人以翰林學士禮部郎中知制誥李澣為中書舍人翰林學士都官郎中劉温叟加知制誥翰林學士主客員外郎范質改比部郎中知制誥並依舊充職祠部員外郎知制誥張沆本官充學士以太常少卿陶穀為中書舍人宋史陶穀傳穀性急率嘗與兗

帥安審信集會杯酒相失爲審信所奏時方姑息武臣穀坐責授太常少卿嘗上言頃泣西臺每見臺司詳斷刑獄少有卽時決者至于閭閻夫婦小有爭訟淹滯卽時坊市死亡喪葬必候臺司判狀奴婢病亡亦須檢驗吏因緣爲姦而邀求不已經旬不獲埋瘞望申條約以革其弊從之俄拜中書舍人己亥以邠州節度使劉景巖爲陝州節度使己卯新授恆州節度使馬全節卒輟朝贈中書令壬午大理卿張仁愿卒贈祕書監遣刑部尙書竇貞固等分詣寺觀禱雨己丑以定州節度使王周爲恆州節度使以前易州刺史安審約爲定州留後是月兩京及州郡十五並奏旱秋七月乙未朔以侍衞步軍都指揮使領夔州節度使田武爲昭義軍節度使甲寅左諫議大夫李元龜奏請禁止天下僧尼典買院舍從之丙辰前少府監李楷貶坊州司戶坐冒請逃死吏人衣糧入己故也庚申以前齊州防禦使薛可言爲延州兵馬留後八月甲子朔日有蝕之中書舍人陶穀奏請權廢太常寺二舞郎從之丙寅宰臣和凝罷相守右僕射以樞密使馮玉爲中書侍郎平章事使如故乙亥詔諸御史今後除準式請假外不得以細故小事請假離京除奉制命差推事及按察外不得以諸雜細務差出丙子以靈州節度使馮暉爲邠州節度使加檢校太尉以前鄜州節

度使丁審琪爲左羽林統軍以前鄜州節度使郭謹爲左神武統軍西京留司御史臺奏新授鄧州節度使宋彥筠于銀沙灘斬廳頭鄭温詔鞫之款云彥筠出身軍旅不知事體不合專擅行法詔釋其罪以工部尚書王松權知貢舉丁丑以前晉州節度使安叔千爲右金吾上將軍以三司副使給事中李穀爲磁州刺史充北面水陸轉運使分遣使臣于諸道率馬戊寅以左金吾上將軍皇甫立爲左衛上將軍以右羽林統軍李懷忠爲左武衛上將軍庚辰新授潞州節度使田武卒輟朝贈太尉戊子湖南奏靜江軍節度使馬希杲卒九月丙申以西京留守北面馬步軍都排陣使景延廣爲北面行營副招討使丁酉以刑部侍郎趙遠爲戶部侍郎以工部侍郎李式爲刑部侍郎以中書舍人盧價爲工部侍郎價久次綸闈舊例合轉禮部侍郎或御史中丞宰臣馮玉擬此官桑維翰以爲資望淺不署狀無何維翰休沐數日玉獨奏行之維翰由是不樂與玉有間矣己亥幸繁臺觀馬遂幸李守貞第庚子以晉州節度使張從恩爲潞州節度使吏部侍郎張昭遠加階爵酬修唐史之勞也宋史張昭遠傳加金紫階進爵邑戊申

升曹州爲節鎭以威信軍爲軍額詔李守貞率兵屯澶州己酉月掩昴宿以宣徽北院使焦繼勳爲宣徽南院使以內客省使孟承誨爲宣徽北院使壬子以前太子詹事王居敏爲鴻臚卿李專美爲大理卿以太子賓客致仕馬裔孫爲太子詹事甲寅移泰州理所于滿城縣乙卯詔相州節度使張彥澤率兵屯恆州冬十月戊寅以河陽節度使何建爲涇州節度使以許州節度使李從溫爲河陽節度使以前鄭州節度使石贇爲曹州節度使庚午遣使太子賓客羅周岳使副太子右庶子王延濟冊兩浙節度使錢宏佐爲守太尉辛未右金吾衞上將軍楊彥詢卒贈太子太師丁丑高麗遣使貢方物庚辰以前延州節度使王令溫爲靈州節度使庚寅以邢州兵馬留後劉在明爲晉州兵馬留後以前河陽留後方太爲邢州留後癸巳升陳州爲節鎭以鎭安軍爲軍額十一月戊戌以邠州節度使馮暉兼侍衞步軍都指揮使充北面行營先鋒馬步軍都指揮使以權知高麗國事王武爲檢校太保使持節元菟州都督充大義軍使封高麗國王癸卯日南至帝御崇元殿受朝賀戊申兩浙奏順化軍節度使錢鐸

卒甲寅以壽州節度使侍衞馬軍都指揮使李彥韜爲陳州節度使典軍如故丙辰前商州刺史李俊除名坐受財枉法也十二月乙丑以兩浙節度使吳越國王錢宏佐兼東南面兵馬都元帥丙寅以吳越國金馬左廂都指揮使湖州刺史胡思進遙領虔州昭信軍節度使以吳越國金馬右廂都指揮使明州刺史闞璠遙領宣州寧國軍節度使並典軍如故左羽林統軍丁審琪卒贈太尉辛未以工部侍郎盧價爲禮部侍郎以右散騎常侍集賢殿學士判院事司徒詡爲工部侍郎依前充職以前中書舍人殷鵬爲給事中充樞密直學士以給事中劉知新爲右散騎常侍乙亥陝府節度使劉景巖來朝丁丑狩于近郊獵也己卯光祿卿致仕陳元卒于太原庚辰命使冊高麗國王王武癸未以前兗州節度使安審信爲華州節度使丁亥以樞密使中書令桑維翰爲開封尹以司空門下侍郎平章事劉昫判三司以左僕射門下侍郎平章事李崧爲守侍中充樞密使以開封尹趙瑩爲中書令宏文館大學士以宣徽南院使焦繼勳知陝州軍州事宋史焦繼勳傳西人寇邊朝議發師致討繼勳抗疏請行拜秦州觀察使兼諸蕃水陸轉運使既至推恩信設方略招誘諸部

相率奉玉帛牛酒乞盟邊境以安俄徙知陝州己丑邠州節度使馮暉準詔來朝是歲帝每遇四方進獻器皿多以銀于外府易金而入謂左右曰金者貴而且輕便于人力識者以爲北遷之兆也宋史劉濤傳少帝奢侈常以銀易金廣其器皿李崧判三司令上庫金之數及崧以原簿校之少數千鎰崧責曰帑庫通式一曰不受虛數毫釐則有重典濤曰帑司常有報不盡數以備宣索崧令有司劾濤濤事迫以情告樞密使桑維翰乃止罰一月俸

開運三年春正月癸巳朔帝御崇元殿受朝賀仗衛如式詔改鑄天下合同印書詔印御前並以黃金爲之己亥貝州梁漢璋奏蕃寇屯聚將謀入寇詔符彥卿屯荆州口宋史符彥卿傳再出河朔彥卿不與易其行伍配以羸師數千戍荆州口癸卯以前華州節度使劉繼勳爲同州節度使以陝州節度使劉景巖爲鄧州節度使丙午以宣徽南院使知陝州事焦繼勳爲陝州留後丁未刑部員外郎王涓賜自盡坐私用宮錢經營求利故也右司郎中李知損貶均州司戶員外置馳驛發遣坐前任度支判官日與解縣榷鹽使王景遇交遊借貸故也己酉詔侍衛親軍副都指揮使李守貞率師巡撫北邊辛亥以皇弟秦州節度使重睿爲許州節度使以許州節度使安審琦爲兗州節度使以兗州節度使趙在禮爲晉昌軍節度使癸丑以

涇州節度使何建爲秦州節度使以前貝州節度使史威爲涇州節度使乙卯定州奏契丹入寇己未二王後守太僕少卿龔鄺國公楊延壽除名配流威州終身勿齒延壽奉命于磁州檢苗受賍二百餘匹準律當絞有司以二王後入議故貸其死二月壬戌朔日有蝕之詔滑州皇甫遇率兵援糧入易定等州甲子以滄州留後王景爲本州節度使右僕射和凝逐月別給錢五萬傔糧芻粟等優舊相也辛未魯國大長公主史氏薨輟朝三日丙子光祿卿致仕王宏贄卒贈太常卿回鶻遣使貢方物升桂州全義縣爲溥州仍隸桂州其全義縣改爲德昌縣從湖南馬希範所請也壬午以前晉昌軍節度使安彥威充北面行營副都統以宣徽北院使兼太府卿孟承誨爲右武衛大將軍充職是日幸南莊命臣寮汎舟飲酒因幸杜威園醉方歸內甲申河陽節度使李從溫薨輟朝贈太師三月壬辰朔以權知河西節度使張遵古爲河西留後乙未以御史中丞顏衎爲戶部侍郎以戶部侍郎趙遠爲御史中丞丙申以邠州節度使兼侍衞步軍都指揮使馮暉爲河陽節度使以前涇州節度使李德珫爲邠州節度

使李守貞奏大軍至衡水己亥奏獲鄭州刺史趙思恭癸卯奏大軍迴至冀州戶部侍郎顏衎上表以母老乞解官就養從之戊申以皇子齊州防禦使延煦爲澶州節度使辛亥密州上言飢民殍者一千五百庚申以瓜州刺史曹元忠爲沙州留後夏四月辛酉朔李守貞自北班師到闕太原奏吐渾白可久奔歸契丹諸侯咸有異志乙亥宰臣詣寺觀禱雨曹州奏部民相次飢死凡三千人時河南河北大饑殍殕甚衆沂密兗鄆寇盜羣起所在屯聚剽劫縣邑吏不能禁兗州節度使安審琦出兵逋逐爲賊所敗戊寅幸相國寺禱雨皇子延煦與晉昌軍節度使趙在禮結婚令宗正卿石光贊主之五月庚寅朔以兵部郎中劉鱓爲太府卿戊戌以前同州節度使馮道爲鄧州節度使定州奏部民相次擄殺流移約五千餘戶青州奏全家殍死者一百一十二戶沂州奏淮南遣海州刺史領兵一千五百人應接賊頭常知及詔兗州安審琦領兵逋逐甲辰以前太子賓客韋勳爲太子賓客兗州安審琦奏淮賊抽退賊頭常知及與相次首領武約等並乞歸命丁未幸大年莊遊船習射帝醉甚賜羣官器帛有差夜

分方歸丙戌申以鄜州留後李殷爲定州節度使辛亥詔皇甫遇爲北面行營都部署張彥澤爲副李殷爲都監領兵赴易定等州尋止其行甲寅以貝州留後梁漢璋爲貝州節度使以左神武統軍郭謹爲鄜州節度使六月庚申朔登州奏文登縣部內有銅佛像四甕佛像十自地踴出狼山招收指揮使孫方簡叛據狼山歸契丹乙丑詔諸道不得橫薦官僚如本處幕府有闕卽得奏薦丙寅以前昭義軍節度使李從敏爲河陽節度使以河陽節度使兼侍衛步軍都指揮使馮暉爲靈州節度使壬午以鄆州節度使兼侍衛親軍都指揮使高行周爲宋州節度使加兼中書令充北面行營副都統以宋州節度使侍衛親軍都指揮使（案以下有闕文）定州奏蕃寇壓境詔李守貞爲北面行營都部署滑州皇甫遇爲副相州張彥澤充馬軍都指揮使定州李殷充馬步都指揮使七月壬辰以禮部尚書王延爲刑部尚書以工部尚書王松爲禮部尚書以太常卿龍敏爲工部尚書以左丞李慎儀爲太常卿以吏部侍郎張昭遠爲左丞以右丞李詳爲吏部侍郎以前義州刺史李玘爲右丞前晉昌軍節度使安彥威薨輟朝

贈太師丙申兩浙節度使吳越國王錢宏佐加守太師北京留守河東節度使北平王劉知遠加守太尉滄州奏蕃寇攻饒安縣楊劉口河決西岸水闊四十里以前鄧州節度使劉景巖爲太子太師致仕辛亥宋州穀熟縣河水兩水一概東流漂沒秋稼丁巳大理卿李專美卒戊午詔僞清泰朝經削奪官爵朱宏昭馮贇康義誠王思同藥彥稠等並復其官爵自夏初至是河南河北諸州郡餓死者數萬人羣盜蜂起剽略縣鎭霖雨不止川澤汎漲損害秋稼八月己未朔以左諫議大夫裴羽爲給事中庚申李守貞皇甫遇駐軍定州辛酉幸南莊召從臣宴樂至暮還宮詔潞州運糧十三萬赴恆州癸亥以右散騎常侍張煦爲青州刺史李守貞奏大軍至望都縣相次至長城北遇敵千餘騎轉鬭四十里斬蕃將嘉哩相公丁卯詔班師庚午以前亳州防禦使邊蔚爲戶部侍郎以刑部侍郎李式爲戶部侍郎充三司副使以禮部侍郎盧價爲刑部侍郎以樞密直學士左散騎常侍邊光範爲禮部侍郎充職（宋史邊光範傳少帝以光範藩邸舊僚待遇尤厚因遊宴見光範位翰林學士下卽日拜尚書禮部侍郎知制誥充翰林學士仍直樞密院）辛未以右龍武統軍周密爲延州節

度使癸酉河東節度使劉知遠奏誅吐渾大首領白承福白鐵匱赫連海龍等並夷其族凡四百口蓋利其孳畜財寶也人皆冤之甲戌以大理少卿劇可久爲大理卿棣州刺史慕容彥超削奪在身官爵房州安置坐前任濮州擅出省倉麥及私賣官麴準法處死太原節度使劉知遠上表救之故貸其死丙戌靈州馮暉奏與威州刺史藥元福于威州土橋西一百里遇吐蕃七千餘人大破之斬首千餘級是月秦州雨雨旬不止鄴都雨水一丈洛京鄭州貝州大水鄴都夏津臨清兩縣餓死民凡三千三百盜入臨濮費縣秋九月壬辰鄆州節度使侍衛親軍都指揮使李守貞加兼侍中滑州節度使皇甫遇進封邠國公相州節度使張彥澤加檢校太尉甲午以權知威武軍節度使李宏達爲檢校太尉同平章事充福建節度使知閩國事乙未前商州刺史李俊賜死坐與親妹姦及行劍斫殺女使又殺部曲孫漢榮強姦其妻準法棄市詔賜死于家己亥張彥澤奏破蕃人于定州界斬首二十餘級追襲百餘里生擒蕃將四人摘得金耳環二副進呈癸卯太原奏破契丹于楊武谷殺七千餘人甲辰以天策上

將軍江南諸道都統楚王馬希範兼諸道兵馬都元帥詔開封府以霖雨不止應京城公私僦舍錢放一月乙巳詔安審琦率兵赴鄴都皇甫遇赴相州丙午以太子少保楊凝式爲太子少傅以刑部尚書王延爲太子少保前潁州團練使竇貞固爲刑部尚書是月河南河北關西諸州奏大水霖雨不止溝河汎溢水入城郭及損害秋稼是月契丹瀛州刺史詐爲書與樂壽將軍王巒願以本城歸順且言城中蓄軍不滿千人請朝廷發軍襲取之已爲內應又云今秋苦雨川澤漲溢自瓦橋以北水勢無際契丹已歸本國若聞南夏有變地遠阻水雖欲奔命無能及也又巒繼有密奏苦言瀛鄚可取之狀先是前歲中車駕駐于河上曾遣邊將遺書于幽州趙延壽勸令歸國延壽尋有報命依違而已是歲三月復遣鄴都杜威致書于延壽且述朝旨啖以厚利仍遣洺州軍將趙行實賫書而往潛申款密行實曾事延壽故遣之七月行實自燕迴得延壽書且言久陷邊庭願歸中國乞發大將遣接卽拔身南去敘致懇切辭旨綿密時朝廷欣然從之復遣趙行實計會延壽大軍應接之所有瀛州大將遣所親齎蠟

舊五代史卷八十四考證

晉少帝紀四監修國史劉昫史官張昭遠等以新修唐書紀志列傳幷目錄凡二百三卷　案郡齋讀書志直齋書錄解題並作二百卷五代會要作二百二卷目錄一卷

己亥幸繁臺觀馬　案歐陽史作閱馬于萬龍岡

皇子延煦與晉昌軍節度趙在禮結婚　案皇子延煦娶趙在禮女通鑑作三月庚申與是書作四月戊寅異

己亥張彥澤奏破蕃人于定州界　案歐陽史作辛丑張彥澤及契丹戰于新興敗之

是月契丹瀛州刺史詐爲書與樂壽將軍王巒願以本城歸順　案瀛州刺史下疑脫劉延祚三字通鑑攷異云歐陽史作高牟翰案陷蕃記前云延祚詐輸誠款後云大軍至瀛州偵知蕃將高牟翰潛師而出蓋延祚爲刺史牟翰乃戍將耳

嘉哩舊作解里今改

舊五代史卷八十四考證

舊五代史卷八十五

宋門下侍郎參知政事監修國史薛居正等撰

晉書第十一

少帝紀五

開運三年冬十月甲子正衙命使冊皇太妃安氏己丑以樞密直學士禮部侍郎邊光範爲翰林學士以給事中邊歸讜爲左散騎常侍以翰林學士祠部員外郎知制誥張沆爲右諫議大夫辛未以鄴都留守杜威爲北面行營都招討使以侍衞親軍都指揮使鄆州節度使李守貞爲兵馬都監兗州安審琦爲左右廂都指揮使徐州符彥卿爲馬軍左廂都指揮使滑州皇甫遇爲馬軍右廂都指揮使貝州梁漢璋爲馬軍都排陣使前鄧州宋彥筠爲步軍左廂都指揮使奉國左廂都指揮使王饒爲步軍右廂都指揮使洛州團練使薛懷讓爲先鋒都指揮使案通鑑載當時敕牓曰先取瀛鄚安定關南次復幽燕盪平塞北蓋狃于陽城之役而驟驕也癸酉冊吳國夫人馮氏爲皇后乙亥以侍衞馬軍都指揮使李彥韜權知侍衞司事丙戌鳳翔節

度使秦王李從曮薨輟朝贈尚書令丁亥邠州節度使李德珫卒輟朝贈太尉十一月戊子朔以給事中盧撰爲右散騎常侍以尚書兵部郎中兼侍御史知雜事陳觀爲左諫議大夫觀以祖諱義乞改官尋授給事中庚寅樞密使中書侍郎兼戶部尚書平章事馮玉加尚書右僕射以皇子鎮寧軍節度使延煦爲陝州節度使以陝州留後焦繼勳爲鳳翔留後以前定州留後安審琦爲邠州留後以右僕射和凝爲左僕射甲午兩浙節度使吳越國王錢宏佐起復舊任丁酉詔李守貞知幽州行府事戊申日南至御崇元殿受朝賀是月北面行營招討使杜威率諸將領大軍自鄴北征師次瀛州城下貝州節度使梁漢璋戰死杜威等以漢璋之敗遂收軍而退行次武強聞契丹入寇欲取直路自冀貝而南會張彥澤領騎自鎮定至且言契丹可破之狀于是大軍西趨鎮州十二月丁巳朔（案以下有闕文據通鑑云丁巳朔李穀自書密奏且言大軍危急之勢請車駕幸滑州遣高行周符彥卿扈從及發兵守澶州河陽以備敵之奔衝遣軍將關勳走馬上之）己未杜威奏駐軍于中渡橋庚申以前司農卿儲延英爲太子賓客詔徐州符彥卿屯澶州辛酉詔澤潞鄴都邢洺河陽運糧赴中渡杜威

遣人口奏軍前事宜勢迫故也壬戌又遣高行周屯澶州景延廣守河陽博野縣都監張鵬入奏蕃軍事勢丙寅定州李殷奏前月二十八日夜領捉生四百人往曲陽嘉山下逢敵軍車帳殺千餘人獲馬二百匹詔宋州高行周充北面行營都部署符彥卿充副邢州方太充都虞候領後軍駐于河上以備敵騎之奔衝也時契丹遊騎涉滹水而南至欒城縣自是中渡寨爲蕃軍隔絶探報不通朝廷大恐故委行周等繼領兵師守扼津要且以張其勢也己巳邢州方太奏此月六日契丹與王師戰于中渡王師不利奉國都指揮使王清戰死庚午幸沙臺射兔壬申始聞杜威李守貞等以此月十日率諸軍降于契丹是夜相州節度使張彥澤受契丹命率先鋒二千人自封邱門斬關而入癸酉旦張彥澤頓兵于明德門外京城大擾前曹州節度使石贇死帝之堂叔也時自中渡寨隔絶之後帝與大臣端坐憂危國之衛兵悉在北面計無所出十六日聞滹水之降是夜偵知張彥澤已至滑州召李崧馮玉李彥韜入內計事方議詔河東劉知遠起兵赴難至五鼓初張彥澤引蕃騎入京宮中相次火起帝自攜劍

驅擁后妃已下十數人將同赴火爲親校薛超所持俄自寬仁門遞入契丹主與皇太后書帝乃止旋令撲滅烟火大內都點檢康福全在寬仁門宿衛登樓覘賊彥澤呼而下之癸酉帝奉表于契丹主曰孫臣某言今月十七日寅時相州節度使張彥澤都監富珠哩部領大軍入京齎到翁皇帝賜太后書示于滹沱河下杜威一行馬步兵士見領蕃漢部騎來幸汴州者往者唐運告終中原失馭數窮否極天缺地傾先人有田一成有衆一旅兵連禍結力屈勢孤翁皇帝救患摧鋒興利除害躬擐甲冑深入寇場犯露蒙霜度鴈門之險馳風掣電行中冀之誅黃鉞一麾天下大定勢凌宇宙義感神明功成不居遂與晉祚則翁皇帝有大造于石氏也旋屬天降鞠凶先君即世臣遵承遺旨纘紹前基諒闇之初荒迷失次凡有軍國重事皆委將相大臣至于擅繼宗祧既非稟命輕發文字輒敢抗尊自啓釁端果貽赫怒禍至神惑運盡天亡十萬師徒皆望風而束手億兆黎庶悉延頸以歸心臣負義包羞貪生忍恥自貽顛覆上累祖宗偷度晨昏苟存食息翁皇帝若惠顧疇昔稍霽雷霆未賜靈誅不絕先祀則百

口荷更生之德一門銜罔報之恩雖所願焉非敢望也臣與太后并妻馮氏及舉家戚屬見于郊野面縛俟罪次所有國寶一面金印三面今遣長子陝府節度使延煦次子曹州節度使延寶管押進納并奉表請罪陳謝以聞甲戌張彥澤遷帝與太后及諸宮屬于開封府遣控鶴指揮使李榮將兵監守是夜開封尹桑維翰宣徽使孟承誨皆遇害帝以契丹主將至欲與太后出迎彥澤先表之稟契丹主之旨報云比欲許爾朝覲上國臣寮奏言豈有兩國天子道路相見今賜所佩刀子以慰爾心己卯皇子延煦延寶自帳中迴得敵詔慰撫帝表謝之時契丹主以所送傳國寶製造非工與載籍所述者異使人來問帝進狀曰頃以僞主王從珂于洛京大內自焚之後其真傳國寶不知所在必是當時焚之先帝受命旋製此寶在位臣寮備知其事臣至今日敢有隱藏云時移內庫至府帝使人取帛數段主者不與謂使者曰此非我所有也又使人詣李崧求酒崧曰臣有酒非敢愛惜慮陛下杯酌之後憂躁所作別有不測之事臣以此不敢奉進丙戌晦百官宿封禪寺明年正月朔契丹主次東京城北百官列

班遙辭帝于寺詣北郊以迎契丹主帝舉族出封邱門肩輿至野契丹主不與之見遣泊封禪寺文武百官素服紗帽迎謁契丹主于郊次俯伏俟罪契丹主命起之親自慰撫契丹主遂入大內至昏出宮是夜宿于赤堈契丹主下詔應晉朝臣寮一切仍舊朝廷儀制並用漢禮戊子殺鄭州防禦使楊承勳責以背父之罪令左右臠割而死（遼史以其弟承信爲平盧軍節度使襲父爵）己丑斬張彥澤于市以其剽刦京城恣行屠害也（遼史以張彥澤擅徙重貴開封殺桑維翰縱兵大掠不道斬于市）庚寅洛京留守景延廣自扼吭而死辛卯契丹制降帝爲光祿大夫檢校太尉封負義侯黃龍府安置其地在渤海國界癸巳遷帝于封禪寺遣蕃大將崔廷勳將兵守之癸卯帝與皇太后李氏皇太妃安氏皇后馮氏皇弟重睿皇子延煦延寶俱北行以宮嬪五十人內官三十人東西班五十人醫官一人控鶴官四人御廚七人茶酒三人儀鸞司三人軍健二十人從行宰臣趙瑩樞密使馮玉侍衞馬軍都指揮使李彥韜隨帝入蕃契丹主遣三百騎援送而去所經州郡長吏迎奉皆爲契丹主阻絕有所供饋亦不通（宋史李穀傳少帝蒙塵而北舊臣無敢候謁者穀獨拜迎于路君臣相對泣下穀曰臣無狀負陛下因傾

囊獻以嘗一日帝與太后不能得食乃殺畜而啖之帝過中渡橋閱前杜威營寨之迹慨然憤嘆謂左右曰我家何負爲此賊所破天乎天乎于是號慟而去至幽州傾城士庶迎看于路見帝慘沮無不嗟嘆宣政雜錄徽宗北狩經薊縣梁魚務有還鄉橋石少帝所命名也里人至今呼之駐留旬餘州將承契丹命犒帝于府署趙延壽母以食饌來獻自范陽行數十程過薊州平州至榆關沙塞之地略無供給每至宿頓無非路次一行乏食宮女從官但採木實野蔬以救飢弊又行七八日至錦州契丹迫帝與妃后往拜安巴堅遺像帝不勝屈辱泣曰薛超誤我不令我死以至今日也又行數十程渡遼水至黃龍府卽契丹主所命安置之地也六月契丹國母召帝一行往懷密州州在黃龍府西北千餘里行至遼陽皇后馮氏以帝陷蕃過受艱苦令內官潛求毒藥將自飲之並以進帝不果而止又行二百里會國母爲永康王所執永康王請帝却往遼陽城駐泊帝遣使奉表于永康且賀克捷自是帝一行稍得供給漢乾祐元年四月永康王至遼陽帝與太后並詣帳中帝御白衣紗帽永康止之以常服謁見帝伏地雨泣自陳過咎永康使左右扶帝

上殿慰勞久之因命設樂行酒從容而罷永康帳下從官及教坊內人望見故主不勝悲咽內人皆以衣帛藥餌獻遺于帝及永康發離遼陽取內官十五人東西班十五人及皇子延煦並令隨帳上陘陘卽契丹避暑之地也有綽諾錫里者卽永康之妻兄也知帝有小公主在室詣帝求之帝辭以年幼不可又有東西班數輩善于歌唱綽諾錫里又請之帝乃與之後數日永康王馳取帝幼女而去以賜綽諾錫里至八月永康王下陘太后馳至霸州詣永康求于漢兒城寨側近賜養種之地永康許諾令太后于建州住泊漢乾祐二年二月帝自遼陽城發赴建州行至中路太妃安氏得疾而薨乃焚之載其燼骨而行帝自遼陽行十數日過儀州霸州遂至建州節度使趙延暉盡禮奉迎館帝于衙署中其後割寨地五千餘頃其地至建州數十里帝乃令一行人員于寨地內築室分耕給食于帝是歲舒嚕王子遣契丹數騎詣帝取內人趙氏聶氏疾馳而去趙聶者帝之寵姬也及其被奪不勝悲憤漢乾祐三年八月太后薨周顯德初有漢人自塞北而至者言帝與后及諸子俱無恙猶在建州其隨從職官役

使人輩自蕃中亡歸物故者大半矣郡齋讀書志云晉朝陷蕃記范質撰質石晉末在翰林爲出帝草降表知其事爲詳記少帝初遷于黄龍府後居于建州凡十八年而卒按契丹丙午歲入汴順數至甲子歲爲十八年實太祖乾德二年也 五代史補少主之嗣位也契丹以不俟命而擅立又景延廣辱其使契丹怒舉國南侵以駙馬都尉杜重威等領駕下精兵甲禦之于中流渡橋既而契丹之衆已深入而重威等奏報未到朝廷時桑維翰罷相爲開封尹謂僚佐曰事急矣非大臣鉗口之時乃叩內閣求見欲請車駕親征以固將士之心而少主方在後苑調鷹至暮竟不召維翰退而嘆曰國家阽危如此草澤逋客亦宜下問況大臣求見而不召耶事亦可知矣未幾杜重威之徒降于契丹少主遂北遷

史臣曰少帝以中人之才嗣將墜之業屬上天不祐仍歲大饑尚或絶強敵之歡盟鄙輔臣之謀略奢淫自縱謂有泰山之安委託非人坐受平陽之辱族行萬里身老窮荒自古亡國之醜者無如帝之甚也千載之後其如恥何傷哉

舊五代史卷八十五

舊五代史卷八十五考證

晉少帝紀五己未杜威奏駐軍于中渡橋　案通鑑甲寅威等至中渡橋十二月己未帝始聞大軍屯中渡胡三省注云强寇深入諸軍孤危而驛報七日始達晉之爲兵可知矣歐陽史作己未杜威軍于中渡蓋以奏聞之日爲駐軍之日

降帝爲光祿大夫　光祿遼史避諱作崇祿

內官三十人　案遼史作內宦三人

軍健二十人　案遼史作健卒十人

富珠哩舊作傅住兒今改　安巴堅舊作阿保機今改　綽諾錫里舊作禪奴舍利今改　舒嚕舊作述律今改

舊五代史卷八十五考證

宋門下侍郎參知政事監修國史薛居正等撰

晉書第十二

列傳一后妃

案晉后妃傳永樂大典已佚今采五代會要通鑑契丹國志文獻通考所載晉后妃事分注以補是書之闕

高祖皇后李氏

五代會要高祖皇后李氏唐明宗第三女天成三年四月封永寧公主長興四年九月進封魏國公主清泰二年九月改爲晉國長公主至天福六年十一月尊爲皇后七年六月尊爲皇太后開運四年三月與少帝同遷于契丹之黃龍府漢乾祐三年八月二十五日崩于蕃中之建州文獻通考云天福二年有司請立皇后帝以宗廟未立謙抑未遑帝崩出帝卽位乃尊爲皇太后契丹國志載皇太后降表云晉室皇太后媳婦李氏妾言張彥澤富珠哩等至伏蒙皇帝阿翁降書安撫者妾伏念先皇帝頃在幷汾適逢屯難危同累卵急若倒懸智勇俱窮朝夕不保皇帝阿翁發自冀北親抵河東跋履山川踰越險阻立平巨孽遂定中原救石氏之覆亡立晉朝之社稷不幸先帝厭代嗣子承祧不能繼好息民而反虧恩辜義兵戈屢動駟馬難追戚實自貽咎將誰執今穹旻震怒中外攜離上將牽羊六師解甲妾舉宗負釁視景偷生惶惑之中撫問斯至明宣恩旨曲賜含容慰諭丁寧神爽飛越豈謂已垂之命忽蒙更生之恩省罪責躬九死未報今遣孫男延煦延寶奉表請罪陳謝以聞又帝紀云會同十一年正月朔出帝太后迎遼帝于封邱門外帝辭不見館于封禪寺遣其將崔廷勳以兵守之是時雨雪連旬外無供億上下凍餒太后使人謂寺僧曰吾嘗于此飯僧數萬今日豈不相憫耶僧辭以遼帝之意難測不敢獻食少帝陰祈守者乃稍得食遼降少帝爲光祿大夫檢校太尉封負義侯遷于黃龍府卽慕容氏和龍城也帝使人謂太后曰吾聞爾子重貴不

從母教而至于此可求自便勿與俱行太后答曰重貴事妾甚謹所失者違先君之志絕兩國之歡然重貴此去幸蒙大惠全身保家母不隨子欲何所歸于是太后與馮氏皇弟重睿子延煦延寶舉族從晉侯而北天祿元年四月帝至遼陽晉侯白衣紗帽與太后皇后上謁于帳中五月帝上陘取晉侯所從宦者十五人東西班十五人及皇子延煦而去八月帝下陘太后自馳至霸州謁帝求于漢兒城側賜地耕牧以爲生許之帝以太后自行十餘日遣與延煦俱還遼陽二年從晉侯太后于建州三年秋八月晉李太后病無醫藥仰天號泣戟手罵杜重威李守貞曰吾死不置汝病亟謂晉侯曰吾死焚其骨送范陽佛寺無使吾爲邊地鬼也

太妃安氏 文獻通考安太妃代北人不知其世家生出帝帝立尊爲皇太妃契丹國志云天祿二年春二月從晉侯太后于建州中途安太妃卒遺命晉侯曰焚骨爲灰南向颺之庶幾遺魂得返中國也

少帝皇后張氏 案五代會要天福八年十月追冊考是書少帝紀云追冊故妃張氏爲皇后張從訓傳亦云高祖鎮太原爲少帝娶從訓長女爲妃

皇后馮氏 案五代會要開運三年十月冊通鑑云天福八年冬十月戊申立吳國夫人馮氏爲皇后初高祖愛少弟重允養以爲子及留守鄴都娶副留守馮濛女爲其婦重允早卒馮夫人寡居有美色帝見而悅之高祖崩梓宮在殯帝遂納之羣臣皆賀帝謂馮道等曰皇太后之命與卿等不任大慶羣臣出帝與夫人酣飲過梓宮前醊而告曰皇太后之命與先帝不任大慶左右失笑帝亦自笑謂左右曰我今日作新壻何如夫人與左右皆大笑太后雖恚而無如之何既正位中宮頗預政事后兄玉時爲禮部郎中鹽鐵判官帝驟擢用至端明殿學士戶部侍郎與議政事文獻通考云契丹入京師后隨帝北遷

不知所終　又案五代會要載晉內職云高祖潁川郡夫人蔡氏天福三年八月勅少帝寶省李氏封隴西郡夫人張氏封春宮夫人充皇后尙宮並天福八年十二月二日勅前左御正齊國夫人吳氏進封燕國夫人書省魏國夫人崔氏進封梁國夫人前右御正天水郡夫人趙氏封衞國夫人司簿孟氏封沂國夫人前司簿李氏封隴西郡夫人弟子院使齊氏大使郭氏副使賈氏並封本縣君太后宮尙宮陳留郡夫人何氏進封鄭國夫人河南郡夫人元氏進封齊國夫人知客出使夫人石氏封武威郡夫人春宮姚氏常氏焦氏王氏陶氏魏氏趙氏七人並超封郡夫人寶省婉美趙氏封天水郡夫人武氏以下十一人並授春宮天福八年十一月勅清河郡夫人張氏彭城郡夫人劉氏並充太后宮司寶南陽郡夫人路氏出使夫人趙氏白氏並充皇后宮司寶開運二年八月勅　又案是書不載外戚傳據五代會要云晉高祖長女長安公主降楊承祚天福二年五月封至六年五月卒追封秦國公主至七年九月又追封梁國長公主從長女高平縣主第二女新平縣主第三女千乘縣主孫女永慶縣主並天福七年五月封

舊五代史卷八十六

舊五代史卷八十六考證

晉列傳一后妃傳高祖皇后李氏　案五代會要后在長興中進封魏國公主

清泰二年改封晉國長公主歐陽史作清泰二年封魏國長公主誤

少帝皇后張氏　案是書少帝紀及五代會要俱云天福八年追冊故妃張氏

爲皇后歐陽史闕載

富珠哩舊作傅住兒今改

舊五代史卷八十六考證

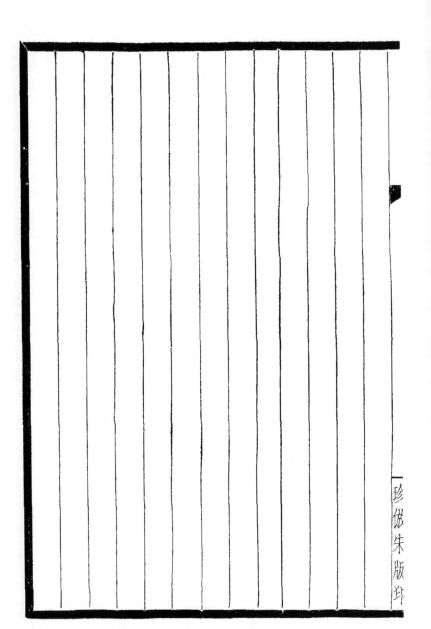

宋門下侍郎參知政事監修國史薛居正等撰

晉書第十三

列傳二 宗室 案晉宗室列傳永樂大典僅存四篇餘多殘闕

廣王敬威字奉信高祖之從父弟也父萬詮贈太尉追封趙王敬威少善騎射事後唐莊宗以從戰有功累歷軍職明宗即位擢爲奉聖指揮使天成應順中凡十改軍額累官至檢校工部尚書賜忠順保義功臣清泰中加兵部尚書彰聖都指揮使遙領常州刺史及高祖建義于太原敬威時在洛下知禍必及召所親謂曰夫人生而有死理之常也我兄方圖大舉余固不可偷生待辱取笑一時乃自殺于私邸人甚壯之天福二年冊贈太傅葬于河南縣六年追封廣王子訓嗣官至左武衛將軍敬威弟贇

贇字德和 案以下有闕文 爲陝州節度使少帝即位加同平章事贇性驕慢每使者至必問曰小姪安否恣爲暴虐陝人苦之 案以下闕是書少帝紀開運三年十二月前曹州節度使石贇死帝之堂叔也

歐陽史作墮沙壕溺死

韓王暉，字德昭，睿祖孝平皇帝之孫，高祖之從兄也。父萬友，追封秦王。暉生而龐厚，剛毅雄直，有器局，行不由徑，臨事多智，故高祖于宗族之中獨厚遇之。初，張敬達之圍晉陽也，高祖署暉爲突騎都將，常引所部出敵之不意，深入力戰，雖夷傷流血，矢鏃貫骨，而辭氣益厲，高祖壯之。天福二年，遙授濠州刺史，充皇城都部署。四年，加檢校司徒，授曹州防禦使，加檢校太保。其涖任也，廉愛恤下，不營財利，不好伎樂，部人安之。歲餘，以疾終于官，歸葬太原。八年，册贈太師，追封韓王。子曦嗣。宋史石曦傳：天福中以曦爲右神武將軍，歷漢至周，爲右武衞、左神武二將軍。恭帝卽位，初爲左衞將軍。會高麗王昭加恩命，曦副左驍衞將軍戴交充使。淳化四年卒。

剡王重允案剡王以下諸王傳永樂大典原闕。歐陽史云：重允，高祖弟也，亦不知其爲親疏，然高祖愛之，養以爲子，故于名加重而下齒諸子。通鑑齊王紀：高帝少弟重允早卒。

虢王重英案虢王傳永樂大典原闕。考五代會要云：重英，高祖長子，天福四年四月追封。是書唐紀：清泰三年七月己丑，誅右衞上將軍石重英。

楚王重信，字守孚，高祖第二子，後唐明宗之外孫也。少敏悟，有智思。天成中始授銀青光祿大夫檢校左散騎常侍俄加檢校刑部尙書守相州長史未幾還金紫光祿大夫超拜檢校司徒守左金吾衞大將軍重信歷事唐明宗及閔帝末帝不恃貴戚能克己復禮常恂恂如也甚爲時論所稱高祖卽位出鎭孟津到任踰月去民病十餘事朝廷有詔褒之是歲范延光叛命于鄴詔遣前靈武節度使張從賓發河橋屯兵數千人東討延光旣而從賓與延光合謀爲亂遂害重信于理所時年二十遠近聞者爲之嘆惜詔贈太尉時執事奏曰兩漢子弟生死無歷三公位者高祖曰此兒爲善被禍予甚愍之自我作古寧有例乎遂行冊命以其年十月葬河南萬安山天福七年追封沂王少帝嗣位改封楚王妃南陽白氏昭信軍節度使奉進之女也重信有子二人皆幼長于公宮及少帝北遷不知其所終

壽王重乂字宏理高祖第三子也幼岐嶷好儒書亦通兵法高祖素所鍾愛及卽位自北京皇城使拜左驍衞大將軍車駕幸浚郊加檢校司空權東都留守未幾鄴都范延光叛時遣楊光遠討之詔前靈武節度使洛都巡檢使張從賓

發盟津屯兵赴鄴下會從賓密通延光與婁繼英等先劫河橋次亂洛邑因害重乂于河南府時年十九從賓敗高祖發哀于便殿輟視朝三日詔贈太傅是歲冬十月詔遣莊宅使張穎監護喪事葬于河南府萬安山天福中追封壽王妃李氏汾州刺史玘之女也重乂無子妃後落髮爲尼開運中卒于京師

夔王重進五代會要重進高祖第五子天福七年四月追封

陳王重杲歐陽史重杲小字馮六未名而卒贈太傅追封陳王賜名重杲

重睿案契丹國志高祖憂悒成疾一旦馮道獨對高祖命幼子重睿出拜之又令宦者抱置道懷中蓋欲馮道輔立之高祖崩道與侍衛馬步都虞候景延廣議以國家多難宜立長君乃奉齊王重貴爲嗣五代會要重睿高祖第七子許州節度使未封王歐陽史云從出帝北遷不知其所終

延煦五代會要延煦少帝長子遙領陝西節度使通鑑云趙在禮家貲爲諸帥之最帝利其富爲皇子鎮寧節度使延煦娶其女在禮自費緡錢十萬縣官之費數倍過之

延寶五代會要延寶少帝次子遙領曾州節度使通鑑云延煦及弟延寶皆高祖諸孫帝養以爲子會要引實錄亦云皆帝之從子養以爲子歐陽史云延煦等從帝北遷後不知其所終

舊五代史卷八十七

舊五代史卷八十七考證

晉列傳二宗室廣王敬威傳敬威弟贇　案歐陽史高祖有兄敬儒弟敬德敬殷是書不爲立傳疑有闕文又贇歐陽史作敬贇

韓王暉傳八年册贈太師　案暉歐陽史作敬暉贈太師歐陽史作贈太傅加贈太師

剡王重允　案歐陽史晉家人傳重允高祖弟也通鑑齊王紀同重允婦馮氏後爲少帝后歐陽史載契丹入京師暴少帝之惡于天下曰納叔母于宮中亂人倫之大典是重允實爲高祖弟也五代會要作高祖第三子重允天福七年四月追封剡王考剡王歐陽史作鄭王封爵亦異又案是書唐紀清泰三年誅皇城副使石重裔敬瑭之子也考會要載高祖諸子無別名重裔者重裔疑卽重允史氏避宋太祖諱故作裔然通鑑高祖紀作敬瑭之子重允齊王紀又作高祖少弟重允早卒似兩紀實有兩人姑存之以備考

虢王重英　案五代會要重英高祖長子通鑑考異引廢帝實錄作姪男供奉

官重英又廣本英作殷

楚王重信傳高祖第二子 案五代會要作第四子

壽王重乂傳高祖第三子 案五代會要作第二子通鑑考異作姪男

陳王重杲 案重杲小字馮六歐陽史云高祖少子曰馮六舊說以重睿爲幼子非也今考五代會要作高祖第六子重杲第七子重睿與歐陽史異

舊五代史卷八十七考證

宋門下侍郎參知政事監修國史薛居正等撰

晉書第十四

列傳三

景延廣字航川陝州人也父建累贈太尉延廣少習射以挽強見稱梁開平中邵王朱友誨節制于陝召至麾下友誨坐謀亂延廣竄而獲免後事華州連帥尹皓皓引薦列校隸于汴軍從王彥章拒莊宗于河上及中都之敗彥章見擒而延廣被數創歸于汴唐天成中明宗幸夷門會朱守殷拒命尋平之延廣以軍校連坐將棄市高祖時爲六軍副使掌其事見而惜之乃密遣遁去尋收爲客將及張敬達之圍晉陽高祖付以戎事甚有干城之功高祖即位授侍衞步軍都指揮使檢校司徒遙領果州團練使轉檢校太保領夔州節度使四年出鎮滑臺五年加檢校太傅移鎮陝府六年召爲侍衞馬步都虞候移鎮河陽七年轉侍衞親軍都指揮使檢校太尉其年夏高祖晏駕延廣與宰臣馮道等承

顧命以少帝爲嗣既發喪都人不得偶語百官赴臨未及內門皆令下馬由是有驕暴之失少帝既嗣位延廣獨以爲己功尋加同平章事彌有矜伐之色朝廷遣使告哀契丹無表致書去臣稱孫契丹怒遣使來讓延廣乃奏令契丹迴國使喬榮（契丹國志先是河陽牙將喬榮從趙延壽入遼遼帝以爲回國使置邸大梁至是景延廣說帝囚榮于獄凡遼國販易在晉境者皆殺之奪其貨大臣皆言遼國不可負乃釋榮慰賜而歸之）告契丹曰先帝則北朝所立今上則中國自策爲鄰爲孫則可無臣之理且言晉朝有十萬口橫磨劍翁若要戰則早來他日不禁孫子則取笑天下當成後悔矣由是與契丹立敵干戈日尋初高祖在位時嘗借楊光遠騎兵數百延廣請下詔遣還光遠由此忿延廣怨朝廷遣使汎海搆釁天福八年十二月契丹乃南牧九年正月陷甘陵河北儲蓄悉在其郡少帝大駭親帥六師進駐澶淵延廣爲上將凡六師進退皆出胸臆少帝亦不能制衆咸憚而忌之契丹既至城下使人宣言曰景延廣喚我來相殺何不急戰一日高行周與蕃軍相遇于近郊以衆寡不敵急請濟師延廣勒兵不出是日行周幸而獲免及契丹退延廣猶閉柵自固士大夫曰昔與契丹絶好言何勇也

今契丹至若是氣何憊也時延廣在軍毋凶問至自澶淵津北移于津南不信宿而復莅戎事曾無戚容下俚之士亦聞而惡之時有太常丞王緒者因使德州迴與延廣有隙因誣奏與楊光遠通謀遣吏縶于麾下鍛成其事判官盧億累勸解不從尋有詔棄市時甚冤之少帝還京嘗幸其第進獻錫賚有加酬酢權寵恩渥爲一朝之冠俄與宰臣桑維翰不協少帝亦憚其難制遂罷兵權出爲洛都留守兼侍中由是鬱鬱不得志亦意契丹强盛國家不濟身將危矣但縱長夜飲無復以夾輔爲意宋史盧多遜傳父億景延廣鎮天平表億掌書記留守西洛又爲判官時國用窘乏取民財以助軍河南府計出二十萬緡延廣欲並緣以圖羨利增爲三十七萬緡億諫曰公位兼將相既富且貴今國帑空竭不得已而取資于民公何忍利之乎延廣慚而止

開運三年冬契丹渡滹水詔遣屯孟津將戒途由府署正門而出所乘馬騰立不進幾墜于地乃易乘而行時以爲不祥之甚及王師降契丹延廣狼狽而還時契丹主至安陽遣別部隊長率騎士數千與晉兵相雜趨河橋入洛以取延廣戒曰如延廣奔吳走蜀便當追而致之時延廣顧慮其家未能引決契丹既奄至乃與從事閻丕輕騎謁契丹主于封邱與丕俱見縶焉遼史將軍康祥執景延廣來獻

延廣曰丞臣之從事也以職相隨何罪而亦爲縲因契丹釋之因責延廣曰致南北失歡良由爾也乃召喬榮質證前事凡有十焉始榮將入蕃時紿延廣云某恐忽忘所達之語請紀于翰墨延廣信之乃命吏備記其事榮亦憸巧善事人者也慮他日見詰則執之以取信因匿其文于衣中至是延廣始以他語抗對榮乃出其文以質之延廣頓爲所屈每服一事則受牙籌一莖此契丹法也延廣受至八莖但以面伏地契丹遂咄之命鏁延廣臂將送之北土是日至于陳橋民家草舍延廣懼燔灼之害至夜分伺守者怠則引手自扼其吭尋卒焉雖事已窮蹙人亦壯之時年五十六東都事略晉居潤嘗爲樞密院小吏景延廣留守西京補爲右職契丹犯京師以兵圍延廣家故吏悉避去居潤爲全護其家時論稱之漢高祖登極詔贈中書令延廣少時嘗泛洞庭湖中流阻風帆裂桅折衆大懼頃之舟人指波中曰賢聖來護此必有貴人矣尋獲濟焉竟位至將相非偶然也

李彥韜太原人也少事邢州節度使閻寶爲皂隸寶卒高祖收于帳下及起義以少帝留守北京因留彥韜爲腹心歷客將牙門都校以纖巧故厚承委用及

少帝嗣位授蔡州刺史入爲內客省使宣徽南院使未幾遥領壽州節度充侍衛馬軍都指揮使檢校太保俄改陳州節度使典軍如故每在帝側升除將相但與宦官近臣締結致外情不通陷君于危亡之地嘗謂人曰朝廷所設文官將何用也且欲澄汰而除廢之則可知其輔弼之道也及契丹犯闕還少帝于開封府一日少帝遣人急召彥韜將與計事彥韜辭不赴命少帝怏恨久之其負國辜君也如是及少帝北遷契丹還彥韜從行洎至蕃中隸于國母帳下永康王舉兵攻國母以偉王爲前鋒國母發兵拒之以彥韜爲排陣使彥韜降于偉王偉王置之帳下其後卒于幽州

張希崇字德峯幽州薊縣人也父行簡假薊州玉田令希崇少通左氏春秋復癖于吟詠天祐中劉守光爲燕帥性慘酷不喜儒士希崇乃擲筆以自効守光納之漸升爲裨將俄而守光敗唐莊宗命周德威鎮其地希崇以舊籍列于麾下尋遣率偏師守平州安巴堅南攻陷其城掠希崇而去安巴堅詢希崇乃知其儒人也因授元帥府判官後遷盧龍軍行軍司馬繼改蕃漢都提舉使天成

初契丹平州節度使盧文進南歸契丹主以希崇繼其任遣腹心總邊騎三百以監之希崇莅事數歲契丹主漸加寵信一日登郡樓私自計曰昔班仲升西戍不敢擅還以承詔故也我今入關斷在胸臆何恬于不測之地而自滯耶乃召漢人部曲之翹楚者謂曰我陷身此地飲酪被毛生不見其所親死為窮荒之鬼南望山川度日如歲爾輩得無思鄉者乎部曲皆泣下沾衣且曰明公欲全部曲南去善則善矣如敵眾何（歐陽史作麾下皆言兵多不可俱亡因勸希崇獨去）希崇曰俟明日首領至牙帳則先擒之契丹無統領其黨必散且平州去王帳千餘里待報至徵兵踰旬方及此則我等已入漢界深矣何用以眾少為病眾大喜是日希崇于郡齋之側坎隙地貯石灰明旦首領與羣從至希崇飲以醇酎數鍾既醉悉投于灰穽中斃焉其徒營于北郭遣人攻之皆潰圍奔去希崇遂以管內生口二萬餘南歸唐明宗嘉之授汝州防禦使希崇既之任遣人迎母赴郡母及境希崇親肩板輿行三十里觀者無不稱歎歷二年還靈州兩使留後先是靈州戍兵歲運糧經五百里有剽攘之患希崇乃告諭邊士廣務屯田歲餘軍食大濟

璽書褒之因正授旄節清泰中希崇厭其雜俗頻表請覲詔許之至闕未久朝廷以安邊有人議內地處之改邠州節度使及高祖入洛與契丹方有要盟慮爲其所取乃復除靈武希崇歎曰我應老于邊城賦分無所逃也因鬱鬱不得志久而成疾卒于任時年五十二希崇自小校累官至開府儀同三司檢校太尉三歷方面封清河郡公食邑二千戶賜靖邊奉國忠義功臣亦人生之榮盛者也歐陽史贈太師　希崇素朴厚尤嗜書蒞事之餘手不釋卷不好酒樂不蓄姬僕祁寒盛暑必儼具衣冠厮養之輩未嘗聞褻慢之言事母至謹每食必侍立候盥漱畢方退物議高之性雖仁恕或遇姦惡則嫉之若仇在邠州日有民與郭氏爲義子自孩提以至成人因愎戾不受訓遣之郭氏夫婦相次俱死郭氏有嫡子已長時郭氏諸親與義子相約云是親子欲分其財物助而訟之前後數政不能理遂成疑獄希崇覽其訴判云父在已離母死不至止稱假子孤二十年撫養之恩儻曰親兒犯三千條悖逆之罪頗爲傷害名教安敢理認田園其生涯並付親子所訟人與朋姦者委法官以律定刑聞者服其明希崇亦善觀象

在靈州日見月掩畢口大星經月復爾乃歎曰畢口大星邊將也月再掩之吾其終歟果卒于郡子仁謙爲嗣歷引進副使

王庭允字紹基其先長安人也祖處存定州節度使父鄴晉州節度使庭允唐莊宗之內表也性勇剽狡捷鷹瞬隼視喑嗚眦睚則挺劍而不顧少爲晉陽軍校以攻城野戰爲務暑不息嘉樹之陰寒不處密室之下與軍伍食不異味居不異適故莊宗于親族之中獨加禮遇莊宗明宗朝累歷貝忻密澶隰相六州刺史國初范延光據鄴稱亂高祖以庭允累朝宿將詔爲魏府行營中軍使兼貝州防禦使城降賞勞授相州節度使尋移鎮定州先是契丹欲以王處直之子威爲定州節度使處直則庭允之叔祖也處直爲養子都所篡時威北走契丹契丹納之至是契丹遣使諭高祖云欲使王威襲先人土地如我蕃中之制高祖答以中國將校自刺史團練防禦使序遷方授旄節請遣威至此任用漸令升進乃合中土舊規契丹深怒其見拒使人復報曰爾自諸侯爲天子有何階級耶高祖畏其滋蔓則厚賂力拒其命契丹怒稍息遂連升庭允俾鎮中山

且欲塞其意也少帝嗣位改滄州節度使累官至檢校太尉開運元年秋卒于位年五十四贈中書令有子三人長曰昭敏仕至金吾將軍卒

史匡翰字元輔鴈門人也父建瑭事莊宗爲先鋒將敵人畏之謂之史先鋒累立戰功唐書有傳匡翰起家襲九府都督歷代州遼州副使檢校太子賓客同光初爲嵐憲朔等州都遊奕使改天雄軍牢城都指揮使再加檢校戶部尚書領潯州刺史天成中授天雄軍步軍都指揮使歲餘遷侍衛彰聖馬軍都指揮使高祖有天下也授檢校司空懷州刺史其妻魯國長公主卽高祖之妹也尋轉控鶴都指揮使兼和州刺史駙馬都尉俄授檢校司徒鄭州防禦使未幾遷義成軍節度滑蒲等州觀察處置管內河隄等使丁母憂尋起復本鎮案陶穀撰匡翰碑文云圜田待理漢殿掄才功臣旌佐國之名出守奉專城之寄蓋鄭州卽在義成軍管內匡翰雖遷官不離本鎮也匡翰剛毅有謀略御軍嚴整接下以禮與部曲語未嘗稱名歷數郡皆有政聲陶穀碑文云齋壇峻而金鼓嚴麻案宣而油幢出控梁苑之西郊殷乎威望撫國僑之遺俗綽有政聲尤好春秋左氏傳每視政之暇延學者講說躬自執卷受業焉時發難問窮于隱奧流輩或戲爲史三傳旣自端謹不喜人

醉幕客有闞徹者狂率酣醟一日使酒怒目謂匡翰曰明公昔刺單懷與徹主
客隨至事無不可今領節鉞數不相容且書記趙礪險詖之人也脅肩謟笑黷
貨無厭而明公待之甚厚徹今請死近聞張彥澤臠張式未聞匡翰斬闞徹恐
天下談者未有比類匡翰不怒引滿自罰而慰勉之其寬厚如此天福六年白
馬河決匡翰祭之見一犬有角浮于水心甚惡之後數月遘疾而卒于鎮年四
十詔贈太保子彥容歷宮苑使濮單宿三州刺史

梁漢顒太原人也少事後唐武皇初爲軍中小校善騎射勇于格戰莊宗之破
劉仁恭王德明及與梁軍對壘于德勝皆預其戰累功至龍武指揮使檢校司
空梁平授檢校司徒濮州刺史同光三年魏王繼岌統軍伐蜀以漢顒爲魏王
中軍馬步都虞候天成初授許州兵馬留後檢校太保尋爲邠州節度使歲餘
加檢校太傅充威勝軍節度唐鄧等州觀察處置等使在鎮二年移鎮許州長
興四年夏以眼疾授太子少師致仕高祖素與漢顒有舊及即位之初漢顒進
謁再希任使除左威衛上將軍天福七年冬以疾卒于洛陽年七十餘贈太子

太保

楊思權邠州新平人也梁乾化初爲軍校貞明二年轉弓箭指揮使檢校左僕射累遷控鶴右第一軍使唐莊宗平梁補右廂夾馬都指揮使天成初遷右威衞將軍加檢校司空會秦王從榮鎭太原明宗乃以馮贇爲副留守以思權爲北京步軍都指揮使以佐佑之從榮幼驕很不親公務明宗乃遣紀綱一人素善從榮者與之遊處俾從容諷導之嘗私謂從榮曰河南相公恭謹好善親禮端士有老成之風相公處長更宜自勵勿致聲聞在河南之下從榮不悅因告思權曰朝廷人皆推從厚共非短我吾將廢棄矣思權曰請相公勿憂萬一有變但思權在處有甲兵足以濟事乃勸從榮招置部曲調弓礪矢陰爲之備思權又謂使者曰朝廷教君伴相公終日言弟賢兄弱何也吾輩苟在豈不能與相公爲主耶使者懼告馮贇乃密奏之明宗乃召思權赴京師以秦王之故亦弗之罪也長興末爲右羽林都指揮使遣戍興元閔帝嗣位奉詔從張虔釗討鳳翔洎至岐下思權首倡倒戈以攻虔釗尋領部下軍率先入城謂唐末帝曰

臣既赤心奉殿下俟京城平定與臣一鎮勿置在防禦團練使內乃懷中出紙一幅謂末帝曰願殿下親書臣姓名以志之末帝命筆書可邠寧節度使及卽位授推誠奉國保乂功臣靜難軍節度邠寧慶衍等州觀察處置等使檢校太保淸泰三年入爲右龍武軍統軍高祖卽位除左衛上將軍進封開國公天福八年以疾卒年六十九贈太傅

尹暉魏州人也少以勇健事魏帥楊師厚爲軍士唐莊宗入魏擢爲小校從征河上每于馬前步鬭有功莊宗卽位連改諸軍指揮使天成長興中領數郡刺史累遷嚴衛都指揮使洎應順中王師討末帝于岐下暉與楊思權首歸末帝約以鄴都授之末帝卽位高祖入洛嘗遇暉于通衢暉馬上橫鞭以揖高祖高祖忿之後因謁謂末帝曰尹暉常才以歸命稱先陛下欲令出鎮名藩外論皆云不當末帝乃授暉應州節度使高祖卽位改右衛大將軍時范延光據鄴謀叛以暉失意密使人齎蠟彈以榮利啖之暉得延光文字懼而思竄欲沿汴水奔于淮南高祖聞之尋降詔招喚未出王畿爲人所殺子勳事皇朝累歷軍職

遷內外馬步都軍頭見爲郢州防禦使

李從璋字子良後唐明宗皇帝之猶子也少善騎射從明宗歷戰河上有平梁之功唐同光末魏之亂軍迎明宗爲帝從璋時引軍自常山過邢邢人以從璋爲留後踰月明宗卽位受詔領捧聖左廂都指揮使時天成元年五月也八月改大內皇城使加檢校司徒彰國軍節度使賜竭忠建策興復功臣旋以達靼諸部入寇從璋率麾下出討一鼓而破有詔褒之三年四月移鎮滑臺時明宗駐蹕于大梁從璋嘗召幕客謀曰車駕省方藩臣咸有進獻吾爲臣爲子安得後焉欲取倉廩羨餘以助其用諸君以爲何如內有賓介白曰聖上寬而難犯行宮在近忽致上達則一幕俱罹其罪從璋怒翌日欲引弓射所言者朝廷知之改授右驍衞上將軍長興元年十月出鎮陝州二年五月還河中節度使三年就加檢校太傅賜忠勤靜理崇義功臣四年五月制封洋王是歲明宗厭代閔帝嗣位尋受命代潞王于岐上會潞王舉兵入洛事遂寢高祖卽位之元年十二月授威勝軍節度使降封隴西郡公二年九月終于任年五十一鄧人爲

之罷市思遺愛也詔贈太師從璋性貪黷懼明宗嚴正自滑帥入居環衛之後以除拜差跌心稍悛悟後歷數鎮與故時幕客不足者相遇無所憾焉蒲陜之日政有善譽改賜忠勤靜理之號良以此也及高祖在位愈畏其法故沒于南陽人甚惜之亦明宗宗室之白眉也子重俊

重俊唐長興清泰中歷諸衛將軍高祖即位遙領池州刺史少帝嗣位授虢州刺史性貪鄙常為郡人所訟下御史臺抵贓至重太后以猶子之故救之乃歸罪于判官高獻止罷其郡未幾復居環列出典商州商民素貧重俊臨之割剝幾盡復御家不法其奴僕若履湯蹈火忤其意者或鞭之或刃之又殺從人孫漢榮掠其妻及受代歸洛漢榮母燕氏獲其子婦以訴于府尹景延廣牙將張守英謂燕曰重俊前朝枝葉今上中表河南尹其何以理不若邀其金帛私自和解策之上也燕從其言授三百緡而止後以青衣趙滿師因不勝楚毒踰垣訴景延廣云重俊與妹私姦及前後不法事延廣奏之詔遣刑部郎中王瑜鞫之盡得其實併以穢跡彰露而賜死于家

李從温字德基代州崞縣人後唐明宗之猶子也明宗微時從温執僕御之役後養爲己子及歷諸藩署爲牙校命典廄庫唐同光中奏授銀青光祿大夫檢校右散騎常侍累加檢校司空充北京副留守明宗即位授安國節度使檢校司徒長興元年四月入爲右武衞上將軍是歲復出鎮許田明年移北京留守加太傅四年正月改太平軍節度使五月制封兗王十一月移鎮定州兼北面行營副招討使尋又移鎮常山清泰中加同平章事改鎮彭門高祖即位之明年就加侍中七年加兼中書令八年再爲許州節度使開府儀同三司封趙國公累加食邑一萬戶食實封一千二百戶開運二年改河陽三城節度使三年二月卒于任年六十三贈太師追封隴西郡王從温始以明宗本枝歷居藩翰無文武才略資濟代之用凡臨民以貨利爲急在常山日覩牙署池潭凡十餘頃皆立木爲岸而以修篁環之從温曰此何用爲悉命伐竹取木鬻于列肆獲其直以實用帑焉高祖即位從温時在兗州多創乘輿器服爲宗族切戒從温弗聽其妻關氏素耿介一日厲聲于牙門云李從温欲爲亂擅造天子法物從

温敬謝悉命焚之家無敗累關氏之力也後以多畜駝馬縱牧近郊民有訴其害稼者從温曰若從爾之意則我産畜何歸乎其昏愚多此類也高祖性至察知而不問少帝嗣位太后教曰吾只有此兄愼勿繩之故愈加姑息以致年逾耳順終于牖下乃天幸也

張萬進突厥南鄙人也祖拽斤父臘萬進白晳美髯少而無賴事唐武皇以騎射著名攻城野戰奮不顧命嘗與梁軍對陣持銳首短刃躍馬獨進及兵刃既刓則易以大鎚左右奮擊出沒進退無敢當者逮莊宗明宗素憐其雄勇復獎其戰功故累典大郡天成長興中歷威勝保大兩鎮節制高祖有天下命爲彰義軍節度使所至不治政由羣下洎至涇原凶恣彌甚每日于公庭列大鼎烹肥羜割胾方寸以啖賓佐皆流淚不能大嚼俟其他顧則致袂中又命巨觶行酒訴則辱之乃有持杯僞飲褰領裱而納之者旣沈湎無節惟婦言是用其妻與幕吏張光載干預公政納錢數萬補一豪民爲捕賊將領兵數百人入新平郡境邠帥以其事上奏有詔詰之光載坐流罪配于登州天福四年三月萬進

疾篤月餘州兵將亂乃詔副使萬庭圭委其符印記室李昇素憾淩虐知其將亡謂庭圭曰氣息將奄不保晨暮促移就第豈不宜乎庭圭從之萬進尋卒遂以籃轝祕尸而出即馳騎而奏之詔命既至而後發喪其妻素很戾謂長子彥球曰萬庭圭逼迫危病驚擾而死不手戮之奚爲生也庭圭聞之不敢往弔萬進假殯于精舍之下至轜車東轅凡數月之閒郡民數萬無一饋奠者爲不善者衆必棄之信矣夫

史臣曰延廣功扶二帝任掌六師亦可謂晉之勳臣矣然而昧經國之遠圖肆狂言于強敵卒使邦家蕩覆寓縣丘墟書所謂惟口起羞者其斯人之謂歟彥韜既負且乘任重才微盜斯奪之固其宜矣希崇蔚有雄幹老于塞垣未盡其才良亦可惜楊尹二將因倒戈而仗鉞豈義士之所爲其餘蓋以勳以親咸分屏翰惟萬進之醜德又何暇于譏焉

舊五代史卷八十八考證

晉列傳三景延廣傳契丹迴國使喬榮　榮歐陽史作瑩迴國使通鑑作迴圖契丹國志仍從是書作迴國

時延廣顧慮其家未能引決　案宋史晉居潤傳晉室將亡景延廣委其族自洛赴難與是書異

詔贈中書令　案歐陽史作贈侍中

張希崇傳守光敗唐莊宗命周德威鎮其地希崇以舊籍列于麾下尋遣率偏師守平州　案歐陽史作劉守光不喜儒士希崇因事軍中為偏將將兵守平州是守光未敗即守平州非為德威所遣也與是書異

希崇遂以管內生口二萬餘南歸　案遼史天顯元年七月盧龍行軍司馬張崇叛奔唐疑希崇在遼秪名崇歸唐後始加希字也然希崇歸唐在遼太宗時而遼史繫于太祖紀又希崇本繼盧文勝而遼史書其降在盧國用歸唐之前年月皆舛誤

及高祖入洛與契丹方有要盟慮爲其所取乃復除靈武　案通鑑作帝與契

丹修好慮其復取靈武

王庭允傳累歷貝忻密澶隰相六州刺史　案歐陽史不載相州

李從璋傳二年五月遷河中節度使三年就加檢校太傅　案從璋爲河中節

度以代安重誨也五代史闕文從璋見重誨拜于庭下重誨驚曰太傅過禮

據此傳從璋至三年始檢校太傅從鎮河中時不應先稱爲太傅

安巴堅舊作阿保機今改

舊五代史卷八十八考證

舊五代史卷八十九

宋門下侍郎參知政事監修國史薛居正等撰

晉書第十五

列傳四

桑維翰字國僑洛陽人也父珙事河南尹張全義爲客將維翰身短面廣殆非常人既壯每對鑑自歎曰七尺之身安如一尺之面由是慨然有公輔之望（三楚新錄馬希範入覲塗經淮上時桑維翰旅遊楚泗間知其來遽謁之曰僕聞楚之爲國挾天子而令諸侯其勢不可謂卑也加以利盡南海公室大富足下之來也非傾府庫之半則不足以供芻粟之費今僕貧者敢以萬金爲請惟足下濟之希範輕薄公子覩維翰形短而腰長語魯而且醜不覺絕倒而笑既而與數百縑維翰大怒拂衣而去）性明惠善詞賦（春渚記聞桑維翰試進士有司嫌其姓黜之或勸勿試維翰持鐵硯示人曰鐵硯穿乃改業著日出扶桑賦以見志）唐同光中登進士第（洛陽縉紳舊聞記桑魏公父珙爲河南府客將桑魏公將應舉父乘間告齊王張全義曰某男粗有文性今被同人相率欲取解侯王旨齊王曰有男應舉好可令秀才將卷軸來魏公之父趨下再拜既歸令子侵早投書啓獻文字數軸王請見魏公父教之趨階王曰不可既應舉便是貢士可歸客司謂魏公父曰他道路不同莫管他終以客禮見主一見奇之禮遇頗厚是年王力言于當時儒臣由是擢上第）高祖領河陽辟爲掌書記歷數鎮皆從及建義太原首豫其謀復遣爲書求

援于契丹果應之俄以趙德鈞發使聘契丹高祖懼其改謀命維翰詣幕帳述其始終利害之義其約乃定通鑑趙德鈞以金帛賂契丹主云若立己爲帝請即以見兵南平洛陽與契丹爲兄弟之國仍許石氏常鎭河東契丹主自以深入敵境晉安未下德鈞兵尙强范延光在其東又恐山北諸州邀其歸路欲許德鈞之請帝聞之大懼亟使維翰見契丹主說之曰大國舉義兵以救孤危一戰而唐兵瓦解退守一柵食盡力窮趙北平父子不忠不信畏大國之彊且素蓄異志按兵觀變非以死徇國之人何足可畏而信其誕妄之辭貪毫末之利棄垂成之功乎且使晉得天下將竭中國之財以奉大國豈此小利之比乎契丹主曰爾見捕鼠者乎不備之猶或齧傷其手況大敵乎對曰今大國已扼其喉安能齧人乎契丹主曰吾非有渝前約也但兵家權謀不得不爾對曰皇帝以信義救人之急四海之人俱屬耳目奈何二三其命使大義不終臣竊爲皇帝不取也跪于帳前自旦至暮涕泣爭之契丹乃從之指帳前石謂德鈞使者曰我已許石郎此石爛可改矣及高祖建號制授翰林學士禮部侍郎知樞密院事尋改中書侍郎平章事集賢殿大學士充樞密院使高祖幸夷門范延光據鄴叛張從賓復自河洛舉兵向闕人心恟恟時有人候于維翰者維翰從容談論怡怡如也時皆服其度量及楊光遠平鄴朝廷慮兵驕難制維翰請速散其衆尋移光遠鎭洛陽光遠由是怏怏上疏論維翰去公徇私除改不當復營邸肆于兩都之下與民爭利高祖方姑息外將事不獲已因授維翰檢校司空兼侍中出爲相州節度使時天福四年

七月也先是相州管內所獲盜賊皆籍沒其財產云是河朔舊例及維翰作鎮以律無明文具事以奏之詔曰桑維翰佐命功全臨戎寄重舉一方之往事合四海之通規況賊盜之徒律令具載比爲撫萬姓而安萬國豈忍罪一夫而破一家聞將相之善言成國家之美事既資王道實契人心今後凡有賊人準格律定罪不得沒納家貲天下諸州皆準此處分自是劫盜之家皆免籍沒維翰之力也歲餘移鎮兗州時吐渾都督白承福爲契丹所迫舉衆內附高祖方通好于契丹拒而不納鎮州節度使安重榮患契丹之強欲謀攻襲戎師往返路出于真定者皆潛害之密與吐渾相結至是遂納焉而致于朝既而安重榮抗表請討契丹且言吐渾之請是時安重榮握強兵據重鎮恃其驍勇有飛揚跋扈之志晉祖覽表猶豫未決維翰知重榮已蓄奸謀且懼朝廷違其意乃密上疏曰竊以防未萌之禍亂立不拔之基扃上繫聖謀動符天意非臣淺陋所可窺圖然臣逢世休明致位通顯無功報國省己愧心其或事繫安危理關家國苟或緘默實負君親是以區區之心不能自已近者相次得進奏院狀報吐渾

首領白承福已下舉衆內附鎮州節度使安重榮上表請討契丹臣方遙朝闕未測端倪竊思陛下頃在幷汾初罹屯難師少糧匱援絕計窮勢若綴旒困同懸磬契丹控弦玉塞躍馬龍城直度陰山徑絕大漠萬里赴難一戰夷凶救陛下累卵之危成陛下覆盂之業皇朝受命于此六年彼此通歡亭障無事雖卑辭降節屈萬乘之尊而庇國息民實數萬之利今者安重榮表契丹之罪方恃勇以請行白承福畏契丹之強將假手以報怨恐非遠慮有惑聖聽方今契丹未可與爭者有其七焉契丹數年來最強盛侵伐鄰國吞滅諸蕃救援河東功成師克山後之名藩大郡盡入封疆中華之精甲利兵悉歸廬帳卽今土地廣而人民衆戎器備而戰馬多此未可與爭者一也契丹自告捷之後鋒銳氣雄南軍因敗衂已來心沮膽怯況秋夏雖稔而帑廩無餘黎庶雖安而貧敝益甚戈甲雖備而鍛礪未精士馬雖多而訓練未至此未可與爭者二也契丹與國家恩義非輕信誓甚篤雖多求取未至侵陵豈可先發釁端自爲戎首縱使因茲大克則後患仍存其或偶失沈機則追悔何及兵者凶器也戰者危事也苟

議輕舉安得萬全此未可與爭者三也王者用兵觀釁而動是以漢宣帝得志于匈奴因單于之爭立唐太宗立功于突厥由頡利之不道今契丹主抱雄武之量有戰伐之機部族輯睦蕃國畏伏土地無災孳畜繁庶蕃漢雜用國無釁隙此未可與爭者四也引弓之民遷徙鳥舉行逐水草軍無饋運居無竈幕住無營柵便苦澀任勞役不畏風雷不顧飢渴皆華人之所不能此未可與爭者五也契丹皆騎士利在坦途中國用徒兵喜于隘險趙魏之北燕薊之南千里之間地平如砥步騎之便較然可知國家若與契丹相持則必屯兵邊上少則懼強敵之衆固須堅壁以自全多則患飛輓之勞必須逐寇而速返我歸而彼至我出而彼迴則禁衞之驍雄疲于奔命鎮定之封境略無遺民此未可與爭者六也議者以陛下于契丹有所供億謂之耗蠹有所卑遜謂之屈辱微臣所見則曰不然且以漢祖英雄猶輸貨于冒頓神堯武略尚稱臣于可汗此謂達于權變善于屈伸所損者微所利者大必若因茲交構遂成釁隙自此則歲歲徵發日日轉輸困天下之生靈空國家之府藏此爲耗蠹不亦甚乎兵戈既起

將帥擅權武吏武臣過求姑息邊藩遠郡得以驕矜外剛內柔上陵下替此爲屈辱又非多乎此未可與爭者七也願陛下思社稷之大計采將相之善謀勿聽樊噲之空言宜納婁敬之逆耳然後訓撫士卒養育黔黎積穀聚人勸農習戰以俟國有九年之積兵有十倍之強主無內憂民有餘力便可以觀彼之變待彼之衰用己之長攻彼之短舉無不克動必成功此計之上者也惟陛下熟思之臣又以鄴都襟帶山河表裏形勢原田沃衍戶賦殷繁乃河朔之名藩實國家之巨屏卽今主帥赴闕軍府無人臣竊思慢藏誨盜之言恐非勇夫重閉之意願迴深慮免起姦謀欲希陛下暫整和鑾略謀巡幸雖櫛風沐雨上勞于聖躬而杜漸防微實資于睿略省方展義今也其時臣受主恩深憂國情切智小謀大理淺詞繁俯伏惟懼于僭踰禆補或希于萬一謹冒死以聞疏奏留中不出高祖召使人于內寢傳密旨于維翰曰朕比以北面事之煩懣不快今省所奏釋然如醒朕計已決卿可無憂七年夏高祖駕在鄴都維翰自鎮來朝改授晉昌軍節度使少帝嗣位徵拜侍中監修國史頻上言請與契丹和爲上將

景延廣所否明年楊光遠搆契丹有澶淵之役凡制敵下令皆出于延廣維翰與諸相無所與之及契丹退維翰使親黨受寵于少帝者密致自薦曰陛下欲制北方以安天下非維翰不可少帝乃出延廣守洛以維翰守中書令再爲樞密使宏文館大學士繼封魏國公事無巨細一以委之數月之間百度寖理然權位既重而四方賂遺咸湊其門故仍歲之間積貨鉅萬由是澆競輩得以興謗未幾內客省使李彥韜端明殿學士馮玉皆以親舊用事與維翰不協間言稍入維翰漸見疏忌將加黜退賴宰相劉昫李崧奏云維翰元勳且無顯過不宜輕有進退少帝乃止尋以馮玉爲樞密使以分維翰之權後因少帝微有不豫維翰曾密遣中使達意于太后請爲皇弟重睿擇師傅以教道之少帝以此疑其有他俄而馮玉作相與維翰同在中書會舍人盧價秩滿玉乃下筆除價爲工部侍郎維翰曰詞臣除此官稍慢恐外有所議因不署名屬維翰休假玉竟除之自此維翰與玉尤不相協俄因少帝以重睿擇師傅言于玉玉遂以詞激少帝尋出維翰爲開封府尹維翰稱足疾罕預朝謁不接賓客是歲秋霖經

月不歇一日維翰出府門由西街入內至國子門馬忽驚逸御者不能制維翰落水久而方蘇或言私邸亦多怪異親黨咸憂之及契丹至中渡橋維翰以國家安危繫在朝夕迺詣執政異其議又求見帝復不得對維翰退而謂所親曰若以社稷之靈天命未改非所能知也若以人事言之晉氏將不血食矣開運三年十二月十日王師旣降契丹十六日張彥澤以前鋒騎軍陷都城契丹遣使遺太后書云可先使桑維翰景延廣遠來相接甚是好事是日凌旦都下軍亂宮中火發維翰時在府署左右勸使逃避維翰曰吾國家大臣何所逃乎即坐以俟命時少帝已受契丹撫慰之命乃謀自全之計因思維翰在相時累貢謀畫請與契丹和慮契丹到京窮究其事則顯彰己過故欲殺維翰以滅其口因令圖之張彥澤旣受少帝密旨復利維翰家財乃稱少帝命召維翰維翰束帶乘馬行及天街與李崧相遇交談之次有軍吏于馬前揖維翰赴侍衞司維翰知其不可顧謂崧曰侍中當國今日國亡翻令維翰死之何也崧甚有愧色是日彥澤遣兵守之十八日夜爲彥澤所害時年四十九卽以衣帶加頸報契

丹主維翰自經而死契丹主曰我本無心害維翰維翰不合自致契丹至闕使人驗其狀令殯于私第厚撫其家所有田園邸第並令賜之及漢高祖登極詔贈尚書令維翰少時所居恆有魑魅家人咸畏之維翰往往被竊其衣攝其巾櫛而未嘗改容當兩朝秉政出上將楊光遠景延廣俱爲洛川守又嘗一制除節將十五人各領軍職無不屈而服之理安陽除民弊二十餘事在兗海擒豪賊過千人亦寇恂尹翁歸之流也開運中朝廷以長子坦爲屯田員外郎次子埍爲秘書郎維翰謂同列曰漢代三公之子爲郎廢已久矣近或行之甚諠外議乃抗表固讓不受尋改坦爲大理司直埍爲秘書省正字議者美之初高祖在位時詔廢翰林學士院由是併內外制皆歸閣下命舍人直內廷數年之間尤重其選及維翰再居宥密不信宿奏復置學士院凡署職者皆其親舊時議者以維翰相業素高公望所屬雖除授或黨亦弗之咎也五代史補桑維翰形貌甚怪往往見之者失次張彥澤素以驍勇稱每謁候雖冬月未嘗不雨汗及中渡變生彥澤引蕃部至欲逞其威乃領衆突入開封府弓矢亂發且問桑維翰安在維翰聞之乃厲聲曰吾爲大臣使國家如此其死宜矣張彥澤安得無禮乃升廳安坐謂彥澤曰汝有何功帶使相已臨方面當國家危急不能盡犬馬之力以爲報効一

且背叛助契丹作威爲賊汝心安乎彥澤覩其詞氣慨然股慄不敢仰視退曰吾不知桑維翰何人今日之下威稜猶如此其可再見耶是夜令壯士就府縊殺之當維翰之縊也猶瞋目直視噓其氣再三每一噓皆有火出其光赫然三噓之外火盡滅就視則奄然矣

趙瑩字元輝華陰人也曾祖溥江陵縣丞祖孺秘書正字父居晦爲農瑩風儀美秀性復純謹梁龍德中始解褐爲康延孝從事後唐同光中延孝鎮陝州會莊宗伐蜀命延孝爲騎將將行留瑩監修金天神祠功既集忽夢神召于前亭待以優禮謂瑩曰公富有前程所宜自愛因遺一劍一笏覺而駭異明宗即位以高祖爲陝府兩使留後瑩時在郡以前官謁之一見如舊相識即奏署管記高祖歷諸鎮皆從之累使闕下官至御史大夫賜金紫高祖再鎮并州位至節度判官高祖建號授瑩翰林學士承旨金紫光祿大夫戶部侍郎知太原府事尋遷門下侍郎同平章事監修國史車駕入洛使持聘謝契丹及還加光祿大夫兼吏部尚書判戶部初瑩爲從事丁母憂高祖不許歸華下以麤縗隨幕人或短之及入相以敦讓汲引爲務監修國史日以唐代故事殘缺署能者居職纂補實錄及修正史二百卷行于時瑩首有力焉少帝嗣位拜守中書令明年

檢校太尉本官出爲晉昌軍節度使是時天下大蝗境內捕蝗者獲蝗一斗給粟一斗使飢者獲濟遠近嘉之未幾移鎮華州歲餘入爲開封尹開運末馮玉李彥韜用事以桑維翰才望素重而瑩柔而可制因共稱之乃出維翰復瑩相位加宏文館大學士及李崧馮玉議出兵應接趙延壽而以杜威爲招討都部署瑩私謂馮李曰杜中令國之懿親所求未愜心恆快快安可更與兵權若有事邊陲只李守貞將之可也及契丹陷京城契丹主遷少帝于北塞瑩與馮玉李彥韜俱從契丹永康王代立授瑩太子太保周廣順初遣尙書左丞田敏報命于契丹遇瑩于幽州瑩得見華人悲悵不已謂田敏曰老身漂零寄于此近聞室家喪逝弱子無恙蒙中朝皇帝倍加存恤東京舊第本屬公家亦聞優恩特給善價老夫至死無以報効于是南望稽首涕泗橫流先是漢高祖以入蕃將相第宅徧賜隨駕大臣故以瑩第賜周太祖太祖時爲樞密副使召瑩子前刑部郎中易則告之曰所賜第除素屬版籍外如有別契券爲己所置者可歸本直卽以千餘緡遺易則易則惶恐辭讓周太祖堅與之方受故瑩言及之末

幾瑩卒于幽州時年六十七瑩初被疾遣人祈告于契丹主願歸骨于南朝使羈魂幸復鄉里契丹主閔而許之及卒遣其子易從家人數輩護喪而還仍遣大將送至京師周太祖感歎久之詔贈太傅仍賜其子絹五百疋以備喪事令歸葬于華陰故里

劉昫字耀遠涿州歸義人也祖乘幽府左司馬父因幽州巡官昫神彩秀拔文學優贍與兄暄弟皡俱有鄉曲之譽唐天祐中契丹陷其郡昫被俘至新州逃而獲免後居上國大寧山與呂夢奇張麟結庵共處以吟誦自娛會定州連帥王處直以其子都爲易州刺史署昫爲軍事衙推及都去任乞假還鄉都招昫至中山會其兄暄自本郡至都薦于其父尋署爲節度衙推不踰歲命爲觀察推官歷二年都簒父位時都有客和少微素嫉暄搆而殺之昫越境而去寓居浮陽節度使李存審辟爲從事莊宗即位授太常博士尋擢爲翰林學士繼改膳部員外郎賜緋比部郎中賜紫丁母憂服闋授庫部郎中依舊充職明宗即位拜中書舍人歷戶部侍郎端明殿學士明宗重其風儀愛其溫厚長興中拜

中書侍郎兼刑部尚書平章事時晌入謝遇大祠明宗不御中興殿閤門白舊禮宰相謝恩須正殿通喚請候來日樞密使趙延壽曰命相之制下已數日中謝無宜後時因即奏之遂謝于端明殿晌自端明殿學士拜相而謝于本殿士子榮之清泰初兼判三司加吏部尚書門下侍郎監修國史時與同列李愚不協動至忿爭時論非之未幾俱罷知政事晌守右僕射以張延朗代判三司初唐末帝自鳳翔至切于軍用時王玫判三司詔問錢穀玫具奏其數及命賞軍甚愆于素通鑑帝問王玫以府庫之實對有數百萬在既而閱實金帛不過三萬兩匹末帝怒用晌代玫晌乃搜索簿書命判官高延賞計窮詰勾及積年殘租或場務販負皆虛係帳籍條奏其事請可徵者急督之無以償官者蠲除之通鑑清泰二年八月免諸道逋租三百三十八萬吏民相與歌詠唯主典怨沮及罷相之日羣吏相賀晌歸無一人從之者蓋憎其太察故也天福初張從賓作亂于洛陽害皇子重乂詔爲東都留守判河南府事尋以本官判鹽鐵未幾奉使入契丹還遷太子太保兼左僕射封譙國公俄改太子太傅開運初授司空平章事監修國史復判三司契丹主至不改其職晌以眼

疾乞休致契丹主授昫守太保契丹主北去留于東京其年夏以病卒年六十漢高祖登極贈太保初昫避難河朔匿于北山蘭若有賈少瑜者爲僧輟衾袍以温煥之及昫官達致少瑜進士及第拜監察御史聞者義之

馮玉案以下有闕文歐陽史云字景臣定州人少帝嗣位納馮后于中宮后卽玉之妹也玉既聯戚里恩寵彌厚俄自知制誥中書舍人出爲潁州團練使還端明殿學士戶部侍郎尋加右僕射軍國大政一以委之案以下有闕文通鑑云玉每善承迎帝意由是益有寵嘗有疾在家帝謂諸宰相曰自刺史以上俟馮玉出乃得除其倚任如此玉乘勢弄權四方賂遺輻輳其門由是朝政日壞張彥澤陷京城軍士爭湊其第家財巨萬一夕罄空翌日玉假蓋而出猶繞指以謟彥澤且請引送玉璽于契丹主將利其復用玉從少帝北遷契丹命爲太子少保至周太祖廣順二年其子傑自幽州不告父而亡歸玉懼譴責尋以憂恚卒于蕃中五代史補馮玉嘗爲樞密使有朝使馬承翰素有口辯一旦持刺來謁玉玉覽刺輒戲曰馬既有汗宜卸下鞍承翰應聲曰明公姓馮可謂死囚逢獄玉自以失言遽延而謝之

殷鵬字大舉大名人也以儁秀爲鄉曲所稱弱冠擢進士第唐閔帝之鎮魏州聞其名辟爲從事及卽位命爲右拾遺歷左補闕考功員外郎充史館修撰遷

刑部郎中鵬姿顏若婦人而性巧媚天福中擢拜中書舍人與馮玉同職玉本非代言之才所得詞目多託鵬爲之玉嘗以姑息字問于人人則以辜負字教之玉乃然之當時以爲笑端鵬之才比玉雖優其纖佞過之後玉出郡借第以處之分祿食之及玉爲樞密使擢爲本院學士每有庶寮秉鞹謁玉故事宰臣以履見之鵬多在玉所見客亦然有丞郎王易簡退而有言鵬銜之及契丹入汴有人獲玉與鵬有籤記字皆朝廷上列有不得志欲左授者則易簡是其首焉玉既北行鵬亦尋以病卒

史臣曰維翰之輔晉室也罄弼諧之志參締搆之功觀其効忠亦可謂社稷臣矣況和戎之策固非誤計及國之亡也彼以滅口爲謀此掇歿身之禍則畫策之難也豈期如是哉是以韓非慨慷而著說難者當爲此也悲夫趙瑩際會風雲優游藩輔雖易簀于絕域終歸柩于故園蓋仁信之行通于遐邇故也劉昫有真相之才克全嘉譽馮玉乘君子之器終歿窮荒其優劣可知矣

舊五代史卷八十九考證

晉列傳四桑維翰傳維翰使親黨受寵于少帝者密致自薦曰陛下欲制北方以安天下非維翰不可　案歐陽史作維翰陰使人說帝與是書同通鑑作或謂帝曰欲安天下非桑維翰不可與是書異

張彥澤既受少帝密旨　案通鑑考異云彥澤既降契丹豈肯復受少帝之命當係彥澤自以私怨殺維翰非受命于少帝也

所有田園邸第並令賜之　案歐陽史作貲財盡爲彥澤所掠

趙瑩傳授瑩太子太保　案遼史作太子太傅

劉昫傳歷戸部侍郎　案是書唐明宗紀作兵部侍郎與此傳異歐陽史從是書本紀

授昫守太保　案歐陽史作罷爲太保

舊五代史卷八十九考證

舊五代史卷九十

宋門下侍郎參知政事監修國史薛居正等撰

晉書第十六

列傳五

趙在禮字翰臣涿州人也曾祖景裕祖士廉皆不仕父元德盧臺軍使在禮始事燕帥劉仁恭爲小校唐光化末仁恭遣其子守文逐浮陽節度使盧彥威據其城升在禮爲軍使以佐守文及守文死事其子延祚爲守光所害守光子繼威復爲部將張萬進所殺在禮遂事萬進萬進奔梁在禮乃與滄州留後毛璋歸太原同光末爲効節指揮使屯于貝州會軍士皇甫暉等作亂推指揮使楊晸爲帥晸不從爲衆所害攜晸首以脅在禮在禮知其不可拒遂從之以四年二月六日引衆入鄴在禮自稱留後宋史張錫傳趙在禮舉兵于鄴瀕河諸州多搆亂錫權知棣州事即出省錢賞軍皆大悅一郡獨全棣人賴之唐莊宗遣明宗率師討之會城下軍亂在禮迎明宗入城事具唐書天成元年五月授滑州節度使檢校太保制下在禮密奏軍情未欲除移且

乞更伺少頃尋就改天雄軍兵馬留後鄴都留守與唐尹既而在禮將皇甫暉趙進等相次除郡赴任（歐陽史皇甫暉傳明宗卽位暉自軍卒擢拜陳州刺史九國志趙進傳天成初除貝州刺史鄴都衙內指揮使）在禮乃上表乞移旌節十二月授滄州節度使二年七月移鎮兗州長興元年入爲左驍衛上將軍俄改同州節度使會高祖受明宗命統大軍伐蜀以在禮充西川行營步軍都指揮使收劍州而還四年移鎮襄州清泰三年授宋州節度使加檢校太尉同平章事高祖登極移鎮鄆州加檢校太師兼侍中封衛國公天福六年七月授許州節度使八年四月移鎮徐州進封楚國公開運元年以契丹爲患少帝議北征八月朔降制命一十五將以在禮爲北面行營馬步都虞候十一月改行營副都統都虞候如故受詔屯澶州再除兗州節度使依前副都統三年正月授晉昌軍節度使時少帝爲其子延煦娶在禮女爲妻禮會之日其儀甚盛京師以爲榮觀五月進封秦國公累食邑至一萬三千戶實封一千五百戶在禮歷十餘鎮善治生殖貨積財巨萬兩京及所莅藩鎮皆邸店羅列在宋州日値天下飛蝗爲害在禮使比戶張幡幟鳴鼙鼓蝗皆越境而

去人亦服其智焉凡聚斂所得唯以奉權豪崇釋氏而已及契丹入汴自鎭赴闕時契丹首領奚王伊喇等在洛下在禮望塵致敬首領等倨受其禮加之凌辱邀索貨財在禮不勝其憤行至鄭州泊于逆旅聞同州劉繼勳爲契丹所鏁大驚丁未歲正月二十五日夜以衣帶就馬櫪自絞而卒年六十六漢高祖卽位贈中書令在禮凡四子雖歷內職皆早卒孫延勳仕皇朝歷岳蜀二州刺史

五代史補趙在禮之在宋州也所爲不法百姓苦之一旦下制移鎭永興百姓欣然相賀曰此人若去可爲眼中拔釘子何快哉在禮聞之怒欲報拔釘之謗遽上表更求宋州一年時朝廷姑息勳臣詔許之在禮于是命吏籍管內戶口不論主客每歲一千納之于家號曰拔釘錢莫不公行督責有不如約則加之鞭朴雖租賦之不若也是歲獲錢百萬

馬全節字大雅魏郡元城人也父文操本府軍校官至檢校尚書左僕射以全節之貴累贈太師全節少從軍旅同光末爲捉生指揮使趙在禮之據魏州也爲鄴都馬步軍都指揮使唐明宗卽位授檢校司空歷博單二州刺史天成三年賜竭忠建策興復功臣移刺郢州長興初就加檢校司徒在郡有政聲俄授河西節度使時明宗命高祖伐蜀師次岐山全節赴任及之具軍容謁于轅門

高祖以地理隔越乃奏還焉移沂州刺史清泰初爲金州防禦使會蜀軍攻其
城州兵纔千人兵馬都監陳知隱懼託以他事出城領三百人順流而逸賊既
臧人情憂沮全節乃悉家財以給士復出奇拒戰以死繼之賊退朝廷嘉其功
詔赴闕將議賞典時劉延朗爲樞密副使邀其厚賂全節無以賂之謂全節曰
絳州闕人請事行計全節不樂告其同輩由是衆口諠然以爲不當皇子重美
爲河南尹聞而奏焉清泰帝召全節謂曰滄州乏帥欲命卿制置翌日授橫海
軍兩使留後高祖卽位加檢校太保正授旌節天福五年授檢校太傅移鎮安
州時李金全據州叛引淮軍爲援因命全節將兵討平之以功加檢校太尉改
昭義軍節度澤潞遼沁等州觀察處置等使六年秋移鎮邢州加同中書門下
平章事安重榮之叛也授鎮州行營副招討兼排陣使與重榮戰于宋城大敗
之鎮州平加開府儀同三司充義武軍節度易定祁等州觀察處置北平軍等
使八年秋丁母憂尋起復焉屬契丹侵寇加之蝗旱國家有所徵發全節朝受
命而夕行治生餘財必充貢奉開運元年秋授鄴都留守檢校太師兼侍中廣

晉尹幽州道行營馬步軍都虞候尋加天雄軍北面行營副招討使陽城之戰甚有力焉全節始拜鄴都以元城是桑梓之邑具白襴詣縣庭謁拜縣令沈遘逡巡避之不敢當禮全節曰父母之鄉自合致敬勿讓之也州里榮之二年授順國軍節度使未赴鎮卒年五十五贈中書令全節事母王氏至孝位歷方鎮溫清面告畢盡其敬政事動與幕客謀議故鮮有敗事鎮中山日杜威爲恆州方奏括境內民家粟時軍吏引恆州例堅請行之全節曰邊民遇蝗旱而家食方困官司復擾之則不堪其命矣我爲廉察安忍效尤百姓稱其德先是全節自上黨攜歌妓一人之中山館于外舍有人以讒言中之全節害之及詔除恆陽遇疾數見其妓厭之復來妓曰我已得請要公俱行全節具告家人數日而卒子令威歷隰陳懷三州刺史卒

張筠海州人也父傳古世爲郡之大商唐乾符末屬江淮俶擾遂徙家彭門時彭門連帥時溥爲東南面招討使據有數郡之地擢筠爲偏將累有軍功奏授宿州刺史後溥與梁祖不協梁人進攻宿州下之獲筠以歸梁方圖霸業以筠

言貌辯秀命爲四鎮客將久之轉長直軍使梁唐革命遷右龍武統軍歷客省
使宣徽使出爲復商二州刺史復爲宣徽使梁室劃相衛爲昭德軍命筠爲兩
使留後唐莊宗入魏筠委城南歸授右衛上將軍會雍州康懷英以病告詔筠
往代之比至懷英已卒因除筠爲永平軍節度使大安尹懷英在長安日家財
甚厚筠盡奪之復于大內掘地繼獲金玉時有涇陽鎮將侯莫威前與温韜同
剽唐氏諸陵大貯瓌異之物筠乃殺威而籍其家遂蓄積巨萬然性好施每出
遇貧民于路則給與口食衣物境內除省賦外未嘗聚斂遂致百姓不撓十年
小康秦民懷惠呼爲佛子同光中從郭崇韜爲劍南安撫使蜀平歸洛權領河
南尹俄鎮與元所治之地上下安之筠時有疾軍州官吏久不得見副使符彥
琳等面請問疾筠又不諾彥琳等疑其已死慮左右有謀遂請權交牌印筠命
左右收彥琳下獄以叛聞詔取彥琳等至洛釋而不問因授筠西京留守誘離
與元及至長安守兵閉門不納筠東朝于洛詔遣歸第筠前爲京兆尹奉詔殺
僞蜀主王衍衍之妓樂寶貨悉私藏于家及罷歸之後第宅宏敞花竹深邃聲

樂飲饍恣其所欲十年之內人謂地仙天福二年上表乞歸長安俄而洛下張從賓之亂筠獨免其難人咸謂筠有五福之具美焉是歲卒于家贈太子太師

弟籛

籛字慕彭少嗜酒無節爲鄉里所鄙唐天福中兄筠爲大梁四鎮客將籛自海州省兄薦于兗州連帥王瓚用爲裨校籛性桀黠善事人累遷軍職後唐莊宗都洛筠鎮長安自衙內指揮使授檢校司空右千牛衞將軍同正領饒州刺史西京管內三白渠營田制置使同光末筠隨魏王繼岌伐蜀奏籛權知西京留守事蜀平王衍挈族入朝至秦川驛莊宗遣中使向延嗣乘驛騎盡戮王衍之族所有奇貨盡歸于延嗣俄聞莊宗遇內難繼岌軍次興平籛乃斷咸陽浮橋繼岌浮渡至渭南死之一行金寶妓樂籛悉獲之俄而明宗使人誅延嗣延嗣暗遁（九國志明宗卽位忿閹豎輩怙勢擅權先勅使四方及此遁不出者皆擒戮之死者殆盡）衍之行裝復爲籛有因爲富家積白金萬鎰藏于窟室明宗卽位籛進王衍犀玉帶各二馬一百五十四魏王打毬馬七十匹旋除沂州刺史入爲西衞將軍高祖卽位之明年加檢校

太保出典密州未幾復居環衛時湖南馬希範與籛有舊奏朝廷請命籛爲使允之籛密賫蜀之奇貨往售又獲十餘萬緡以歸籛出入以庖者十餘人從行食皆水陸之珍鮮厚自奉養無與爲比少帝嗣位詔遣往西蕃及迴以其馬劣爲有司所糾復當路有不足者遂有詔徵其舊價籛上言請貨故京田業許之因憤惋成病而卒籛始在雍州因春景舒和出遊近郊憩于大冢之上忽有黃雀銜一銅錢置于前而去未幾復于衙院晝臥見二鵲相鬬畢各銜一錢落于籛首前後所獲三錢常祕于巾箱識者以爲大富之徵其後家雖厚積性實鄙悋未嘗與士大夫游處及令市馬利在私門不省咎以輸其直鬱鬱致死愚之甚耶

華温琪字德潤宋州下邑人也祖楚以農爲業父敬忠後以温琪貴官至檢校尚書温琪長七尺餘唐廣明中從黃巢爲紀綱巢陷長安僞署温琪爲供奉都知巢敗奔至滑臺以形貌魁岸懼不自容乃投白馬河下流俄而浮至淺處會行人救免又登桑自經枝折墜地不死夜至胙縣界有田父見温琪非常人遂

匿于家經歲餘會梁將朱友裕爲濮州刺史召募勇士温琪往依之友裕署爲小校漸升爲馬軍都將從友裕擊秦宗權于曹南有功奏加檢校太子賓客梁祖擢爲開道指揮使加檢校工部尚書出屯鄜時會延州胡璋叛命來寇郡境温琪擊退之尋奉詔營長安以功遷絳州刺史歲餘刺棣州温琪以州城每年爲河水所壞居人不堪其苦表請移于便地朝廷許之板築既畢賜立紀功碑仍加檢校尚書左僕射繼遷齊州晉州節度使温琪在平陽日唐莊宗嘗引兵攻之踰月不下梁人賞之升晉州爲定昌軍以温琪爲節度使加檢校太保既而温琪臨民失政嘗掠人之妻爲其夫所訴罷入爲金吾大將軍時梁末帝方姑息諸侯重難其命故責詞云若便行峻典謂予不念功勳若全廢舊章謂我不安黎庶爲人君者不亦難乎温琪大有愧色俄轉右監門衞上將軍右龍武統軍會河中朱友謙叛權授温琪汝州防禦使河中行營排陣使尋爲耀州觀察留後莊宗入洛温琪來覲詔改耀州爲順義軍復以温琪鎮之加推忠向義功臣同光末西蜀既平命温琪爲秦州節度使明宗即位因入朝願留闕明宗

嘉而許之除左驍衛上將軍逐月別賜錢粟以豐其家踰歲明宗謂樞密使安重誨曰温琪舊人宜選一重鎮處之重誨奏以天下無闕他日又言之重誨素強愎對曰臣累奏未有闕處可替者唯樞密院使而已明宗曰可重誨不能答温琪聞其事懼爲權臣所怒幾致成疾由是數月不出俄拜華州節度使依前光祿大夫檢校太傅進封平原郡開國公累加食邑至三千戶温琪至任以己俸補葺祠廟廨舍千餘間復於鄭亭創待客之具華而且固往來稱之清泰中上表乞骸骨歸宋城制以太子少保致仕天福元年十二月終于家年七十五詔贈太子太保

安崇阮字晉臣潞州上黨人也少倜儻有詞辯善騎射父文祐爲牙門將唐光啓中潞州軍校劉廣逐節度使高潯據其城僖宗詔文祐平之既殺劉廣召赴行在授邛州刺史其後孟方立據邢洛率兵攻上黨朝廷以文祐本潞人也授昭義節度使令討方立自蜀至澤州與方立戰敗歿于陣昭宗朝宰臣崔魏公以文祐歿于王事薦崇阮于朝自是累任諸衛將軍梁氏革命以崇阮明辯遣

使吳越迴以所獲橐裝悉充貢奉梁祖嘉之故每歲乘軺于江浙間及迴貢獻皆如初梁末帝嗣位授客省使知齊州事時梁軍與莊宗對壘于河上冀王友謙以河中叛末帝使段凝領軍經略蒲晉詔崇阮監軍又知華雍軍府事期年授青州兵馬留後入爲諸衞上將軍唐天成中授黔南節度使檢校太保尋移鎮夔州以蜀寇侵逼棄城歸闕改晉州節度使復爲諸衞上將軍高祖登極之二年詔葬梁末帝以崇阮梁之舊臣令主葬事崇阮盡哀致禮以襄其事時人義之五年以老病請告授右衞上將軍致仕開運元年九月卒于西京贈太傅

楊彥詢字成章河中寶鼎人父規累贈少師彥詢年十三事青帥王師範有書萬卷以彥詢聰悟使掌之及長益加親信常委監護郡兵及梁將楊師厚降下青州彥詢隨師範歸命洎師範見殺楊師厚領鄴召至麾下俾掌賓客唐莊宗入魏復事焉同光元年冬從平大梁升爲引進副使將命西川及淮南稱旨累遷內職明宗時爲客省使檢校司徒使兩浙迴授德州刺史末帝卽位改羽林將軍時高祖鎮太原朝廷疑貳以彥詢沈厚擇充北京副留守清泰末以宋審

虔爲北京留守高祖深懷不足以情告彥詢彥詢恐高祖失臣節乃曰不知太原兵甲芻粟幾何可敵大國否請明公反覆慮之蓋欲迴其意也高祖曰我不忿小人相代方寸決矣彥詢知其不可諫遂止左右欲害之高祖曰唯副使一人我自保明爾勿復言也及卽位授齊州防禦使檢校太保旋授宣徽使從高祖入洛加左驍衛上將軍兼職天福二年秋出爲鄧州節度使歲餘入爲宣徽使四年使于契丹六年春授邢州節度使檢校太傅時鎭州安重榮有不臣之狀彥詢覺其窺伺會車駕幸鄴表求入覲高祖慮契丹怒安重榮之殺行人也移兵犯境復命彥詢使焉仍恐重榮要之由滄州路以入契丹主果怒重榮彥詢具言非高祖本意蓋如人家惡子無如之何尋聞重榮犯闕乃放還七年春授華州節度使檢校太尉在任二年屬部內蝗旱道殣相望彥詢以官粟假貸州民賴之存濟者甚衆開運初以風痺授右金吾衛上將軍俄卒于官年七十四贈太子太師

李承約字德儉薊州人也曾祖瓊薊州別駕贈工部尚書祖安仁檀州刺史贈

太子太保父君操平州刺史贈太子少師承約性剛健篤實少習武事弱冠爲幽州牙門校遷山後八軍巡檢使屬劉守光囚殺父兄名儒宿將經事父兄者多無辜被戮自以握兵在外心不自安時屬唐武皇召募英豪方開霸業乃以所部二千歸于幷州卽補匡霸都指揮使檢校右僕射兼領貝州刺史從破夾寨及與梁人戰于臨清有功再遷洺汾二州莊宗卽位授檢校司空磁州刺史爲治平直移授頳州團練使天成中以邠州節度使毛璋將圖不軌乃命爲涇州節度副使且承密旨往偵之旣至以善言諭之璋乃受代明宗賞其能加檢校太保拜黔南節度使數年之閒巴邛蠻蜑不敢犯境外勸農桑內興學校凶邪盡去民皆感之故父老數輩重趼詣闕言其政化又聽留周歲徵爲左衞上將軍自左龍武統軍加特進檢校太傅充昭義軍節度使賜推忠奉節翊戴功臣歲餘歸朝復爲左龍武統軍高祖御宇之二年授左驍衞上將軍進封開國公累上表請老尋以病卒時年七十五贈太子太師

陸思鐸澶州臨黃人父再端贈光祿卿思鐸有武幹梁太祖領四鎭隸于麾下

及卽位授廣武都指揮使歷突陣拱宸軍使積前後戰勳累官至檢校司徒拱
宸左廂都指揮使遙領恩州刺史初梁軍與莊宗對壘于河上思鐸以善射曰
預其戰嘗于箭笴之上自鏤其姓名一日射中莊宗之馬鞍莊宗拔箭視之覩
思鐸姓名因而記之及莊宗平梁思鐸以例來降莊宗出箭以視之思鐸伏地
待罪莊宗慰而釋之尋授龍武右廂都指揮使加檢校太保天成中爲深州刺
史改雄捷右廂馬軍都指揮使會南伐荆門思鐸亦預其行時高季興以舟兵
拒王師思鐸每發矢中敵則洞胸達腋由是賊鋒稍挫不敢輕進諸軍咸壯之
高祖革命拜陳州刺史秩滿歷左神武羽林二統軍出爲蔡州刺史遇代歸朝
天福八年以疾卒時年五十四思鐸典陳郡日甚有惠政常戒諸子曰我死則
藏骨于宛邱使我棲魂于所理之地及卒乃葬于陳從其志也
安元信朔州馬邑人也少善騎射後唐莊宗爲晉王時元信詣軍門求自効尋
隸明宗麾下累從明宗征討有功明宗卽位擢爲捧聖軍使加檢校兵部尚書
清泰三年遷雄義都指揮使受詔屯于代州太守張朗遇之甚厚元信亦以兄

事之是歲五月高祖建義于太原俄聞契丹有約赴難元信入說朗曰張敬達雖圍太原而兵尚未合代郡當鴈門之衝敵至其何以禦僕觀石令公素長者舉必成事若使人道意歸款俟其兩端亦求全之上策也朗不納元信悔以誠言之反相猜忌尋聞安重榮安審信相次以騎兵赴太原元信遂率部曲以歸高祖（通鑑元信謀殺朗不克帥其衆奔審信審信遂帥麾下數百騎與元信掠百井奔晉陽）高祖見之喜謂元信曰爾覩何利害背強歸弱元信曰某非知星識氣唯以人事斷之夫帝王者出語行令示人以信嘗聞主上許令公河東一生今遽改之是自欺也且令公國之密親親尚不能保肯保天下之心乎以斯而言見其亡也何得爲強也高祖知其誠因開懷納之委以戎事高祖即位之元年授耀州團練使加檢校太保四年入爲右神武統軍其年八月復出牧洺州少帝嗣位尋遷宿州九年罷任來朝開運初授復州防禦使三年卒于任年六十三贈太傅

張朗徐州蕭縣人父楚贈工部尚書朗年十八善射膂力過人鄉里敬憚之梁祖聞其名就補蕭縣鎮使充吾縣都遊弈使時朗年纔二十三歲餘補宣武軍

內衙都將歷洛州步軍曹州開武汴州十內衙鄆州都指揮使梁末從招討使段凝襲衞州下之遂授衞州刺史事梁僅三年凡有征討無不預之同光三年從魏王繼岌伐蜀爲先鋒橋道使明宗朝歷輿忠登三州刺史清泰初以契丹犯邊補西北面行營步軍都指揮使從高祖屯軍于代北俄兼代州刺史又改行營諸軍馬步都虞候高祖建義于太原遣使以書諭之朗曰爲人臣而有二心可乎乃斬其使通鑑帝以晉安已降遣使諭諸州代州刺史張朗斬其使洎蓋晉祖初起安元信勸朗歸順不從至是復斬其使也高祖入洛領全師朝覲授貝州防禦使在任數歲天福五年除左羽林統軍六年授光祿大夫檢校太傅慶州刺史在官二年卒年七十四

李德琉應州金城人祖晟父宗元皆爲邊將德琉少善騎射事後唐武皇爲偏校及從莊宗戰潞州柏鄉德勝渡繼有軍功累加檢校尚書左僕射遥食郡俸天成中檢校司空領蔚州刺史長興元年授雄武軍節度秦成階觀察處置等使加檢校司徒二年六月移鎮定州充北面副招討使高祖即位改鎮涇原及受代歸闕會高祖幸鄴授東京留守加同平章事少帝嗣位移廣晉尹加檢校

太師開運中再領涇州以病卒于鎮德琉幼與明宗俱事武皇故後之諸將多兄事之時謂之李七哥所治之地雖無殊政然以寬恕及物家無濫積亦武將之廉者

田武字德偉大名元城人父簡累贈右僕射武少有拳勇初事莊宗爲小校歷遷勝節指揮使明宗登極轉帳前都指揮使領澶州刺史天成二年改左羽林都指揮使遙領宜州充襄州都巡檢使三年自汴州馬步軍都指揮使授曹州刺史長興初遷齊州防禦使又移洛州清泰中歷成隴二州充西面行軍副部署天福初授金州防禦使及金州建節鉞武丁母憂乃起復爲節度使開運元年移鎮滄州兼北面行營右廂都指揮使二年授寧江軍節度使充侍衛步軍都指揮使歲內改昭義軍節度澤潞等州管內觀察處置等使潞州大都督府長史檢校太傅封鴈門郡開國公未赴任以疾卒武出身戎行性鯁正御軍治民咸盡其善及卒朝廷惜之詔贈太尉輟視朝一日子仁朗仁遇並歷內職宋史仁朗以父任西頭供奉官

李承福字德華漢陽人少寒賤事元行欽掌皂棧之役後爲高祖家臣高祖登極歷皇城武德宣徽使左千牛將軍出爲澶州刺史遷齊州防禦使檢校太保承福性鄙狹無器局好察人微事多所詆訐雖小過不能恕工商之業輿隸之情官吏之幸皆諳知之然自任所見無所準的故人多薄之少帝嗣位授同州節度使尋卒于鎮少帝以高祖佐命之臣聞之嗟歎賻物加等輟視朝一日詔贈太傅

相里金字奉金并州人也性勇悍果敢能折節下士唐景福初武皇始置五院兵金首預其選從莊宗攻下夾寨得補爲小校後與梁師戰于柏鄉及胡柳陂以功授黃甲指揮使同光中統帳前軍拔中都賜忠勇拱衛功臣檢校刑部尚書二年自羽林都虞候出爲忻州刺史凡部曲私屬皆不令干預民事但優其贍給使分掌家事而已故郡民安之大有聲績應順元年爲隴州防禦使會唐末帝起兵于鳳翔傳檄于鄰道諸侯無應者唯金遣判官薛文遇往來計事末帝深德之及卽位擢爲陝州節度使加檢校太保清泰三年夏高祖建義于太

原唐末帝發兵來攻以金爲太原四面步軍都指揮使高祖卽位移鎭晉州及受代歸闕累爲諸衞上將軍加開府儀同三司官至檢校太尉爵列開國公勳登上柱國以久居散地優之故也天福五年夏卒于任贈太師

史臣曰在禮之起甘陵也當鼎革之期會富貴來逼既因人成事亦何足自多及其仗鉞擁旄積財敗德貨之爲累可不誡乎全節之佐晉氏也平安陸之祅預宗城之戰功既茂矣貴亦宜然張筠歷事累朝享茲介福蓋近代之幸人也自温琪而下皆服冕乘軒苴茅壽土垂名汗簡諒亦宜焉

舊五代史卷九十

舊五代史卷九十考證

晉列傳五趙在禮傳推指揮使楊㝡爲帥　楊㝡歐陽史作楊仁晟

年六十六　案歐陽史作六十二

馬全節傳清泰初爲金州防禦使　案歐陽史作明宗時歷金州防禦使與是書先後互異

州兵纔及千人　案歐陽史作州兵纔數百

張筠傳梁室劃相衞爲昭德軍　案梁劃相澶衞三州爲昭德軍原本作相衞疑有脫誤

時有涇將侯莫威　案歐陽史作侯莫陳威

筠東朝于洛詔遣歸第　案歐陽史作令爲左驍衞上將軍與是書本紀同

贈太子太師　太師歐陽史作少師

華温琪傳制以太子少保致仕天福元年十二月終于家年七十五詔贈太子太保　案歐陽史作以太子太保致仕卒贈太子太傅

張朗傳充吾縣都遊弈使　案吾縣二字疑有舛誤

相里金傳出爲忻州刺史　案歐陽史作沂州刺史

伊喇舊作拽剌今改

舊五代史卷九十考證

宋門下侍郎參知政事監修國史薛居正等撰

晉書第十七

列傳六

房知温字伯玉兗州瑕邱人也少有勇力籍名于本軍爲赤甲都官健（玉堂閒話知温少年與外弟徐某爲盜于兗鄆之境）梁將葛從周鎮其地選寘麾下時部將牛存節屯于鎮好摴博每求辨采者知温以善博見推因得侍左右遂熟于存節及王師範遣劉鄩據兗州梁祖命存節將兵討之知温夕縋出奔存節喜而納焉明夜竊良馬一駟復入城鄩乃擢爲裨將鄩降隸于同州劉知俊知俊補爲克和軍使知俊奔岐改隸魏州楊師厚以爲馬鬬軍校漸升至親隨指揮使繼加檢校司空莊宗入魏賜姓名紹英改天雄軍馬步都指揮使加檢校司徒澶州刺史行臺右千牛衞大將軍莊宗平梁歷曹貝州刺史權充東北面蕃漢馬步都虞候遣戍瓦橋關明宗自鄴入洛知温與王晏球首赴焉明宗自總管府署知温滑州兩使

留後天成元年授兗州節度使明宗即位詔充北面招討屯于盧臺軍以盧文
進來歸加特進同平章事賞招討之功也後除烏震爲招討副使代知温歸鎮
知温怒震遽至有怨言因縱博誘牙兵殺震于席上會次將安審通保騎軍隔
河按甲不動知温懼不濟乃束身渡水復結審通逐其亂軍以奏時朝廷姑息
知温下詔于鄴盡殺軍士家口老幼凡數萬清漳爲之變色尋詔遣知温就便
之鎮以安反側俄改徐州節度使加兼侍中會朝廷起兵伐高季興授荆南招
討使知行府事尋丁母憂起復雲麾將軍墨縗卽戎竟無功而還長興中節制
文陽越二年除平盧軍節度使累官至開府儀同三司檢校太師兼中書令封
東平王食邑五千戶食實封三百戶天福元年冬十二月辛巳卒于鎮贈太尉
歸葬于瑯邪詔立神道碑知温性麤獷動罕由禮每迎待王人不改戎服寡言
笑多縱左右排辱賓寮他日知誤亦無愧色始與唐末帝嘗失意于杯盤間以
白刃相恐及末帝卽位知温憂甚末帝乃封王爵以寧之也知温徑赴洛陽申
其宿過且感新恩末帝開懷以厚禮慰而遣之及還郡厚斂不已積貨數百萬

治第于南城出則以妓樂相隨任意所之曾不以政事爲務有幕客顏衎者正直之士也委曲陳其利病知温不能用焉及高祖建義入洛尚不即進獻耀兵于牙帳之下衎正色謂曰清泰富有天下多力善戰豈明公之比而天運有歸坐成灰燼今青州還延不貢何以求安千百武夫無足爲恃深爲大王之所憂也知温遂馳表稱賀青人乃安未幾以沈湎成疾而卒部曲將吏分其所聚例爲富室衎又勸其子彥儒進錢十萬貫以助國用朝廷除彥儒爲沂州刺史其家幸獲保全皆衎之力也

王建立遼州榆社人也曾祖秋祖嘉父弁累贈太保建立少驚猛無檢明宗領代州刺史擢爲虞候將莊宗鎮晉陽以諸陵在代郡遣女使饗祭其下有擾于民者建立必捕而笞之莊宗怒令收之爲明宗所護而免由是知名明宗歷遷藩鎮皆署爲牙門都校累奏加檢校司空及明宗爲魏軍所迫時皇后曹氏淑妃王氏在常山使建立殺其監護幷部下兵故明宗家屬因而保全及即位以功授鎮州節度副使加檢校司徒旋爲留後未幾正授節旄繼加檢校太尉同

平章事會王都據中山叛密使通弟兄之好通鑑王都陰與謀復河北安重誨故事建立陽許而密奏之素與建立不協知其事奏之明宗慮陷建立尋徵赴闕通鑑建立奏重誨專權來入朝面言其狀帝召之拜右僕射兼中書侍郎平章事判鹽鐵戶部度支充集賢殿大學士天成四年出爲青州節度使五年移鎮上黨辭不赴任請退居邱園制以太子少保致仕建立自是鬱鬱不得志長與中嘗欲求見中旨不許皆重誨蔽之也清泰初末帝召赴闕授天平軍節度使建立少歷軍校職當捕盜及位居方伯爲政嚴烈閭里有惡跡者必族而誅之其刑失于入者不可勝紀故當時人目之爲王垜疊言殺其人而積其尸也後聞末帝失勢殺副使李彥贇及從事一人報其私怨人甚鄙之高祖卽位再爲青州節度使累加檢校太尉兼中書令建立晚年歸心釋氏飯僧營寺戒殺慎獄民稍安之天福二年封臨淄王明年封東平王五年入覲高祖曰三紀前老兄宜賜不拜仍許肩輿入朝上殿則使二宦者掖之論者榮之尋表乞休致高祖不允乃授潞州節度使割遼沁二州爲上黨屬郡加檢校太師進封韓王以光其故里至鎮踰月而疾作有大星墜于府署

建立卽召賓介竺岳草遺章又謂其子守恩曰榆社之地桑梓存焉桑以養生

梓以送死余生爲壽宮刻銘石室死當速葬葬必從儉違吾是言非孝也旋以

病篤而卒年七十卌贈尙書令建立先人之墳在于榆社其岡阜重複松檜靄

然占者云後出公侯故建立自爲墓恐子孫易之也子守恩周書有傳

康福蔚州人世爲本州軍校祖嗣蕃漢都知兵馬使累贈太子太師父公政歷

職至平塞軍使累贈太傅福便弓馬少事後唐武皇累補軍職充承天軍都監

莊宗嗣位嘗謂左右曰我本蕃人以羊馬爲活業彼康福者體貌豐厚宜領財

貨可令總轄馬牧由是署爲馬坊使大有蕃息及明宗爲亂兵所迫將離魏縣

會福牧小坊馬數千匹于相州乃驅而歸明宗卽位授飛龍使俄轉磁州刺史

充襄州兵馬都監尋以江陵叛命朝廷舉兵伐之以福爲荆南道行營兵馬都

監俄以王師無功而還福善諸蕃語明宗視政之暇每召入便殿諮訪時之利

病福卽以蕃語奏之樞密使重誨惡焉常面戒之曰康福但亂奏事有日斬之

福懼會靈武兵馬留後韓澊以人情不協慮爲所圖上表請帥制加福光祿大

夫檢校司空行涼州刺史充朔方河西等軍節度靈威雄警甘肅等州觀察處置管內營田押蕃落温池榷稅等使福之是拜蓋重誨嫉而出之福泣而辭之明宗宣重誨別與商議重誨奏曰臣累奉聖旨令與康福一事今福驟升節鎮更欲何求況已有成命難于改移明宗不得已謂福曰重誨不肯非朕意也福辭明宗曰朕遣兵援助勿過憂也因令將軍牛知柔領兵送赴鎮行次青岡峽會大雪令人登山望之見川下煙火吐蕃數千帳在焉寇不之覺因分軍三道以掩之蕃衆大駭棄帳幕而走殺之殆盡獲玉璞羊馬甚多到鎮歲餘西戎皆款附改賜福耀忠匡定保節功臣累加官爵福鎮靈武凡三歲每歲大稔倉儲盈羨有馬千駟因爲人所譖安重誨奏曰累據使臣所言康福大有寶貨必負朝廷明宗密遣人謂曰朕何負于卿而有異心耶福奏曰臣受國重恩有死無貳豈願負于聖人此必讒人之言也因表乞入覲不允及再上章隨而赴闕移授彰義軍節度使又轉邠州檢校太傅清泰中移鎮秦州加特進開國侯充西面都部署高祖受命就加檢校太尉開國公未幾又加同平章事及移領河中

加兼侍中以天和節入覲改賜輸忠守正翊亮功臣加開府儀同三司增食邑至五千戶實封五百戶久之受代歸闕天福七年秋卒于京師年五十八贈太師諡曰武安福無軍功屬明宗龍躍有際會之幸擢自小校暴爲貴人每食非羊之全髀不能飫腹與士大夫交言懵無所別在天水日嘗有疾幕客謁問福擁衾而坐客有退者謂同列曰錦衾爛兮福聞之遽召言者怒視曰吾雖生于塞下乃唐人也何得以爲爛奚因叱出之由是諸客不敢措辭復有末客姓駱其先與後唐懿祖來自金山府因公讌福謂從事輩曰駱評事官則卑門族甚高真沙陀也聞者竊笑焉子三人長曰延沼歷隨澤二州刺史次曰延澤延壽俱歷內職焉

安彥威字國俊代州崞縣人少時以軍卒得隸唐明宗麾下彥威性善射頗諳兵法明宗愛之累歷藩鎮彥威常爲衙將所至以謹厚見稱明宗入立秦王從榮鎮鄴都以彥威爲護聖指揮使從榮判六軍彥威入司禁衛遙領鎮州節度使高祖卽位尤倚彥威卽拜爲北京留守加同平章事（通鑑彥威入朝上曰吾所重者信與義昔契丹

以義救我我今以信報之聞其徵求不已公能屈節奏之深稱朕意對曰陛下以蒼生之故猶卑辭厚幣以事之臣何屈節之有上悅移鎮宋州是時河決滑州命彥威集丁夫塞之彥威出私錢募民治隄隄成滑人賴之遷西京留守歲饑彥威開倉廩賑饑有犯法者皆寬貸民免于流散彥威之力也旋丁母憂哀毀過制少帝與契丹搆釁授彥威北面行營副都統彥威悉率家財佐軍人稱其忠開運中卒贈太師彥威與太妃爲同宗少帝以舅事之彥威未嘗自以爲言及卒太妃與少帝臨喪人始知爲國戚聞者益重其人焉

李周字通理邢州內邱人也唐潞州節度使抱真之後曾祖融祖毅父矩皆不仕周年十六爲內邱捕賊將以任使自負時河朔羣盜充斥南北交兵行旅無援者不敢出郡邑有士人盧岳家于太原攜妻子囊橐寓于逆旅進退無所保唯與所親相對流涕周憫之請援送以歸行經西山中有賊夜于林麓閒俟之射盧岳中其馬周大呼曰爾爲誰耶賊聞其聲相謂曰李君至此矣卽時散走岳全其行裝至于家周將辭去岳謂周曰岳明歷象善知人子有奇表方頤隆準眉目疎朗身長七尺乃將相之材也河東李氏將有天下子宜事之以求富

貴周辭以母老而歸既而梁將葛從周拔邢洺唐武皇麾兵南下築壘于青山口周向背莫決因思盧岳之言乃投青山寨將張污落武皇賞之補萬勝黃頭軍使武皇之平雲州莊宗之戰柏鄉周皆有功遷匡霸都指揮使莊宗入魏率兵屯臨河楊劉所至與士伍同甘苦周尤善守備一日奔母喪以他將代之既出則其城將陷莊宗即遣追之使墨縗從事會莊宗北征周與寺人焦彥賓守楊劉城九國志焦彥賓傳彥賓字英服滄州清池人少聰敏多智略事武皇梁尤所委信及莊宗即位遷左監門衛將軍充四方館使出護邢州軍將王彥章以數萬衆攻之周日夜乘城躬當矢石使人馳告莊宗請百里趨程以紓其難莊宗曰李周在內朕何憂也遂日行二舍不廢畋獵既至士衆絕糧三日矣及攻圍既解莊宗謂周曰微卿九拒之勞諸公等為梁人所擄矣同光中歷相蔡二州刺史及蜀平授西川節度副使天成二年春遷遂州兩使留後尋正授節旄未幾受代歸闕三年秋出為邠州節度使會慶州刺史竇廷琬據城拒命周奉詔討平之長興清泰中歷徐安雍汴四鎮所至無苛政人皆樂之高祖有天下復鎮邠州累官至檢校太師兼侍中及罷鎮赴闕會少帝幸澶淵

以周累朝耆德乃命爲東京留守車駕還京授開封尹及遘疾夢焚旌旗鎧甲因自嗟嘆上章請退尋卒于官時年七十四詔贈太師陪葬于明宗徽陵之北

張從訓字德恭本姑臧人其先回鶻別派隨沙陁徙居雲中後從唐武皇家于太原從訓遂爲太原人祖君政雲州長史識蕃字通佛理父存信河東蕃漢馬步軍都指揮使武皇賜姓名眷同親嫡前史有傳天福中贈太師中書令追封趙國公從訓讀儒書精騎射初爲散員大將天祐中轄沙陀數百人屯壺關十餘歲節度使李嗣昭委遇之莊宗與梁人相拒于德勝口徵赴軍前補充先鋒遊奕使俄轉雲捷指揮使檢校司空賜名繼鸞從諸子之行也明宗微時嘗在存信麾下爲都押牙與從訓有舊及卽位授石州刺史復舊姓名歷憲德二州刺史高祖之鎮太原也爲少帝娶從訓長女爲妃清泰初授唐州刺史三年高祖舉義從訓奉唐末帝詔徵赴行在分領鄉兵次于團柏谷兵敗宵遁潛身民間高祖入洛有詔搜訪月餘乃出焉及見戚里之故深加軫惻尋授絳州刺史檢校太保在任數年天福中卒于官年五十二少帝以后父之故超贈太尉弟

從恩仕皇朝爲右金吾衞上將軍卒

李繼忠字化遠後唐昭義軍節度使兼中書令嗣昭之第二子嗣昭唐書有傳繼忠少善騎射從父征討有功莊宗手制授檢校兵部尚書充感義馬軍指揮使改潞府司馬加檢校尚書右僕射充安義都巡檢使天成中自北京大內皇城使轉河東行軍司馬入爲右驍衞將軍未幾授成德軍司馬加檢校司徒高祖卽位二年三月授沂州刺史加檢校太保尋移棣州刺史繼忠舊苦風痹皆辭以地遠乃授單州刺史仍加輸忠奉國功臣三年入爲右神武統軍四年三月出領隰州七年八月移刺澤州開運元年復入爲右監門大將軍三年秋以疾卒于東京年五十一始繼忠母楊氏善治產平生積財鉅萬及高祖建義于太原楊已終繼忠舉族家于晉陽時以諸軍方困契丹援兵又至高祖乃使人就其第疏其複壁取其舊積所獲金銀紈素甚廣至于巾屨瑣屑之物無不取足高祖既濟大事感而奇之故車駕入洛繼忠雖有舊恙連領大郡皆楊氏之力也

李頊陳州項城人卽河陽節度使兼侍中罕之子也罕之梁書有傳唐光啓中罕之與河南張全義爲仇交相攻擊罕之兵敗北投太原武皇以澤州處之罕之將赴任留頊爲質焉時莊宗未弱冠因與頊遊處甚相昵狎光啓初罕之自澤州襲據潞州送款于梁武皇以頊父叛將殺之莊宗密與駿騎使逃出境頊遂奔河南梁祖以其父子歸己委遇甚厚天福中梁祖自鳳翔送唐昭宗歸長安留軍萬人命姪友倫與頊總之以宿衞爲名及梁祖逼禪累掌禁兵倚爲肘腋庶人友珪立授頊檢校尚書右僕射右羽林統軍梁末帝之誅友珪頊預其謀尋歷隨州刺史復爲右羽林統軍同光初莊宗入汴召頊見之莊宗忻然授衞州刺史加光祿大夫檢校太保明宗朝授衍州刺史長興中檢校太傅右神武統軍高祖卽位之二年加特進檢校太尉右領軍衞上將軍三年進封開國伯五年遷左領軍衞上將軍尋以病卒年七十制贈太師頊性温雅不暴虐凡刺郡統衆頗有畏愛及卒人甚惜之子彥弼在太原日因頊走歸梁朝武皇怒下蠶室加熏腐之刑後籍于內侍省卒焉

周光輔太原人後唐蕃漢馬步總管幽州節度使德威之長子也德威有傳在唐書光輔年甫十歲補幽州中軍兵馬使有成人之志德威以牙軍委之麾下咸取決焉及長體貌魁偉練于戎事父卒授嵐州刺史從莊宗平梁遷檢校尚書左僕射汝州防禦使仍賜協謀定亂功臣天成初移汾州四年入爲右監門衞大將軍長興淸泰中歷陳懷磁三郡繼加檢校司徒高祖即位授蔡州刺史歲餘卒于郡時年三十五贈太保光輔以功臣子歷數郡皆無濫政竟善終于官雖享年不永亦可嘉也光輔有弟數人光貞歷義乾二州刺史入爲諸衞將軍光遜繼爲蔡州刺史光贊任青州行軍司馬及楊光遠叛滅貶商州司馬會赦徵還尋卒于家

符彥饒唐莊宗朝蕃漢總管存審之第二子也存審唐書有傳彥饒少驍勇能騎射唐天祐十五年冬莊宗與梁大戰于胡柳陂彥饒與弟彥圖俱從其父血戰有功莊宗壯之因用爲騎將同光中以功授曹州刺史明宗即位改刺沂州天成中屯守梁園會起軍北戍塞下時有偏校以宣武乏帥迫彥饒爲之彥饒

紿許其請明日殺爲惡者奏之時人嘉其方略長興中爲金州防禦使爲政甚有民譽其後略遷節鎮天福初爲滑州節度使累官至檢校太傅二年七月范延光據鄴都叛朝廷遣侍衛馬軍都指揮使白奉進率騎軍三千屯于州之開元寺一日彥饒與奉進因事忿爭于牙署事具奉進傳中是時奉進厲聲曰爾莫是與范延光同反耶拂衣而起彥饒不留帳下介士大譟擒奉進殺之奉進從騎散走傳呼于外時步軍都校馬萬次校盧順密聞奉進被害卽率其部衆攻滑之子城執彥饒以出遣裨校方太拘送闕下行及赤岡南高祖遣中使害于路左

羅周敬字尙素鄴王紹威之第三子也紹威梁書有傳周敬幼聰明八歲學爲詩往往傳于人口起家授檢校尙書禮部員外郎梁乾化中以兄周翰節制滑臺卒于官乃以周敬繼之命爲兩使留後尋正授旄鉞時年十歲未幾改授許州節度使繼加檢校尙書左僕射踰三年徵授祕書監檢校司空駙馬都尉尙梁普安公主旋移光祿卿莊宗卽位歷左右金吾大將軍初唐天祐中紹威嘗

建第于洛陽福善里及莊宗入洛以粱祖庸使趙巖宅賜明宗同光中明宗在洛以趨內稍遠乃召周敬議易其第周敬諾之後明宗卽位一日夢中見一人儀形瓌秀若素識者夢中問曰此得非前宅主羅氏子及籍訪其子孫左右對曰周敬見列明廷召至果符夢中所見明宗謂侍臣曰朕不欲使大勳之後久無土地因授同州節度使加檢校太保長與中入爲左監門衞上將軍四遷諸衞上將軍天福二年卒時年三十二贈太傅

鄭琮太原人也始事唐武皇爲五院軍小校屢有軍功莊宗在河上爲馬步都虞候戎伍之事一覩不忘凡所詰問應答如流故所在知名唐同光末從明宗伐魏州時軍情有變明宗退守魏縣未知趨向安重誨將徵兵于四方琮在帳前歷數諸道屯軍及主將姓名附口傳檄相次而至明宗卽位嘉其功授防州刺史秩滿父老請留三年授左羽林統軍唐長與二年二月出刺武州高祖卽位復居環衞久之以俸薄家貧鬱鬱不得志天福中以疾終于官贈司徒

舊五代史卷九十一考證

晉列傳六房知溫傳及末帝即位知溫憂甚　案歐陽史作愍帝出奔知溫乘間有窺覦之意與是書微異

王建立傳以太子少保致仕　案通鑑作以太傅致仕歐陽史從是書

康福傳靈武兵馬留後韓澄　韓澄通鑑歐陽史俱作韓洙弟澄

福鎮靈武凡三歲每歲大稔倉儲盈羨有馬千駟因爲人所譖安重誨曰累據使臣所言康福大有寶貨必負朝廷　案靈武受代康福領節度在天成四年次年爲長興元年安重誨討蜀二年賜死是康福之任靈武甫匝歲而重誨已去朝再期而賜死矣此傳云福鎮靈武凡三歲每歲大稔重誨奏其必負朝廷疑有舛誤歐陽史仍是書之舊

安彥威傳彥威入司禁衞遙領鎮州節度使　案歐陽史作還捧聖指揮使領寧國軍指揮使

李周傳　案是書莊宗紀作李周明宗紀作李敬周蓋本名敬周入晉後避諱

下曰余免其苦矣拜謝而退顗次年擢進士第梁貞明中歷校書郎登封令右補闕禮部員外郎召入翰林累遷至中書舍人唐莊宗平梁以例貶復州司馬歲餘牽復授左散騎常侍歷兵吏部侍郎尚書左丞唐末帝卽位講求輔相乃書朝中清望官十餘人姓名置于瓶中清夜焚香而挾之既而得盧文紀與顗遂拜中書侍郎平章事制前一日嵩山白衣來謁謂顗曰公明日爲相其言無差冥數固先定矣高祖登極罷相爲刑部尚書俄遷戶部尚書天福五年冬卒年七十五贈左僕射子惟和嗣顗踈于財而御家無術既死斂葬之資不備家人俟賻物及鬻第方能舉喪而去士大夫愛其廉而鄙其拙

呂琦字輝山幽州安次人也祖壽瀛州景城主簿父兗滄州節度判官累至檢校右庶子劉守光攻陷滄州琦父兗被擒族之琦時年十五爲吏追攝將就戮焉有趙玉者幽薊之義士也久遊于兗之門下見琦臨危乃紿謂監者曰此子某之同氣也幸無濫焉監者信之卽引之俱去行一舍琦困于徒步以足病告玉負之而行逾數百里因變姓名乞食于路乃免其禍年弱冠以家門遇禍遯

無所依乃勵志勤學多遊于汾晉唐天祐中莊宗方開霸府翹佇賢士墨制授琦代州軍事判官秩滿歸太原監軍使張承業重琦器量禮遇尤厚天成初拜琦殿中侍御史遷駕部員外郎兼侍御史知雜事會河陽帑吏竊財事發詔軍巡院鞫之時軍巡使尹訓恃勢納賂枉直相反俄有訴寃于闕下者詔琦按之既驗其奸乃上言請治尹訓沮而不行琦連奏不已訓知其不免自殺于家其獄遂明蒙活者甚衆自是朝廷多琦之公直高祖建義于太原唐末帝幸懷州趙德鈞駐軍于團柏谷末帝以琦嘗在德鈞幕下因令賫都統使官告以賜之且犒其軍焉及觀軍于北陲館于忻州會晉祖降下晉安寨遣使告于近郡琦適遇其使即斬之以聞尋率郡兵千人間道而歸高祖入洛亦弗之責止改授祕書監而已天福中預修唐書權掌選部皆有能名焉累遷禮部刑部戶部兵部侍郎階至金紫光祿大夫爵至開國子琦美風儀有器概雖以剛直聞于時而內實仁恕初高祖謀求輔相時宰臣李崧力薦琦于高祖云可大用高祖數召琦于便殿言及當世事甚奇之方將倚以爲相忽遇疾而逝人皆惜之

梁文矩字德儀鄆州人父景祕書少監梁福王友璋好接賓客文矩少遊其門初試太子校書轉祕書郎友璋領鄆州奏爲項城令及移鎮徐方辟爲從事友璋卒改兗州觀察判官時莊宗遣明宗襲據鄆州文矩以父母在鄆一旦隔越不知存亡爲子之情戀望如灼遂間路歸鄆尋謁莊宗莊宗喜之授天平軍節度掌書記在明宗幕下明宗歷汴恆二鎮皆隨府遷職天成初授右諫議大夫知宣武軍軍州事歷御史中丞吏部侍郎禮部尚書西都副留守判京兆府事繼改兵部尚書文矩以嘗事霸府每懷公輔之望時高祖自外鎮入覲嘗薦于明宗曰梁文矩早事陛下甚有勤勞未升相輔外論慊之明宗曰久忘此人吾之過也尋有旨降命會丁外憂而止清泰初拜太常卿高祖即位授吏部尚書改太子少師文矩喜清靜之教聚道書數千卷企慕赤松留侯之事而服食尤盡其善後因風痹上章請退以太子太保致仕居洛陽久之天福八年以疾卒時年五十九贈太子太傅

史圭常山人也其先與王武俊來于塞外因家石邑高祖曾歷鎮陽牙校父鈞

假安平九門令圭好學工詩長于吏道唐光化中歷阜城饒陽尉改房子寧晉元氏樂壽博陸五邑令爲寧晉日擅給驛廩以貸飢民民甚感之及爲樂壽令里人爲之立碑同光中任圜爲真定尹擢爲本府司錄不應命郭崇韜領其地辟爲從事及明宗代崇韜以舊職縻之明宗即位入爲文昌正郎安重誨薦爲河南少尹判府事尋命爲樞密院直學士時圭以受知于重誨重誨奏令圭與同列閤至俱升殿侍立以備顧問明宗可之尋自左諫議大夫拜尙書右丞有入相之望圭敏于吏事重誨本不知書爲事剛愎每于明宗前可否重務圭恬然終日不能剖正其事長興中重誨既誅圭出爲貝州刺史未幾罷免退歸常山由是閉門杜絕人事雖親戚故人造者不見其面每遊別墅則乘婦人氈車以自蔽匿人莫知其心高祖登極徵爲刑部侍郎判鹽鐵副使皆宰臣馮道之奏請也始圭在明宗時爲右丞權判銓事道在中書嘗以堂判衡銓司所注官圭怒力爭之道亦微有不足之色至是圭首爲道所舉方愧其度量遠不及也旋改吏部侍郎分知銓事而圭素保廉守節大著公平之譽圭前爲河南少尹

日有嵩山術士遺圭石藥如斗謂圭曰服之可以延壽然不可中輟輟則疾作矣圭後服之神爽力健深寶惜焉清泰末圭在常山遇祕瓊之亂時貯于衣笥爲賊所劫後不復得天福中疾生胸臆之間常如火灼圭知不濟求歸鄉里詔許之及涉河竟爲藥氣所蒸卒于路歸葬石邑時年六十八

裴皞字司東系出中眷裴氏世居河東爲望族皞容止端秀性卞急剛直而無隱少而好學苦心文藝雖遭亂離手不釋卷唐光化三年擢進士第釋褐授校書郎歷諫職梁初當路推其文學遷翰林學士中書舍人唐莊宗時擢爲禮部侍郎後以語觸當事改太子賓客旋授兵部尚書以老致仕天福初起爲工部尚書復告老以右僕射致仕皞累知貢舉稱得士宰相馬裔孫桑維翰皆其所取進士也後裔孫知貢舉引新進士謁皞皞喜爲詩曰詞場最喜是持衡天遣愚夫受盛名三主禮闈年八十門生門下見門生當時榮之維翰嘗私見皞皞不爲迎送人問之皞曰我見桑公于中書庶寮也今見我于私第門生也聞者以爲允卒年八十五贈太子太保

吳承範字表微魏州人也父瓊右金吾衞將軍累贈太子少保承範少好學善屬文唐閔帝之鎮鄴都也聞其才名署爲賓職承範懇求隨計閔帝許之長興三年春擢進士第及閔帝卽位授左拾遺清泰二年以本官充史館修撰與同職張昭遠等共修明宗實錄轉右補闕依前充職高祖革命遷尚書屯田員外郎知制誥天福三年改樞密院直學士未幾自祠部郎中知制誥召充翰林學士正拜中書舍人賜金紫少帝嗣位遷禮部侍郎知貢舉尋遘疾而卒年四十二贈工部尚書承範温厚寡言善希人旨桑維翰李崧尤重之嘗薦于高祖云可大用承範知之持重自養雖遇盛夏而猶服襦袴加之以純綿蓋慮有寒濕之患也然竟不獲其志其命也夫

盧導字熙化其先范陽人也祖伯卿唐殿中侍御史父如晦國子監丞贈戶部侍郎導少而儒雅美詞翰善談論唐天祐初登進士第釋褐除校書郎由均州鄖鄉縣令入爲監察御史三遷職方員外郎充史館修撰改河南縣令禮部郎中賜紫轉右司郎中兼侍御史知雜事以病免閑居于漢上久之天成中以本

官徵還拜右諫議大夫長興末爲中書舍人權知貢舉明年春潞王自鳳翔擁大軍赴闕唐閔帝奔于衛州宰相馮道李愚集百官于天宮寺將出迎潞王時軍衆離潰人情奔駭百官移時未有至者導與舍人張昭遠先至馮道請導草勸進牋導曰潞王入朝郊迎可也若勸進之事安可造次且潞王與主上皆太后之子或廢或立當從教令安得不稟策母后率爾而行馮道曰凡事要務實勸進其可已乎導曰今主上蒙塵在外遽以大位勸人若潞王守道以忠義見責未審何詞以對不如率羣臣詣宮門取太后進止即去就善矣道未及對會京城巡檢安從進報曰潞王至矣安得百寮無班即紛然而去是日潞王未至馮道等止于上陽門外又令導草勸進牋導執之如初李愚曰舍人之言是也吾輩信罪人矣導之守正也如是天福中由禮部侍郎遷尙書右丞判吏部尙書銓事秩滿拜吏部侍郎六年秋卒于東京時年七十六

鄭韜光字龍府洛京清河人也曾祖絪爲唐宰相祖祇德國子祭酒新唐書宰相世系表祇德兵部尙書贈太傅父顥河南尹贈太師其先世居滎陽自隋唐三百餘年公卿輔

相蟬聯一門韜光唐宣宗之外孫萬壽公主之所出也生三日賜一子出身銀章朱紱及長美容止神爽氣澈不妄喜怒秉執名節爲甲族所稱自京兆府參軍歷祕書郎集賢校理太常博士虞部比部員外郎司門戶部郎中河南京兆少尹太常少卿諫議大夫給事中梁貞明中懇求休退上表漏名責授寧州司馬莊宗平梁遷工禮刑部侍郎天成長興中歷尚書左右丞國初以戶部尚書致仕自襁褓迄于懸車凡事十一君越七十載所仕無官謗無私過三持使節不辱君命士無賢不肖皆恭己接納晚年背傴時人咸曰鄭傴不迂平生交友之中無怨隙親戚之閒無愛憎恬和自如性尚平簡及致政歸洛甚愜終焉之志天福五年秋寢疾而卒年八十贈右僕射

王權字秀山太原人積世衣冠曾祖起官至左僕射山南西道節度使冊贈太尉諡曰文懿唐史有傳祖龜浙東觀察使父蕘右司員外郎權舉進士解褐授祕書省校書郎集賢校理歷左拾遺右補闕梁祖革命御史司憲崔沂表爲侍御史遷兼職方員外郎知雜事歲餘召入翰林爲學士在院加戶部郎中知制

誥歷左諫議大夫給事中充集賢殿學士判院事俄拜御史中丞唐莊宗平梁以例出爲隨州司馬會赦量移許州月餘入爲右庶子遷戸兵吏三侍郎尚書左丞禮部尚書判銓清泰中權知貢舉改戸部尚書華資美級罕不由之高祖登極轉兵部尚書天福中命權使于契丹權以前世累爲將相未嘗有奉使而稱陪臣者謂人曰我雖不才年已耄矣豈能遠使于契丹乎違詔得罪亦所甘心由是停任先是宰相馮道使于契丹纔回權亦自鳳翔冊禮使回故責詞略曰若以道路迢遙卽鑾閣之臺臣亦往若以筋骸衰減卽鳳翔之冊使纔回旣黷憲章須從殿黜云其實權不欲臣事契丹故堅辭之非避事以違命也踰歲授太子少傅致仕六年秋以疾卒年七十八贈左僕射

韓惲字子重太原晉陽人曾祖俊唐龍武大將軍祖士則石州司馬父逵代州刺史惲世仕太原昆仲爲軍職惟惲親狎儒士好爲歌詩聚書數千卷乾寧中後唐莊宗納其妹爲妃初爲嫡室故莊宗深禮其家而惲以文學署交城文水令入爲太原少尹莊宗平定趙魏爲魏州支使莊宗卽位授右散騎常侍從駕

至洛陽轉尚書戶部侍郎天成初改祕書監俄而馮道爲丞相與惲有同幕之舊以惲性謹厚尤左右之尋遷禮部尚書丁內憂服闋授戶部尚書明宗晏駕馮道爲山陵使引惲爲副使清泰初以充奉之勞授檢校尚書右僕射絳州刺史踰年入爲太子賓客高祖登極以惲先朝懿戚深加禮遇除授貝州刺史時范延光有跋扈之狀惲懼其見逼遲留不敢赴任高祖不悅復授太子賓客尋改兵部尚書天福七年夏車駕在鄴惲病脚氣卒于龍興寺時年六十餘

李懌京兆人也祖褒唐黔南觀察使父昭戶部尚書懌幼而能文進士擢第解褐爲校書郎集賢校理清河尉入梁歷監察御史右補闕殿中侍御史起居舍人禮部員外郎知制誥換都官郎中賜緋召入翰林爲學士正拜舍人賜金紫仍舊內職莊宗平汴洛責授懷州司馬遇赦量移孟州入爲衞尉少卿天成初復拜中書舍人充翰林學士在職轉戶部侍郎右丞充承旨時常侍張文寶知貢舉中書奏落進士數人仍請詔翰林學士院作一詩一賦下禮部爲舉人格様學士竇夢徵張礪輩撰格詩格賦各一送中書宰相未以爲允夢徵等請懌

爲之懌笑而答曰李懌識字有數頃歲因人偶得及第敢與後生髦俊爲之標格假令今卻稱進士就春官求試落第必矣格賦格詩不敢應詔君子多其識大體天福中自工部尚書轉太常卿歷禮部刑部二尚書以多病留司于洛下不交人事開運末遇契丹入洛家事罄空尋以疾卒年七十餘

舊五代史卷九十二

舊五代史卷九十二考證

晉列傳七姚顗傳惟兵部侍郎司空圖深器之　案歐陽史作中條山處士司空圖一見奇之據新唐書卓行傳司空圖爲戶部侍郎以疾歸昭宗在華召爲兵部侍郎辭不赴是圖非處士也

呂琦傳琦年十五　案厚德錄作琦年十四

有趙玉者　趙玉厚德錄作李玉

尋率郡兵千人間道而歸　案通鑑作帥州兵趣鎮州

史圭傳卒于路　案歐陽史作卒于常山

盧導傳祖伯卿　案新唐書宰相世系表卿太原少尹伯初之子也疑原本衍伯字

父如晦　如晦新唐書世系表作知晦

郊迎可也　郊迎通鑑作班迎

是日潞王未至馮道等止于上陽門外又令導草勸進牋　案歐陽史作潞王

止于上陽門外道又促導草牋與是書異通鑑作潞王未至三相息于上陽門外與是書同

鄭韜光傳父顥　案新唐書世系表顥字養正疑顥字是頤字之訛

王權傳先是宰相馮道使于契丹繼回權亦自鳳翔冊禮使回　案通鑑攷異引周世宗實錄馮道傳云契丹遣使加徽號于晉祖晉亦獻徽號于契丹始命兵部尚書王權銜其命權辭以老病晉祖謂馮道曰此行非卿不可道無難色據此傳馮道自契丹使回始命王權奉使道亦未嘗再使契丹也與周實錄異

舊五代史卷九十二考證

舊五代史卷九十三

宋門下侍郎參知政事監修國史薛居正等撰

晉書第十九

列傳八

盧質字子徵河南人也曾祖偲唐太原府祁縣尉累贈右僕射祖衍唐刑部侍郎太子賓客累贈太保父望唐尚書司勳郎中累贈太子少傅質幼聰慧善屬文年十六陝帥王重盈奏授芮城令能以色養又爲同州澄城令從私便也秩滿改祕書郎丁母憂歸河南故里天祐三年北遊太原時李襲吉在武皇幕府以女妻之武皇憐其才承制授檢校兵部郎中充河東節度掌書記賜緋魚袋武皇厭代其弟克寧握兵柄有嗣襲之望質與張承業等密謀同立莊宗爲嗣有翊贊之功及莊宗四征質皆從行十六年轉節度判官檢校禮部尚書十九年莊宗將卽帝位命爲大禮使累加至銀青光祿大夫檢校右僕射二十年授行臺禮部尚書莊宗既登極欲相之質性疎逸不喜居高位固辭獲免尋以本

官兼太原尹充北京留守事未赴任改戶部尚書知制誥充翰林學士承旨同光元年冬從平大梁權判租庸事踰月隨駕都洛旋受詔權知汴州軍府事時孔謙握利權志在聚斂累移文于汴配民放絲質堅論之事雖不行時論賞之俄又改金紫光祿大夫兵部尚書知制誥翰林學士承旨仍賜論思匡佐功臣會覆試進士質以后從諫則聖爲賦題以堯舜禹湯傾心求過爲韻舊例賦韻四平四側質所出韻乃五平三側由是大爲識者所誚天成元年制授特進檢校司空同州節度使時宰相馮道以詩餞別其警句云視草北來唐學士擁旄西去漢將軍儒者榮之明年改賜耀忠匡定保節功臣就加檢校司徒三年入拜兵部尚書判太僕卿事四年進封開國公長興二年授檢校太保河陽節度使未幾移鎮滄州入爲右僕射及秦王得罪奉詔權知河南府事應順初遷檢校太傅正拜河南尹後改太子少師清泰末復爲右僕射高祖登極質以微恙分司洛宅少帝嗣位拜太子太保天福七年秋卒于洛陽年七十六累贈太子太師諡曰文忠五代會要漢乾祐元年九月其子尚書兵部員外郎盧璦上章請諡下太常議諡曰文忠子十一人惟第六

子瓊仕至省郎餘歷州縣焉

李專美字翊商京兆萬年人也曾祖隨光祿卿祖正範尚書庫部郎中專美少篤學文以父樞唐昭宗時常應進士舉爲覆試所落不許再入專美心愧之由是不遊文場僞梁貞明中河南尹張全義以專美名族之後奏爲陸渾尉秩滿改舞陽令專美性廉謹大著政聲後唐天成中安邑榷鹽使李肅辟爲推官時唐末帝鎮河中見其敦雅心重之末帝一日曾召肅讌于衙署專美亦預坐末帝謂肅曰某夜來夢主上召去與宋王同剃却頭何也坐客都無對者專美屏人謂曰將來必爲嗣主由是愈重焉末帝留守長安奏爲從事及移鎮鳳翔還爲記室末帝卽位除尚書庫部郎中賜金紫充樞密院直學士初末帝起自鳳翔大許諸軍厚賞洎至洛陽閱內庫金帛不過二三萬尋又配率京城戶民雖行捶楚亦所獲無幾末帝憂之會專美宿于禁中末帝召而讓之曰卿士人子弟常言有才術今致我至此不能度運以濟時事留才術何施也專美惶恐待罪良久奏曰臣才力駑劣屬當興運陛下猥垂錄任無以裨益聖朝然府藏空

竭軍賞不給非臣之罪也臣思明宗棄代之際是時府庫濫賞已竭繼以鄂王臨朝紀綱大壞縱有無限之財賦不能滿驕軍谿壑之心所以陛下孤立岐陽而得天下臣以爲國之存亡不專在行賞須刑政立于上恥格行于下賞當功罰當罪則近于理道也若陛下不改覆車之轍以賞無賴之軍徒困蒸民存亡未可知也今宜取見在財賦以給之不必踐前言而希苟悅末帝然之及其行賞雖不愜于軍士然洛陽戸民獲免鞭笞之苦由專美之敷揚也尋轉給事中明年遷兵部侍郎端明殿學士未幾改檢校尚書右僕射守祕書監充宣徽北院使高祖入洛以例除名三年復授衛尉少卿繼遷鴻臚大理卿開運中以病卒時年六十二專美之遠祖本出姑臧大房與清河小房崔氏北祖第二房盧氏昭國鄭氏爲四望族皆不以才行相尚不以軒冕爲貴雖布衣徒步視公卿蔑如也男女婚嫁不雜他姓欲聘其族厚贈金帛始許焉唐太宗曾降詔以戒其弊風終莫能改其間有未達者必曰姓崔盧李鄭了餘復何求耶其遠者則邈在天表寰若千里人罕造其門浮薄自大皆此類也唯專美未嘗以氏族形

于口吻見寒素士大夫怄恂恂如也人以此多之專美職岐下嘗夢具裳笏立嵩山之頂及爲端明殿學士學士李崧同列而班在其上因以所夢告崧且言某非德非勳安可久居此位處吾子之首乎因懇求他官尋移宣徽使崧深德之及高祖臨朝崧爲樞密使與桑維翰同列維翰與專美亦有舊乃協力以奏之遂復朝序位至九卿專美嘗使閩中遇風水漂至兩浙踰歲無恙而還至是善終人以爲神道福謙之所致也

盧詹字楚良京兆長安人也唐天祐中爲河中從事莊宗卽位擢爲員外郎知制誥遷中書舍人天成中拜禮部侍郎知貢舉歷御史中丞兵部侍郎尚書左丞工部尚書詹性剛直議論不避權貴執政者常惡之天福初拜禮部尚書分司洛下與右僕射盧質散騎常侍盧重俱在西都數相過從三人俱嗜酒好遊山水塔廟林亭花竹之地無不同往酣飲爲樂人無閒然洛中朝士目爲三盧會常委順性命不營財利開運初卒于洛陽詹家無長物喪具不給少帝聞之賜布帛百段粟麥百斛方能襄其喪事贈太子少保

崔棁字子文博陵安平人累世冠冕曾祖元受舉進士直史館祖銖安濮二州刺史父涿刑部郎中棁少好學梁貞明三年舉進士甲科爲開封尹王瓚從事棁性至孝父涿有疾謂親友曰死生有命無醫爲也棁侍之衣不解帶有賓至必拜泣告于門外請方便勸其進藥涿終莫之從及丁憂哀毀過制明宗朝授監察御史不應命踰年詔再下乃就列焉累遷都官郎中翰林學士天福初以戶部侍郎爲學士承旨嘗草制爲宰相桑維翰所改棁以唐故事學士草制有所改者當罷職乃引經據爭維翰不能詰命權知二年貢舉時有進士孔英者素有醜行爲當時所惡棁受命往見維翰維翰語素簡謂棁曰孔英來矣棁不諭其意以謂維翰以孔英爲言乃考英及第物議大以爲非遂罷學士拜尚書左丞遷太常卿後以風痹改太子賓客分司西京卒年六十八棁平生所著文章碑誄制詔甚多人有借本傳寫者則曰有前賢有來者奚用此爲凡受託而作者必親札致之卽焚其藁懼泄人之假手也棁笑不至矧怒不至詈接新進後生未嘗無誨焉羣居公會端坐寡言嘗云非止致人愛憎且或干人祖禰之

諱指命僕役亦用禮節盛暑祁寒不使冒犯嘗自話於知友云某少時夢二人前引行路一人計地里曰一舍矣可以止一人曰此君當更進三十有八里復行如所言二人皆止之俄而驚覺梲常識是夢以爲定命之限故六十七請退明年果終焉兄棆有隱德好釋氏閑居滑州嘗欲訪人于白馬津比及臨岸歎曰波勢洶湧如此安可濟乎乃止後徵拜左拾遺辭疾不赴

薛融汾州平遙人性純和以儒學爲業初從雲州帥李存璋爲幕職唐莊宗平河南歷鄆徐二鎮從事明宗初授華州節度判官長興四年入爲右補闕直宏文館歲餘改河東觀察判官會高祖鎮太原遂居于幕府清泰末高祖將舉義延賓席而歷問之次及融對曰融本儒生秪曾讀三五卷書至于軍旅之事進退存亡之機未之學也座中聳然及登極遷尙書吏部郎中兼侍御史知雜事天福二年自左諫議大夫遷中書舍人自以文學非優不敢拜命復爲諫議時詔修西京大內融以鄴下用兵國用不足上疏復罷之（通鑑薛融諫曰今宮室雖經焚毀猶侈于帝堯之茅茨所費雖寡猶多于漢文之露臺況魏城未下公私困窘誠非陛下修宮館之日俟海內平寧修之未晚）優詔嘉許俄轉御史中

丞秩滿改尚書右丞分司西都天福六年以疾卒年六十餘

曹國珍字彥輔幽州固安人也曾祖靄祖蟾父絢代襲儒素國珍少值燕薊亂離因落髮披緇客于河西延州高萬興兄弟皆好文辭爲從事國珍常以文章自許求貢禮闈且掌書奏期年入爲左拾遺累遷至尚書郎每與人交傾財無悋性頗剛僻經藝史學非其所長好自矜衒多上章疏文字差誤數數有之爲縉紳所誚高祖在藩時常通私謁以兄事之及卽位國珍自比于嚴陵上表敘舊由是自吏部郎中拜左諫議大夫給事中（歐陽史張彥澤傳國珍與御史中丞王易簡率三院御史詣閤門連疏論張彥澤不報）又求爲御史中丞時宰政不復爲請國珍銜之李崧之母薨遣諸弟護喪歸葬深州崧既起復乃出北郊路隅設奠公卿大夫皆送喪而出國珍固爭不行衆咸推其讜直高祖晏駕朝廷以宰臣馮道爲山陵使及靈輴既發國珍上疏言馮道既爲山陵使不得復入都城請除外佐以桑維翰入輔李崧請罷相位俾持喪制少帝覽奏以所言侵越出爲陝州行軍司馬至任悒怏遘疾而卒

張仁愿字善政開封陳留人也祖晸唐右武衞大將軍父存敬梁河中節度觀察留後累贈中書令梁書有傳仁愿梁貞明初以勳臣之子起家爲衞尉寺主簿改著作佐郎左贊善大夫賜緋魚袋唐同光初遷大理正天成元年自將作少監轉大理少卿長興中歷昭武歸德兩鎭節度判官四年復入爲大理少卿清泰中除殿中監天福五年拜大理卿八年轉光祿卿仁愿性温雅明法書累居祥刑之地議讞疑獄號爲稱職兄仁穎梁朝仕至諸衞將軍中年以風恙廢于家凡十餘年仁愿事之出告反面如嚴父焉士大夫推爲孝友仁穎善理家勤而且約婦女衣不曳地什物多歷年所如新市焉仁愿開運元年再爲大理卿時隰州刺史王澈犯贓朝廷以澈功臣之後欲宥之仁愿累執奏不移竟遣伏法議者賞之開運二年以疾卒年五十一贈祕書監

趙熙字績臣唐宰相齊國公光逢之猶子也起家授祕書省校書郎唐天成中累遷至起居郎數上章言事以稱旨尋除南省正郎天福中承詔與張昭遠等修唐史竟集其功開運中自兵部郎中授右諫議大夫賞筆削之功也及契丹

入汴遣使于晉州率配豪民錢幣以實行槖始受命之日條制甚嚴熙出于衣冠之族性素輕急既畏契丹峻法乃窮力搜索人甚苦之及晉之三軍殺副使駱從朗（通鑑契丹以節度使駱從朗知晉州事大將藥可儔殺從朗）百姓相率持仗害熙于館舍識者傷之

李遐兗州人也少爲儒有節操歷數鎮從事及升朝累遷尚書庫部員外郎高祖即位以皇子重乂保釐洛邑知遐強幹有守除爲西京留守判官使之佐理復重其廉勤兼委監西京左藏庫會張從賓作亂使人輦取繒帛以賞羣逆遐曰不奉詔書安敢承命遂爲其下所害高祖聞而歎惜賻贈加等仍贈右諫議大夫其母田氏封京兆郡太君仍給遐所食月俸終母餘年其子俟服闋與官後又遣兗州節度使李從温就其舊業賜牲幣緜帛等物以旌其忠也

尹玉羽京兆長安人唐天福中隨計京師甚有文稱會有苴杖之喪累歲羸疾冬不釋菅屨期不變倚廬制闋隱居杜門無仕宦之意梁貞明中劉鄩辟爲保大軍節度判官歷雍汴滑兗從事（案以下有闕攷宋黎持移石經記石經舊在務本坊自天祐中韓建築新城而石經委棄于野至朱梁時劉鄩守長安從幕吏尹玉羽之請輦入城中置于此地即唐尚書省之西隅也）唐清泰中爲光祿少卿退歸秦

中以林泉詩酒自樂自號自然先生宰臣張延朗手書而召高臥不從謂人曰庶孽代宗不可仕也及高祖入洛卽受詔而來以所著自然經五卷貢之且告其老卽日璽書褒美頒其器幣授少府監致仕月給俸錢及冬春二時服天福中卒有武庫集五十卷行于世

鄭雲叟本名遨雲叟其字也以唐明宗廟諱故世傳其字焉本南燕人也少好學耿介不屈唐昭宗朝嘗應進士舉不第因欲攜妻子隱于林壑其妻非之不肯行雲叟乃薄遊諸郡獲數百緡以贍其家辭訣而去尋入少室山著擬峯詩三十六章以道其趣人多傳之後妻以書達意勸其還家雲叟未嘗一覽悉投于火其絕累如此俄聞西嶽有五粒松淪脂千年能去三尸因居于華陰與李道殷羅隱之友善時人目爲三高士道殷有釣魚之術鈎而不餌又能化易金石無所不至雲叟恆目覩其事信而不求雲叟與梁室權臣李振善振欲祿之拒而不諾及振南還雲叟千里徒步以省之識者高焉後妻兒繼謝每聞凶服一哭而止時惟青衿二童子一琴一鶴從其遊處好棋塞之戲遇同侶則以晝

繼夜雖寒風大雪臨詹對局手足皸裂亦無倦焉唐天成中召拜左拾遺不起與羅隱之朝夕遊處隱之以藥術取利雲叟以山田自給俱好酒能詩善長嘯有大瓠云可辟寒暑置酒于其中經時味不壞日攜就花木水石之間一酌一詠嘗因酒酣聯句鄭曰一壺天上有名物兩箇世間無事人羅曰醉却隱之雲叟外不知何處是天真高祖卽位聞其名遣使賫書致禮徵爲右諫議大夫雲叟稱疾不起上表陳謝高祖覽表嘉之賜近臣傳觀尋賜號逍遙先生以諫議大夫致仕月給俸祿雲叟好酒嘗爲詠酒詩千二百言海內好名者書于縑緗以爲贈貺復有越千里之外使畫工潛寫其形容列爲屏障者焉其爲時望所重也如此天福末以壽終時年七十四有文集二十卷行于世

史臣曰自古攀龍鱗附鳳翼坐達于雲衢者豈獨豐沛之士哉苟懷才抱器適會與王亦可以取貴于一時如盧質而下數君子是也至于國珍之讜直仁愿之友悌趙李二子沒于王事皆無忝于士林矣唯玉羽之貞退雲叟之肥遯足可以梲奔競之風激高尚之節也

舊五代史卷九十三

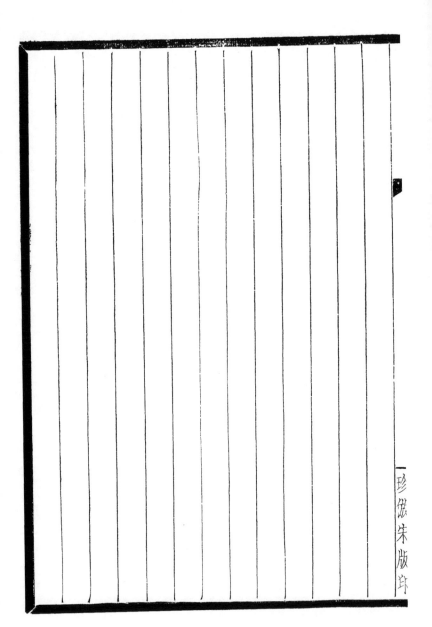

舊五代史卷九十三考證

晉列傳八盧質傳判太僕卿事　案歐陽史作判太常卿事

李專美傳曾祖隨光祿卿　案新唐書宰相世系表作隨祕書監

除尚書庫部郎中　案歐陽史作比部郎中

崔梲傳曾祖元受舉進士直史館　案新唐書世系表元受直史館高陵尉

兄棆　棆新唐書世系表作樇

薛融傳年六十餘　案歐陽史作年六十

鄭雲叟傳本南燕人也　案歐陽史作滑州白馬人

尋入少室山　案歐陽史作入少室爲道士

舊五代史卷九十三考證

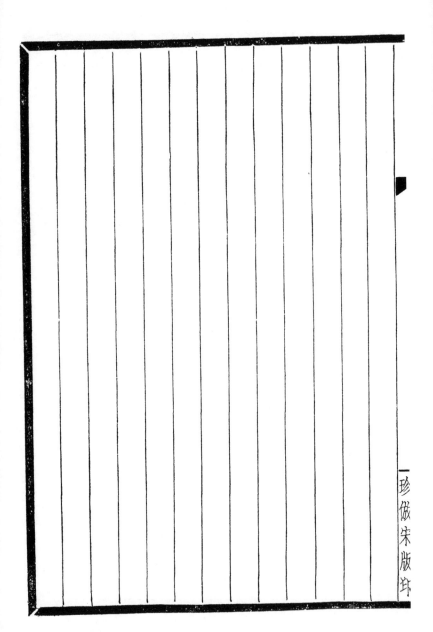

舊五代史卷九十四

宋門下侍郎參知政事監修國史薛居正等撰

晉書第二十

列傳九

萇從簡陳州人也世以屠羊爲業力敵數人善用槊初事後唐莊宗爲小校每遇攻城召人爲梯頭從簡多應募焉莊宗爲其勇擢領帳前親衛兼步軍都指揮使一日莊宗領大軍與梁軍對陣登高邱而坐敵人有執大幟揚其武者莊宗指之謂左右曰猛士也從簡曰臣爲大王取之莊宗慮其不捷不許從簡退乃潛領十數騎挺身而入奪幟以歸萬衆鼓譟莊宗壯之錫賚甚厚又嘗中箭而鏃入于骨使醫工出之以刃鑿骨恐其痛也良久未能搖動從簡嗔目謂曰何不沈鑿洎出之左右無不惻然從簡顏色自若其勇壯皆此類也從簡所爲多不法莊宗以其戰鬬多捷常屈法赦之賜姓名曰紹瓊後加竭誠匡國功臣累官至金紫光祿大夫檢校太保景州刺史歷洛州團練使及梁平典蔡州同

光四年授許州節度使會莊宗晏駕未及赴鎮而止明宗登極例復本姓歷麟汝汾金四州刺史北夢瑣言云明宗尤惡貪貨面戒汝州刺史萇從簡爲其貪暴應順初舉軍伐鳳翔從簡亦預其行會軍變乃東還道遇張廷蘊爲廷蘊所執送于末帝末帝數之曰人皆歸我爾何背我而去也從簡曰事主不敢二心今日死生惟命末帝釋之清泰二年授潁州團練使高祖舉義末帝將議親征詔赴闕充副招討使隨駕至孟津除河陽節度使及趙延壽軍敗斷浮橋歸洛留從簡守河陽高祖自北而至從簡察軍情離散遂渡河迎謁高祖天福元年十二月授許州節度使改賜推忠佐運保國功臣二年秋移鎮徐州三年加開府儀同三司檢校太尉進封開國公食邑至一千五百戶受代歸闕授左金吾衛上將軍從簡性忌刻而多疑歷州鎮凡十餘所在豎棘于公署纔通人行左右稍違足而忤卽加鞭笞或至殺害其意不可測吏人皆側行其煩苛暴虐爲武臣之最六年秋隨駕幸鄴都遇疾請告尋卒于鄉里年六十五贈太傅

潘環字楚奇洛陽人也父景厚以環貴授左監門上將軍致仕環少以負販爲

業始事梁邢州節度使閻寶爲帳中親校及莊宗定魏博移兵攻邢寶遣環間道馳奏于梁梁末帝用爲左堅銳夾馬都虞候累遷左雄威指揮使時梁人與莊宗對壘于河上環每預戰先登陷敵金瘡徧體玉堂閑話云潘環常中流矢于面骨銜其鏃故負重傷醫療至經年其鏃自出其瘡成漏終身不瘥莊宗知其名及平梁命典禁軍同光中從明宗北禦契丹鄴軍之亂從明宗入洛天成初授棣州刺史會定州王都反朝廷攻之以環爲行營右廂步軍都指揮使賊平改易州刺史北面沿邊都部署後移刺慶州受代歸闕明宗召對顧侍臣曰此人勇敢少能偕者尋除宿州團練使清泰中移耀州天福中預平范延光授齊州防禦使四年升金州爲節鎮以環爲節度使久之入爲左神武統軍開運初契丹入寇王師北征以環爲北面行營步軍左廂排陣使預破契丹于陽城軍迴授澶州節度使累官至檢校太傅三年罷鎮歸闕俄受詔洛京巡檢其年冬契丹入汴署劉晞爲西京留守環乞罷巡警閑居洛陽遇河陽軍亂晞出奔未幾蕃將高牟翰以兵援晞入于洛慮環有變乃害之盡取其家財通鑑云晞疑環構其衆逐己使牟翰殺之漢高祖至京贈太尉環歷六部兩鎮所

至以聚斂爲務在宿州時有牙將因微過見怒環給言笞之牙校因託一尼嘗熟于環者獻白金兩鋌尼詣環白牙校餉鐵脚兩枚求免其責環曰鐵本幾脚尼曰三脚環復曰今兩脚能成鐵乎尼則以三數致之當時號環爲潘鐵脚

方太字伯宗青州千乘人也少隸本軍爲小校嘗戍登州劫海客事洩刺史淳于晏匿之遇赦免事定州節度使楊光遠光遠領兵赴晉陽本州軍亂太與馬萬盧順密等擒之使太縛送至闕尋從杜重威破張從賓于汜水以功除趙州刺史從楊光遠平范延光于鄴移刺萊州還安州防禦使從少帝幸澶州與契丹戰于戚城中數創改鳳州防禦使行至中途還河陽留後移邢州留後契丹入汴命遙領洋州節度使充洛京巡檢與前洛州團練使李瓊俱至鄭州其屯駐兵士迫請太在城巡檢以備外盜號爲鄭王時有嵩山賊帥張遇領衆萬餘于僧衆得梁朝故嗣密王朱乙遂推爲天子取嵩山神冠冕之服以衣之張遇以其衆攻鄭州太與李瓊擊之賊衆敗走瓊中流矢而死太乃括率郡中財物以賞軍士因誘之欲同西去其衆不從太乃潛奔于洛陽通鑑云戍兵既失太反譖太于契丹云脅

我爲亂太遣子師朗自訴于契丹契丹殺之及劉晞南走許州太殺晞牙校李暉入河南府行留守事既而嵩山賊帥張遇殺嗣密王傳首于太懸于洛市又有伊闕賊帥自稱天子領衆萬餘將入洛城集郊壇之上太率兵數百人逆擊破之賊衆遂潰通鑑攷異引實錄方太傳云劉禧走許田復有潁陽妖巫姓朱號嗣密王誓衆于洛南天壇號萬餘人太帥部曲與朝士輩虛張旗幟一舉而逐之洛師遂安河陽武行德遣使召太詐言欲推之爲帥尋爲行德所害

何建其先回鶻人代居雲朔間祖慶父懷福俱事後唐武皇爲小校建少以謹厚隸于高祖帳下以掌廄爲役及即位累典禁軍九國志云重建初事晉祖爲奉德馬軍都指揮使遙領驩睦二郡天福中自曹州刺史遷延州兵馬留後尋正授旄鉞九國志云延州節度使丁審琪殘暴貪冒蕃部苦之重建以所部兵攻其城審琪遁去晉祖即以重建權節度兵馬留後下車諭以威福邊民安堵就加彰武軍節度使數年之閒歷涇鄧貝澶孟五鎮節度使九國志云皆以廉儉簡易稱累官至檢校太傅開運三年移鎮秦州是冬契丹入汴其主遣人齎詔以賜建建憤然謂將吏曰吾事石氏二主累擁戎旃人臣之榮亦已極矣今日不能率兵赴難豈可受制于契丹乎即遣使齎表與其地送款于蜀孟昶待之甚厚僞加同平章事依前秦州節度使

九國志云時固鎮與鳳州未平重建悉經略討平之歲餘移閬州保寧軍節度使九國志云昶大舉兵北伐遣張虔釗出大散關以重建爲招討使由隴州路以進師無功而還加僞官至中書令後卒于蜀

張廷蘊字德樞開封襄邑人也祖立贈驍衛將軍父及贈光祿大夫廷蘊少勇捷始隸宣武軍爲伍長唐天福中奔太原武皇收于帳下爲小校及莊宗救上黨戰柏鄉攻薊門下邢魏皆從之後戰于莘縣及胡柳陂繼爲流矢所中金瘡之痕盈于面首莊宗寵之統御營黃甲軍常在左右累加檢校兵部尚書帳前步軍都虞候充諸軍濠寨使同光初從明宗收汶陽加檢校尚書右僕射充魏博三城巡檢使時皇后劉氏在鄴每縱其下擾人廷蘊多斬之聞者壯焉梁平承詔入覲改帳前都指揮使兼左右羽林都虞候會潞州李繼韜故將楊立嬰城叛詔遣明宗爲招討使元行欽爲都部署廷蘊爲前鋒軍至上黨日已暝矣憩軍方定廷蘊首率勁兵百餘輩踰洫坎城而上守陴者不能禦尋斬關延諸軍入焉明宗行欽逹明而始至其城已下明宗甚慊之軍還改左右羽林都指揮使加檢校司空行申州刺史同光末從皇子魏王繼岌伐蜀授行營中軍都

指揮使蜀平明宗嗣位遷懷州刺史賜竭忠建策興復功臣加檢校司徒旋移金州防禦使加檢校太保繼授潁州團練使沿淮招安使應順中轉隴州防禦使清泰中進封清河郡公高祖即位入爲右龍武統軍遷絳州防禦使少帝嗣位領左軍衛上將軍加特進開運三年冬以老病求歸于宋城明年卒于家時年六十九廷蘊所識不過數字而性重文士下汶陽日首獲鄆帥戴思遠判官趙鳳訊之曰爾狀貌必儒人也勿隱其情鳳具言之尋引薦于明宗明宗令送赴行臺尋除鳳翰林學士及鳳入相頗與廷蘊相洽數言于近臣安重誨重誨亦以廷蘊苦戰出于諸將之右力保薦之明宗以廷蘊取潞之日不能讓功于己故恆蓄宿忿至使廷蘊位竟不至方鎮亦命矣夫廷蘊歷七郡家無餘積年老耋期終于牖下良可嘉也長子光被歷通事舍人

郭延魯字德輿沁州綿上人也父饒後唐武皇時以軍功嘗爲本郡守凡九年有遺愛焉延魯少有勇善用槊莊宗以舊將之子擢爲保衛軍使頻戍塞下捍契丹有功及即位賜協謀定亂功臣加檢校兵部尙書右神武都指揮都知兵

馬使天成中汴州朱守殷叛延魯從車駕東幸至其地坎壘先登守殷平以功授汴州步軍都指揮使加檢校尙書左僕射長興中累加檢校司徒歷大雄軍北京馬步軍都校遙領梧州刺史清泰中遷復州刺史正俸之外未嘗斂貸庶事就理一郡賴焉秩滿百姓上章舉留朝廷嘉之高祖卽位遷單州刺史加檢校太保賜輸誠奉義忠烈功臣到任踰月以疾卒于理所時年四十七卒詔贈太傅

郭金海本突厥之族少侍昭義節度使李嗣昭常從征伐金海好酒所爲不法自潞州過山東入邢洺界爲刦盜嗣昭雖知之然惜其拳勇每優容之天祐中累職至昭義親騎指揮使同光二年還本道馬軍都指揮使天成初入爲捧聖指揮使長興三年改護聖都虞候天福二年從王師討范延光于魏州以功轉本軍都指揮使領黃州刺史高祖幸鄴宣金海領部兵巡檢東京其年十一月安從進謀犯闕金海爲襄州道行營先鋒都指揮使與李建崇等同于唐州湖陽遇從進軍萬餘人金海以一旅之衆突擊大敗之策勳授檢校太保商州刺

史俄移慶州秩滿歸闕途中遇疾而卒年六十一洛陽搢紳舊聞記從進與金海相遇于花山金海蕃將善用槍時罕與敵拳勇過人喜戰鬬欲立奇功兩陣相去數里從進素管騎兵金海久在麾下從進亦待之素厚乃躍馬引數百騎乘高去金海陣數百步厲聲呼郭金海金海獨鞭馬出于陣數十步免冑側身高聲自稱曰金海從進又前行數十步勞之曰金海安否我素待爾厚略不知恩今日敢來共我相殺金海應聲答曰官家好看大王負大王甚事大王今日反金海舊事大王乞與大王一箭地大王回去若不去喫取金海槍言訖援槍鞭馬疾趨其陣從進懼躍馬而進師遂相接大爲金海焦繼勳摧敗奏到晉祖大喜賞賜有差從進自此喪氣嬰城自固王師爲連城重塹以守之月餘王師攻城城上矢下如雨王師被傷者衆是日金海爲飛矢集身扶傷歸營明日從進用計汙金海欲使朝廷疑之以金瓶貯酒金合盛藥以索懸之城上呼郭金海金海知之力疾扶創而往城上勞金海曰大王知爾中箭創甚賜爾金瓶金合酒與風藥金海目不知書惟利是貪取瓶與合歸營且不聞于元戎元戎等疑之乃馳騎奏晉祖以花山之功不加罪城下就除金州團練併其兵于他部金海之任居常悒悒不樂至于捐館

劉處讓字德謙滄州人也祖信累贈太子少保父喻累贈太子少師梁貞明初張萬進帥兗州處讓事之爲親校萬進據城叛梁遣大將劉鄩討之時唐莊宗屯軍于麻口渡萬進密遣處讓乞師于莊宗莊宗未即應之乃于軍門截耳曰主帥急難使我告援苟不得請死亦何避莊宗義之將舉兵渡河俄聞城陷乃止因以墨制授處讓行臺左驍衛將軍俄改客省副使梁平加檢校兵部尚書

累將命稱旨天成初轉檢校尚書右僕射依前充職歲餘還引進使長興二年轉檢校司空左威衛大將軍其職如故四年西川孟知祥跋扈不通朝貢朝廷方議懷柔乃遣處讓爲官告國信使復命轉檢校司徒應順初授忻州刺史檢校太保充西北面都計度使備北寇也清泰二年入爲左驍衛大將軍三年夏魏博屯將張令昭逐其帥以城叛朝廷命范延光領兵討之以處讓爲河北都轉運使及高祖舉義于太原處讓從至洛陽乃授宣徽北院使天福二年轉左監門衛上將軍充宣徽南院使范延光之據鄴也高祖命宣武軍節度使楊光遠領兵討之時處讓奉詔與光遠同參議軍政會張從賓作亂于河陽處讓自黎陽分兵討襲從賓平復與楊光遠同攻鄴城四年冬范延光將謀納款尚或遲留處讓首入其城以禍福諭之延光乃降以功加檢校太傅先是桑維翰李崧兼充樞密使處讓以莊宗已來樞密使罕有宰臣兼者因盟心以覬其位及楊光遠討伐鄴城軍機大事高祖每命處讓宣達時光遠恃軍權多有越體論奏高祖依違而已光遠慊之頻與處讓宴語及之處讓訴曰非聖旨也皆出維

翰等意及楊光遠入朝遂于高祖前面言執政之失高祖知其故不得已乃罷維翰等以處讓爲樞密使時處讓每有敷奏高祖多不稱旨會處讓丁繼母憂高祖因議罷樞密使其本院庶事並委宰臣分判處讓居喪期年起復授彰德軍節度使澶衛等州觀察處置等使處讓勤于公務孜孜求理馭吏民不至苛察人甚便之高祖幸鄴都處讓竭家財貢奉至于薪炭膏沐之細悉供億焉六年除右金吾衞上將軍處讓自以嘗經重任又歷方鎮謂其入朝必重要職一旦除授金吾有所不足少帝卽位之初處讓與宰臣言有協翼之論覃恩之際又未擢用一日至中書宰臣馮道趙瑩李崧和凝在列處讓因酒酣歷詆諸相道笑而不答月餘稱病八年從駕歸汴寄居于封禪寺遇疾而卒年六十三贈太尉再贈太師子保勳仕皇朝位至省郎

李瓊字隱光滄州饒安人也少籍本軍爲騎士莊宗平河朔隸明宗麾下漸升爲小校同光二年明宗受詔以本部兵送糧入薊門時高祖從行至涿州與敵相遇高祖陷于圍中瓊顧諸軍已退密牽高祖鐵衣指東而遁至劉李河爲敵

所襲瓊浮水先至南岸高祖至河中馬倒順流而下瓊以所執長矛授高祖出之又以所跨馬奉高祖瓊徒步護之奔十餘里乃入涿州高祖薦于明宗明宗賞之尋超授軍職同光末明宗討趙在禮于鄴鄴軍既變明宗退至魏縣遣高祖以騎士三百疾趨汴州時莊宗遣騎將西方鄴守其城高祖憂之使瓊以勁兵突封邱門而入高祖踵之鄴尋歸命浚郊遂定及高祖領陝州奏補雲騎指揮使俄改侍衛牙隊指揮使長興中從高祖討東川至劍州使瓊以部下兵破賊軍數千身中重創軍還改龍武指揮使清泰中屯雲州累擒獲契丹人馬以功改右捧聖軍指揮使唐末帝以瓊元事高祖乃自塞下移授單州馬步軍副指揮使高祖即位補護聖都指揮使又念疇昔輟馬導護之力前後所賜金帛甚厚但未升爵位瓊亦鬱鬱然久之領橫州刺史五年出典申州微有政聲少帝嗣位入爲殿前散員都指揮使遙領雷州俄遷棣州刺史遇楊光遠以青州叛自統本部兵攻其城且以書誘瓊瓊因拒之以書上進朝廷嘉之開運二年改洛州團練使累官至加檢校司空三年授護聖右廂都指揮使領岳州團練

使時洛州吏民列狀保留朝廷不允及杜重威降敵改授瓊威州刺史行及鄭州遇羣盜攻郡與方太禦賊中流矢而卒年六十五

高漢筠字時英齊州歷山人也曾祖諧嘗爲是邑令故家焉漢筠少好書傳嘗詣長白山講肄會唐末齊魯交兵梁氏方霸乃擲筆謁焉尋納于軍門未幾出爲衞州牙校唐天祐中莊宗入魏分兵諭其屬郡時漢筠以利病說衞之牧守俾送款于莊宗以漢筠爲功尋移洛州都校其後改常山爲北京以漢筠爲皇城使加檢校兵部尚書左驍衞將軍同正明宗卽位除成德軍節度副使俄以荆門用軍促詔漢筠移倅襄州權知軍州事長興中歷曹亳二州刺史秩滿加檢校司徒行左金吾衞大將軍清泰末高祖建義于河東唐末帝遣晉昌節度使張敬達率師圍太原委漢筠巡撫其郡及敬達遇害節度副使田承肇率部兵攻漢筠于府署漢筠乃啓關延承肇謂曰僕與子俱承朝寄而相迫何甚承肇曰我欲扶公爲節度使漢筠曰老夫耄矣不敢首爲亂階死生繫子籌之承肇目左右令前諸軍投刃于地曰高金吾累朝宿德不可枉殺承肇以衆意難

拒遂謝云與公戲耳漢筠促騎以還高祖入洛飛詔徵之遇諸途乃入覲尋還左驍衛大將軍內客省使天福三年正月遘疾終東京之私第時年六十六漢筠性寬厚儀容偉如也雖歷戎職未嘗有非法之言出于口吻多慕士大夫所爲復以清白自負在襄陽有孽吏常課外獻白金二十鎰漢筠曰非多納嫠則刻削閭閻吾有正俸此何用焉因戒其主者不復然其白金皆以狀上進有詔嘉之及莅濟陰部民安之四邑飯僧凡有萬八千人在亳州三年歲以己俸百千代納逋租斯亦近代之良二千石也長子貞文仕皇朝爲開封少尹卒

孫彥韜字德光汴州浚儀人也少以勇力應募從軍梁祖之兼領四鎮擢彥韜于行間歷諸軍偏校及唐莊宗與梁軍對壘于河上彥韜知梁運將季乃間行渡河北歸莊宗莊宗嘉而納之授親從右廂指揮使及莊宗平梁出爲晉州長步都校加檢校兵部尚書天成初遷綿州刺史檢校尚書左僕射至郡踰年以攷課見稱就加檢校司空長興清泰中歷密沂濮三州刺史累官至檢校太保賜竭忠建策興復功臣高祖卽位復授密州刺史尋卒于任年六十四彥韜出

于軍旅植性和厚理綿州日甚著綏懷之譽故有賞典旌焉在濮陽屬清泰末羣寇入郡郡人大擾彥韜率帳下百人一呼破之人皆感之但不能守廉養正以終令譽長與中罷密州赴闕苞苴甚厚起甲第于洛陽踰月而成華堂廣廡亞王公之家見者嗤之故淹翔五郡位不及廉察抑有由也

王傳拯吳江人也父綰僞虔州節度使傳拯初事楊溥爲黑雲右廂都指揮使領本軍戍海州唐長興元年傳拯殺海州刺史陳宣焚州城以所部兵五千人來歸明宗喜而納之授金紫光祿大夫檢校司徒曹州刺史尋移濮州清泰中還貝州防禦使秩滿有代會范延光叛以兵要傳拯入魏城疑而不用延光降高祖授傳拯諸衞將軍出爲寧州刺史境接蕃部以前弊政滋章民甚苦之傳拯自下車除去弊政數十件百姓便之不數月移刺虢州離寧州日衙門聚數千人拆橋遮道以留之及赴虢治理清淨蒸民愛戴如寧州焉開運中歷武州刺史受代歸洛遇疾卒傳拯家本多財尤好賓客及歷數郡不事生產將卽世甚貧鬻物論惜之

祕瓊鎮州平山人也父遇以善射歷本軍偏校累官至慶州刺史瓊亦有勇清泰中董温琪爲鎮州節度使擢瓊爲衙内指揮倚以腹心及温琪陷蕃瓊乃害温琪之家載其尸都以一坎瘞之温琪在任貪暴積鏹巨萬瓊悉輦之以藏其家遂自稱留後高祖卽位遣安重榮代之授瓊齊州防禦使時重榮與蕃帥趙思温同行部曲甚衆瓊不敢拒命尋槖其奇貨由鄴中以赴任先是鄴帥范延光將謀叛遣牙將范鄴持書搆瓊瓊領書不答使者還具達其事延光深怨之及聞瓊過其境密使精騎殺瓊于夏津以滅其口一行金寶侍伎皆爲延光所有由是延光異志益露焉

李彥珣邢州人也少爲郡之牙吏唐天祐中明宗鎮其地彥珣素無檢節因洽于左右明宗卽位以爲通事舍人嘗遣使東川行至其境其僕從爲董璋所收彥珣竄還以失敬故也朝廷攻璋詔授行營步軍都監彥珣素不孝于父母在鄉絕其供饋同列惡其鄙惡旋出爲外任清泰中遷河陽行軍司馬遇張從賓爲亂因朋助之從賓敗奔于魏州范延光旣叛署爲步軍都監委以守陴招討

使楊光遠以彥珣見用欲撓延光而誘彥珣乃遣人就邢臺訪得其母令于城下以招之彥珣識其母發矢以斃之見者傷之及隨延光出降授坊州刺史近臣以彥珣之惡逆奏于高祖高祖曰赦命已行不可改也遂令赴郡後不知其所終焉歐陽史云彥珣後以坐贓誅

史臣曰昔從簡從莊宗戰于河上可謂勇矣及其爲末帝守于孟津豈得爲忠乎忠既無聞勇何足貴潘環方太雖咸負雄幹而俱歿亂世蓋方略不足以衞其身故也何建舉秦隴之封附巴邛之俗守方之寄其若是乎其餘皆儋珪析爵之流也亦可以垂名于是矣裍瓊既覆董氏之族旋爲鄴帥所屠何報應之速也惟彥珣忍射其親殆非人類晉祖宥之不戮蓋失刑之甚也

舊五代史卷九十四

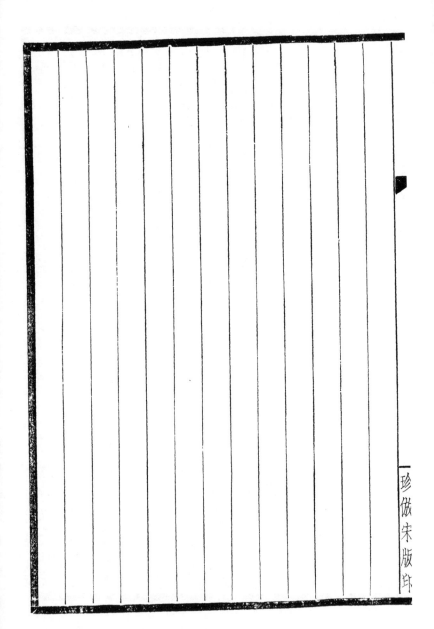

舊五代史卷九十四考證

晉列傳九萇從簡傳贈太傅　案歐陽史作贈太師

何建傳　何建九國志作何重建

方太傳及劉晞南走許州　劉晞通鑑攷異作劉禧

張廷蘊傳會潞州李繼韜故將楊立嬰城叛詔遣明宗爲招討使元行欽爲都部署廷蘊爲前鋒　案歐陽史云李繼韜叛于潞州莊宗遣明宗爲招討使元行欽爲部署廷蘊爲馬步軍都指揮使將兵爲前鋒吳縝纂誤據梁本紀及元行欽李繼韜傳云並無明宗元行欽張廷蘊攻潞州之事今攷是書本言廷蘊平潞州楊立之叛歐陽史以爲平李繼韜殊誤通鑑從是書

舊五代史卷九十四考證

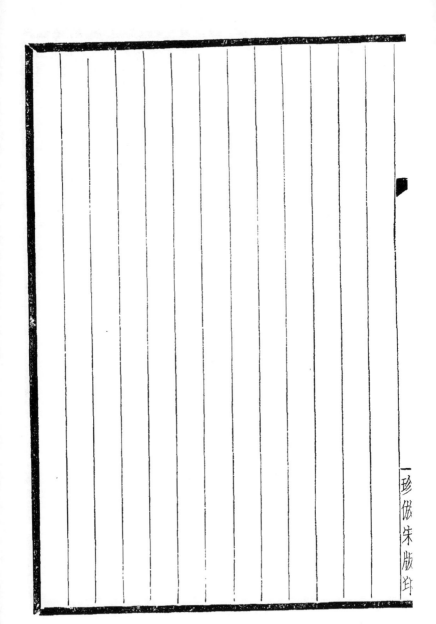

舊五代史卷九十五

宋門下侍郎參知政事監修國史薛居正等撰

晉書第二十一

列傳十

皇甫遇常山人也父武流寓太原嘗爲遮塞軍使遇少好勇及壯虬髯善騎射唐明宗在藩時隸于麾下累從戰有功明宗卽位遷龍武都指揮使遙領嚴州刺史出討東川爲行營左軍都指揮使應順淸泰中累歷團練防禦使尋遷鄧州節度使所至苛暴以誅斂爲務其幕客多私去以避其累高祖入洛移領中山俄聞與鎮州安重榮爲婚家乃移鎮上黨又改平陽咸以憸人執事政事隳紊及鎮河陽部內創別業開畎水泉以通溉灌所經墳墓悉毀之部民以朝廷方姑息郡帥莫之敢訴少帝卽位罷歸闕下二年契丹南寇從至澶州戰于鄆州北津契丹衆大敗溺死者數千人以功拜滑州節度使三年契丹率衆屯邯鄲遇與安審琦慕容彥超等禦之遇將渡漳河契丹前鋒大至遇引退轉鬭二

十里至鄴南榆林遇謂審琦等曰彼衆我寡走無生路不如血戰遂自辰及未戰百餘合所傷甚衆遇所乘馬中鏑而斃遇有紀綱杜知敏以馬授遇遇得馬復戰久之稍解杜知敏已爲所獲遇謂彥超曰知敏蒼黃之中以馬授我義也安可使陷于賊中遂與彥超躍馬取知敏而還敵騎壯之俄而生軍復合遇不能解時審琦已至安陽河謂首將張從恩曰皇甫遇等未至必爲敵騎所圍若不急救則成擒矣從恩曰敵甚盛無以枝梧將軍獨往何益審琦曰成敗命也設若不濟則與之俱死假令失此二將將何面目以見天子遂率鐵騎北渡赴之契丹見塵起謂救軍併至乃引去遇與彥超中數創得還時諸軍嘆曰此三人皆猛將也遇累官至檢校太師同中書門下平章事四年契丹復至從杜重威營滹水重威送款于契丹遇不預其議及降心不平之時契丹欲遣遇先入汴遇辭之因私謂人曰我身荷國恩位兼將相既不能死于軍陣何顏以見舊主更受命圖之所不忍也明日行至趙郡泊其縣舍顧從者曰我已信宿不食疾甚矣主辱臣死無復南行因絕吭而殞遠近聞而義之漢高祖登極詔贈中

書令周廣順三年正月遇妻宋國夫人霍氏上言請度爲尼周太祖許之仍賜
紫衣號貞範大師法名惠圓又賜夏臘十
王清字去瑕洛州曲周人也父度世爲農清少以勇力端厚稱于鄉里後唐明
宗領行臺置步直軍清預其募漸升爲小校同光初從戰于河上有功賜忠烈
功臣明宗卽位自天成至清泰末歷嚴衛寧衛指揮使加檢校右散騎常侍天
福元年高祖建義入洛加檢校刑部尚書改賜扈蹕忠孝功臣三年從楊光遠
平范延光于鄴改奉國軍都虞候六年襄州安從進叛從高行周討之踰年不
下一日清請先登諸軍繼其後會有內應者遂拔其城清以中重創有詔褒慰
七年改賜推忠保運功臣加金紫光祿大夫領溪州刺史八年詔遣以所部兵
屯于鄴九年春契丹南牧圍其城清與張從恩守之少帝飛蠟詔勉諭錫之第
宅契丹退以干城功繼遷軍額開運二年春三月從杜重威北征解陽城之圍
加檢校司徒是歲秋七月詔遣與皇甫遇援糧入易州十一月從杜重威收瀛
州聞契丹大至重威率諸軍沿滹水而西將保常山及至中渡橋契丹已屯于

北岸自其月二十七日至十二月五日軍不能解時契丹至留騎之精者以禦我分其弱者自故靈都城緣其山足涉滹沱之淺處引衆而南至趙郡凡百餘里斷我飛輓且扼歸路清知勢蹙謂重威曰軍去常山五百里守株于此營孤食盡將若之何請以步兵二千爲前鋒奪橋開路公可率諸軍繼之期入常山必濟矣重威可之遣宋彥筠俱行清一擊獲其橋契丹爲之小郤重威猶豫不進密已貳于國矣彥筠退走清列陣北岸嚴戒部曲日暮酣戰不息契丹以生軍繼至我軍無寸刃以益之清與其下歿焉時年五十三通鑑清謂其衆曰上將握兵坐觀吾輩困急而不救此必有異志吾輩當以死報國耳衆感其言莫有退者至暮戰不息契丹以新兵繼之清及衆士盡死由是諸軍皆奪氣契丹尋于所戰之地築一京觀及漢高祖即位使人平之贈清太傅是歲清子守鈞于本邑義化別業招魂以葬之也

梁漢璋字國寶應州人也少以勇力事唐明宗歷突騎奉德指揮使高祖即位之二年遙領欽州刺史三年加檢校司空改護聖都指揮使七年遷檢校司徒遙領閬州團練使八年授陳州防禦使從少帝澶州還改檢校太保鄭州防禦

使充侍衛馬軍都指揮使旋除永清軍兵馬留後俄正授節制是歲詔領千騎戍冀州尋以杜重威北討詔以漢璋充北面馬軍都排陣使遣收淤口關與契丹騎五千相遇于浮陽之北界苦戰竟日以衆寡不侔爲流矢所中歿于陣卽是歲十一月也時年四十九漢璋熟于戎馬累有軍功及爲藩郡所至好聚斂無善政可紀及鎭甘陵甚有平契丹之志但以所領偏師驟逢勍敵故有是衂焉是月其子海榮進漢璋所乘鞭馬及器仗帝傷之乃贈太尉漢璋有弟漢瑭亦以善用槊有名于時天成中爲魏府効節軍使攻定州王都漢瑭督所部一軍首入其城獲王都及蕃將托諾名馬數駟時范延光鎭常山欲其駿者漢瑭不諾後漢瑭屯兵趙郡因事奏而殺之時人冤之

白奉進字德昇雲州清塞軍人也父曰達子世居朔野以弋獵爲事奉進少善騎射後唐武皇鎭太原奉進謁于軍門以求自効武皇納于麾下莊宗之破夾寨也奉進挺身首犯賊鋒莊宗覩而壯之後從戰山東河上繼以功遷龍武指揮使同光中魏王繼岌伐蜀擢爲親軍指揮使天成長興中統上軍加檢校右

散騎常侍應順中轉捧聖右廂都指揮使檢校刑部尚書賜忠順保義功臣遙領封州刺史清泰中加檢校右僕射唐州刺史治郡踰年甚有政績高祖即位徵赴闕超加檢校司徒充護聖左廂都指揮使遙領歙州刺史始奉進有女嫁于皇子重信故高祖尤所倚愛二年改護聖左右廂都指揮使是歲車駕幸夷門五月領昭信軍節度充侍衛馬軍都指揮使六月范延光據鄴爲亂詔遣率騎軍三千北屯滑臺時符彥饒爲滑州節度使一夕有軍士夜掠居人奉進捕之凡獲五盜三在奉進本軍二在彥饒麾下尋命俱斬之彥饒怒其不先告深銜之明日奉進左右勸奉進面謝奉進然之以從騎數人候彥饒于牙城既入且述其過彥饒曰軍中法令各有部分何得將滑州兵士一例處斬殊無主客之義乎奉進曰軍士抵法寧有彼我今僕以咎自陳而公怒不息莫是與范延光同反耶因拂衣而起彥饒不留其帳下介士大譟擒奉進殺之是日步軍都校馬萬次校盧順密聞奉進遇害率其步衆攻滑之子城執彥饒送于京師戮于班荆館北高祖以奉進倉卒遇禍歎惜久之詔贈太傅

盧順密，汝陽人也。初事梁將戴思遠爲步校，思遠爲鄆州節度使，領部兵屯德勝渡，留順密守其城。順密覘北軍日盛，遂遁歸莊宗，且言鄆州方虛，可以襲而取之。莊宗信之，尋遣明宗率衆趨鄆，果拔之，由順密之始謀也。莊宗尋以順密列于帳下，累遷爲軍校。明宗即位，歷數郡刺史。順密性篤厚，臨諸軍，撫百姓，皆有仁愛之譽。及高祖車駕幸夷門，范延光據鄴城叛，高祖命諸將相次領軍討之，順密亦預其行。時騎將白奉進屯于滑州，尋爲滑帥符彥饒所殺，軍衆大亂，爭荷戈拔刃，嗷譟于外。時馬萬爲步軍都校，不爲遏之，（通鑑云：馬萬惶惑不知所爲，率步兵欲從亂。）順密未明其心，乃率部曲數百趨，謂諸軍及萬曰：「滑臺去行闕二百里，我等家屬在闕下，爾輩如此，不思血族乎！奉進見殺，過在彥饒，擒送天子，必立大功。順我者賞之，不順我者殺之。」萬曰：「善。」諸軍遂不敢動。（通鑑云：萬所部兵尚有呼躍者，順密殺數人，衆莫敢動。）乃引軍北攻牙城，執彥饒于樓上，使裨將方太押送赴闕，滑城遂定。朝廷即以馬萬爲滑州節度使，時飛奏皆以萬爲首故也。後數日，高祖知功由順密，尋以順密爲涇州留後，至鎮未幾而卒。高祖甚悼之，贈驍衞上將軍。

周瓌晉陽人也少端厚善書計自高祖時歷鎮藩翰用爲腹心累職至牙門都校凡帑廩出納咸以委瓌經十餘年未嘗以纖累見誤高祖甚重之及卽位命權判三司事未幾辭曰臣才輕任重懼終不濟苟以避事冒寵獲罪願陛下哀其疲駑優以散秩臣之幸也高祖可之尋命權總河陽三城事數月改授安州節度使臨民有惠御軍甚嚴一境安之先是威和指揮使王暉領部下兵屯于安陸瓌至鎭待之甚厚俄聞范延光叛于魏博張延賓寇于汜水暉以瓌高祖之元臣也幸國朝方危遂害瓌于理所自總州事以爲延光勝則附之敗則渡江而遁斯其計也既而襄陽安從進遣行軍司馬張朏會復州兵于要路以徼之李金全承詔繼至暉遂掠城中財帛士女欲奔江南尋爲其下所殺金全至盡誅其黨高祖聞瓌遇害歎息久之詔贈太傅

沈贇字安時徐州下邳人少有膽氣初事梁太祖爲小校天祐三年補同州左崇勇馬軍指揮使入典衛兵歷龍驤拱宸都指揮使累有戰功及莊宗平梁隨段凝等降不改其職同光三年從魏王繼岌平蜀屬康延孝叛魏王署贇爲一

行馬步都虞候領兵從任圜襲擊延孝于漢州擒之以獻未及策勳會明宗登極天成初授檢校司空號州刺史其後歷壁隨石衞威衍忻趙八州刺史累官至檢校太保賜輸忠宣力功臣開運元年爲祁州刺史其年冬契丹入寇自恆州迴以羸兵驅牛羊過其城下贇乃出州兵以擊之契丹以精騎剗其門邀之州兵陷賊趙延壽知其無備與蕃賊急攻之仍呼謂贇曰沈使君我故人也擇禍莫若輕早以城降無自辱也贇登城呼曰侍中父子誤計陷于契丹忍以氈幕之衆殘害父母之邦不自羞慚反有德色沈贇寧爲國家死必不效汝所爲也翼日城陷贇自剄而卒家屬爲敵所擄

吳巒字寶川汶陽盧縣人也少好學以經業從鄉試下第唐長興初爲沙彥珣從事累遷大同軍節度判官高祖建號契丹之援太原也彥珣據雲中二三顧望及契丹還塞彥珣出城迎謁尋爲所擄時巒在城中謂其衆曰豈有禮義之人而臣于異姓乎卽與雲州將吏闔門拒守契丹大怒攻之半歲不能下高祖致書于契丹乃解圍而去召巒歸闕授徐州節度使再遷右諫議大夫爲復州

防禦使數年罷歸初國家以甘陵水陸要衝之地慮契丹南侵乃飛輓芻粟以實其郡為大軍累年之備王令温之為帥也有軍校邵珂者性兇率悖慢令温因事使人代之不復齒用閑居城中其子殺人以重賂償之其事方解尋為州吏所恐又悉財以彌其口自是尤蓄怨恨因使無賴者亡入契丹言州有積粟內無勁兵圍而攻之克之必矣及令温入朝執政者以巒雲中之難有善守之功遂令乘軺而往權知貝州軍州事既至會大寒軍士無衣者悉衣之平生廉儉囊無資用以至壞帳幕以賙之其推心撫士如此邵珂一見因求自効即聽而任之巒素為書生旁無爪牙珂慷慨自陳願効死左右巒遣督義兵守城之南門天福九年正月契丹大至其一日大譟環其城明日陳攻具于四墉三日契丹主躬率步奚及渤海夷等四面進攻巒衆投薪于夾城中繼以炬火敵之梯衝焚爇殆盡是日敵復合圍郡中丁壯皆登城守陴俄而珂自南門引敵騎同入巒守東門未知其事左右告曰邵珂背矣巒顧城中已亂即馳馬還公館投井而死契丹遂屠其城朝野士庶聞者咸歎惜之

翟璋未詳何許人也好勇多力時目爲大蟲卽虎癡之稱也後唐天福初自鄴都馬步軍都指揮使領平州刺史尋改復州防禦使三年三月遷新州威塞軍兩使留後四年五月正授旄節長興元年二月加檢校太保入爲右領軍衞上將軍轉左羽林統軍清泰中復領新州高祖建義割新州屬契丹時契丹大軍歸國遣璋于管內配率犒宴之資須及十萬緡山後地貧民不堪命始契丹以軟語撫璋璋謂必得南歸及委璋平叛奚圍雲州皆有功故留之不遣璋鬱鬱不得志遇疾不治卒

程福贇未詳何許人也性沈厚有勇力累爲軍校天福七年冬杜重威討鎭州與安重榮大戰于宋城以功遷洛州團練使檢校太保未幾入爲奉國左廂都指揮使九年春少帝將幸澶淵福贇部下有軍士文榮等八人潛謀作亂于本營縱火福贇尋領心腹之士撲滅之福贇亦有所傷福贇性本純厚又以車駕順動祕而不奏同列李殷居福贇下無名欲危福贇以自升遂密陳其事云福贇若不爲亂何得無言少帝至封邱出福贇爲商州刺史尋下獄鞫之福贇終

不自明以至見殺人甚冤之

郭璘邢州人也初事後唐明宗漸升爲軍校天福中爲奉國指揮使歷數郡刺史開運中移領易州契丹攻其郡璘率勵士衆同其甘苦敵不能克復以州兵擊賊數獲其利朝廷嘉之就加檢校太保契丹主嘗謂左右曰吾不畏一天下乃爲此人所抑挫重威降契丹使通事耿崇美誘其民衆璘不能制城既降璘爲崇美所害漢高祖卽位詔贈太傅

史臣曰觀前代人臣之事跡多矣若乃世道方泰則席寵恃祿者實繁世運既屯則効死輸忠者無幾如皇甫遇憤激而歿王清以血戰而亡近世以來幾人而已其或臨難捐軀或守方遇害比夫惑妖豔以喪其命因醇酎以亡其身者蓋相去之遠矣惟順密遏滑臺之肇亂救晉室之臨危亦可謂之忠矣

舊五代史卷九十五

舊五代史卷九十五考證

晉列傳十皇甫遇傳常山人也　案歐陽史作常山真定人

假令失此二將將何面目以見天子　案通鑑作坐失皇甫太師吾屬何顏以見天子胡三省注云皇甫遇未必加官至太師也而安審琦以太師稱之蓋五季之亂官賞無章當時相稱謂不論其品秩就人臣極品而稱之據是書遇累官至檢校太師審琦蓋稱其檢校之官也胡注似未詳攷

梁漢璋傳與契丹騎五千相遇于浮陽之北界苦戰竟日以衆寡不侔爲流矢所中歿于陣　案遼史高模翰傳云晉以魏府節度使杜重威領兵三十萬來拒模翰以麾下三百人逆戰殺其先鋒梁漢璋餘兵敗走與是書異攷通鑑云杜重威等至瀛州聞契丹將高模翰已引兵潛出重威遣梁漢璋將二千騎追之遇契丹于南陽務敗死蓋漢璋以二千騎當敵騎五千衆寡不侔以致敗績遼史恐不足據

周瓌傳暉遂掠城中財帛士女欲奔江南尋爲其下所殺　案歐陽史作王暉

南走爲從進兵所殺與是書異通鑑作暉時奔吳部將胡進殺之與是書同

沈贇傳契丹以精騎劚其門邀之州兵陷賊　案歐陽史作弑兵多死通鑑作

契丹以精騎奪其城門州兵不得還

吳巒傳卽與雲州將吏闔門拒守契丹大怒攻之半歲不能下高祖致書于契

丹乃解圍而去　案遼史太宗紀云唐大同軍節度判官吳巒嬰城拒命遣

崔廷勳圍其城庚申上親征至城下諭之巒降與是書異通鑑從是書

托諾舊作秃餒今改

舊五代史卷九十五考證

舊五代史卷九十六

宋門下侍郎參知政事監修國史薛居正等撰

晉書第二十二

列傳十一

孔崇弼唐僖宗宰相緯之子也仕後唐自吏部郎中授給事中時族兄昭序繇給事中改左常侍兄弟同居門下時論榮之崇弼天福中遷左散騎常侍無他才但能談笑戲玩人物揚眉抵掌取悅于人五年詔令泛海使于杭越先是浙中贈賄每歲恆及萬緡時議者曰孔常侍命奇薄何消盈數有命即無財有財即無命明年使還果海中船壞空手而歸案以下殘闕

陳保極閩中人也好學善屬文後唐天成中擢進士第秦王從榮聞其名辟爲從事從榮素急暴後怒保極不告出遊宰相門以馬箠鞭之尋出爲定州推官從榮敗執政知其屈擢居三署歷禮部倉部員外郎初桑維翰登第之歲保極時在秦王幕下因戲謂同輩曰近知今歲有三個半人及第蓋其年收四人保

極以維翰短陋故謂之半人也天福中維翰既居相位保極時在曹郎慮除官差跌心不自安乃乞假南遊將謀退跡既而襄鄧長吏以行止入奏維翰乃奏于高祖曰保極閩人多狡恐逃入淮海即以詔追赴闕將下臺鍛成其事同列李崧極言以解之因令所司就所居鞫之貶爲衞尉寺丞仍奪金紫尋復爲倉部員外郎竟以銜憤而卒保極無時才有傲人之名而性復鄙悋所得利祿未嘗奉身但蔬食而已每與人奕棋敗則以手亂其局蓋拒所賭金錢不欲償也及卒室無妻兒帷囊中貯白金十鋌爲他人所有時甚嗤之

王瑜其先范陽人也父欽祚仕至殿中監出爲義州刺史瑜性兇狡然儁辯驍果騎射刀筆之長亦稱于當代起家累爲從事天福中授左贊善大夫會濮郡秋稼豐衍稅籍不均命乘使車按察大計既至郡謂校簿吏胡蘊惠鶚曰余食貧久矣室無增貲爲我致意縣宰且求假貸由是濮之部內五邑令長共斂錢五十萬私獻于瑜瑜即以書上奏高祖覽章歎曰廉直清慎有如此者誠良臣也于是二吏五宰即時停黜擢瑜爲太府少卿杜重威之鎮東平也瑜父欽祚

爲節度副使及重威移鎮常山瑜乃詭計于重威使奏己爲恆州節度副使竟代其父位歲餘入爲刑部郎中丙午歲父欽祚刺舉義州瑜歸寧至郡會契丹據有中夏何建以秦州歸蜀瑜說欽祚曰若不西走當是契丹矣厲色數諫其父怒而不從因其臥疾涉旬瑜仗劍而脅之曰老懦無謀欲趨炮烙不即爲計則死于刃下父不得已而聽之時隴東屯兵扼其川路將北趨蕃部假途而因與郡盜酋長趙徽歃血爲約以兄事之謂徽曰西至成都余身爲相余父爲將爾當領一大郡能遂行乎徽曰諾瑜慮爲所賣先致其妻孥館于郡中行有期矣徽潛召其黨伺于郊外子夜瑜舉族行而輜重絡繹十有餘里徽之所親循溝澮而遁至馬峽路隅舉燧相應其黨起于伏莽斷欽祚之首貫諸長矛平生聚蓄金幣萬計皆爲賊所掠少長百口殺之殆盡瑜尚獨戰千人矢不虛發手無射捍其指流血及簪乃夜竄山谷落髮爲僧月餘爲樵人所獲縶送岐州爲侯益所殺時年三十九始瑜有姑寡居來歸其家以前夫遺腹有子經數年不產每因事豫告人吉凶無不驗者時契丹入中原前月餘謂瑜曰暴兵將至宜

速去之苟不去亂必及矣後瑜果死此謂天作孼猶可違自作孼不可逭也

張繼祚故齊王全義之子也始爲河南府衙內指揮使全義卒除金吾將軍旋授蔡州刺史累官至檢校太保明宗郊天充供頓使復除西衛上將軍唐清泰末丁母憂天福初喪制未闋會張從賓作亂發兵迫脅取赴河陽令知留守事從賓敗與二子詔戮于市始繼祚與范延光有舊嘗遣人以馬遺之屬朝廷起兵將討鄴城爲巡兵所獲奏之高祖深忌之及敗宰相桑維翰以父珙早事齊王奏欲雪之高祖不允（通鑑史館修撰李濤上言張全義有再造洛邑之功乞免其族遂止誅繼祚妻子）遂止罪繼祚一房不累其族

鄭阮洛州人也少爲本部牙將唐莊宗略地山東以阮首歸義旗繼遷軍職阮有子自幼事明宗中門使安重誨重誨以其桀黠愛之及明宗卽位擢阮至鳳翔節度副使會末帝鎮其地阮稍狎之末帝嗣位以阮爲趙州刺史而阮性貪濁民間細務皆密察而紀之令納賂以贖罪有屬邑令因科醵拒命密以束素募人陰求其過後竟停其職人甚非之又嘗以郡符取部內凶肆中人隸其籍

者遣于青州舁喪至洛郡人憚其遠願輸直百緡以免其行阮本無喪即受直放還識者曰此非吉兆也未幾改曹州刺史爲政愈弊高祖建義入洛阮自郡來朝旋爲本州指揮使石重立所殺舉族無子遺

胡饒大梁人也少事本鎮連帥爲都吏歷馬步都虞候會唐明宗鎮其地與部將王建立相善明宗即位建立領常山奏饒爲真定少尹饒本憸人既在府幕無士君子之風嘗因事趙郡有平棘令張鵬者獻策請建立于境內每縣所管鄉置鄉直一人令月書縣令出入行止饒乃導而薦焉建立行之彌年詞訟蜂起四郡大擾天成末王都搆亂陰使結建立爲兄弟之國時饒又嘗薦梁時右庶子張澄爲判官建立亦狎之澄素不知書每座則以陰符鬼谷爲己任建立時密以王都之盟告之澄與饒俱贊成其事會王師圍中山其事遂寢而饒之兇戾如此清泰初馮道出鎮同州饒時爲副使道以重臣稀于接洽饒忿之每乘酒于牙門詬道道必延入待以酒餚致敬而退道謂左右曰此人爲不善自當有報吾何怒焉饒後閑居河陽天福二年夏會張從賓作亂饒謁于麾下請

預其行從賓敗饒以王建立方鎮平盧走投之建立延入城斬之以聞聞者快焉

劉遂清字得一青州北海人梁開封尹鄩之猶子也父琪以鴻臚卿致仕遂清少敏惠初仕梁爲保鑾軍使歷內諸司使莊宗入汴不改其職明宗卽位加檢校尙書僕射委以西都監守踰歲以中山王都有不臣之跡除遂清爲易州刺史俾遏其寇衝既至郡大有禦侮之略境內賴焉王都平加檢校司空遷棣州刺史天成長興中歷典淄興登三郡咸有善政通鑑潞王紀帝之起鳳翔也召興州刺史劉遂清遲疑不至聞帝入洛乃悉集三泉西縣金林桑林戍兵以歸自散關以南城鎮悉棄之皆爲蜀人所有入朝帝欲治罪以其能自歸乃赦之高祖卽位之二年授鳳州防禦使加檢校司徒會丁母憂起復授內客省使右監門衛大將軍六年駕幸鄴都轉宣徽北院使兼判三司加檢校太保七年少帝嗣位加右領軍衛上將軍仍賜竭誠翊戴保節功臣八年出領鄭州加檢校太傅開運二年遷安州防禦使未幾上表稱疾詔許就便迴至上蔡終于郵舍時三年四月也遂清性至孝牧淄州日自北海迎其母赴郡母既及境遂清奔馳路側控轡行

數十里父老觀者如堵當時榮之遂清素不知書但多計畫判三司日每給百官俸料與判官議曰斯輩非盡有才能多世祿之家宜澄其汚而留其清者或對曰昔唐朝渾郭顏段每一赦出以一子出身率爲常制且延賞垂裕爲國美譚未有因月給而欲沙汰恐未當也羣論由此減之

房暠京兆長安人也少爲唐宰臣崔魏公家臣後因亂客于蒲州天成中唐末帝出鎭河中暠于路左迎謁求事軍門末帝愛之使治賓客及末帝登極歷南北院宣徽使詩與趙延壽同爲樞密使時薛文遇劉延朗之徒居中用事暠雖處密地其聽用之言十不得三四但隨勢可否不爲事先每朝廷有大事暠與端明學士等環坐會議多于衆中俛首而睡其避事也如此高祖卽位以暠濡足閏朝不專予奪故特恩原之命爲左驍衞大將軍留西京開運元年春卒于洛陽

孟承誨大名人也始爲本府牙校遇高祖臨其地升爲客將後奏爲宗城令秩滿以百姓舉留爲常山藁城令皆有善政高祖有天下擢爲閤門副使累遷宣

徽使官至檢校司空太府卿右武衞大將軍及少帝嗣位以植性纖巧善于希
旨復與權臣宦官密相表裏凡朝廷恩澤差使必承誨爲之一歲之中數四不
已由是居第華敞財帛積累及契丹入汴張彥澤引兵逼宮城少帝召承誨計
之承誨匿身不赴少帝既出宮寓于開封府舍具以承誨背恩之事告彥澤令
捕而殺之其妻女並配部族漢高祖卽位詔贈太保

劉繼勳衞州人也唐天成中高祖鎮鄴都繼勳時爲客將高祖愛其端謹籍其
名于帳下從歷數鎮及卽位擢爲閤門使出爲淄州刺史遷澶州防禦使俄改
鄭州自宣徽北院使拜華州刺史歲餘移鎮同州始少帝與契丹絶好繼勳亦
與其謀及契丹主至闕繼勳自鎮來朝契丹責之時馮道在側繼勳事急指道
曰少帝在鄴道爲首相與景延廣謀議遂致南北失歡臣位至卑未嘗措言今
請問道道細知之契丹主曰此老子不是好鬧人無相牽引皆爾輩爲之繼勳
不敢復對繼勳時有疾契丹主因令人候其疾狀云有風痺契丹主曰北方地
涼居之此疾可愈乃命鏁繼勳尋解之以疾終于家通鑑契丹主聞趙在禮死乃釋繼勳繼勳憂憤而卒

漢高祖入汴贈太尉

鄭受益新唐書宰相世系表字謙光 唐宰相餘慶之曾孫也餘慶生澣澣生從讜兩爲太原節度使再登相位從讜兄處誨爲汴州節度使家襲清儉深有士風中朝禮法以鄭氏爲甲處誨生受益受益亦以文學致身累歷臺閣自尚書郎遷右諫議大夫天福七年夏以張彥澤數爲不道上章請行國典旬日不報又貢表切言訐直無所忌執政稍惡之俄而以病請告歸長安高祖晏駕以不赴國哀停任會赦拜京兆少尹宰臣趙瑩出鎮咸秦以受益朝班舊僚眷待甚至屬天下率借金穀乃謂瑩曰京兆戶籍登耗民力虛實某備知之矣品而定之可使平允瑩信之因使與王人同掌其事受益既經廢棄薄于仕宦遂阿法射利冀爲生生之資又素恃門望陵轢同幕內奸外直羣情無相洽者及贓污事發騰于衆口瑩不得已遂按之其直百萬八年冬賜死于家受益數世公台一朝自棄士君子皆惜之

程遜字浮休壽春人案此下有闕文 召入翰林充學士自兵部侍郎承旨授太常卿天

福三年秋命使吳越（十國春秋云禮部尚書程遜爲加恩使）母羸老雙瞽遜未嘗白執政以辭之將行母以手捫其面號泣以送之仲秋之夕陰瞑如晦遜嘗爲詩曰幽室有時聞鴈叫空庭無路見蟾光同僚見之訝其詩語稍異及使迴遭風水而溺焉

李郁字文緯唐之宗屬也少歷宗寺官天成長興中累遷爲宗正卿性平允所歷無愛憎毀譽高祖登極授光祿卿一日晝寢夢食巨棗覺而有疾謂其親友曰嘗聞棗字重來呼魂之象也余神氣逼抑將不免乎天福五年夏卒贈太子太保

馬重績字洞微少學數術明太一五紀八象三統大曆居于太原仕晉拜太子右贊善大夫遷司天監天福三年重績上言曆象王者所以正一氣之元宣萬邦之命而古今所記考審多差宣明氣朔正而星度不驗崇元五星得而歲差一日以宣明之氣朔合崇元之五星二曆相參然後符合自前世諸曆皆起天正十一月爲歲首用太古甲子爲上元積歲愈多差闊愈甚臣輒合二曆創爲新法以唐天寶十四載乙未爲上元雨水正月中氣爲氣首詔下司天監趙仁

琦張文皓等考覈得失仁琦等言明年庚子正月朔用重績曆考之皆合無舛乃下詔頒行之號調元曆行之數歲輒差遂不用重績又言漏刻之法以中星考晝夜爲一百刻八刻六十分刻之二十爲一時時以四刻十分爲正此自古所用也今失其傳以午正爲時始下侵未四刻十分而爲午由是晝夜昬曉皆失其正請依古改正從之重績卒年六十四

陳元京兆人也家世爲醫初事河中王重榮乾符中後唐武皇自太原率師攻王行瑜路出于蒲中時元侍湯藥武皇甚重之及還太原日侍左右武皇性剛暴樂殺人無敢言者元深測其情每有暴怒則從容啓諫免禍者不一以是晉人深德之勳貴賂遺盈門性好酒樂施隨得而無私積明宗朝爲太原少尹入爲太府卿長興中集平生所驗方七十五首幷修合藥法百件號曰要術刊石置于太原府衙門之左以示于衆病者賴焉天福中以耄期上表求退以光祿卿致仕卒于晉陽年八十餘

史臣曰夫彰善癉惡麟史之爲義也瑜不掩瑕虹玉之爲德也故自崇敬而下

善者既書之其不善者亦書之庶使後之君子見善如不及見惡如探湯也至
如重績之曆法陳元之醫道亦不可漏其名而弗紀也

舊五代史卷九十六

舊五代史卷九十六考證

晉列傳十一孔崇弼傳　案新唐書世系表作昌弼字佐化是書作崇弼蓋避後唐廟諱改

時族兄昭序　案新唐書世系表作昌序字昭舉是書作昭序疑亦因避諱而改也

程遜傳天福三年秋命使吳越及使回遭風水而溺焉　案通鑑考異晉實錄天福二年十一月加錢元瓘副元帥國王程遜等爲加恩使四年十月丙午以程遜沒于海廢朝贈官程遜傳云天福三年秋使吳越使回溺死元瓘傳云天福三年封吳越國王蓋二年冬制下遜等以三年至杭州不知溺死在何年而晉朝以四年十月始聞之也

馬重績傳八象三統　三統原本作三紀今從歐陽史改正

舊五代史卷九十六考證

舊五代史卷九十七

宋門下侍郎參知政事監修國史薛居正等撰

晉書第二十三

列傳十二

范延光字子環鄴郡臨漳人也少隸于郡牙唐明宗牧相州收爲親校同光中明宗下鄆州梁兵屯楊劉口以扼之先鋒將康延孝潛使人送款于明宗明宗欲使人達機事于莊宗方難其選延光請行遂以蠟書授之延光既至奏莊宗曰楊劉渡控扼已定未可圖也請築壘馬家口以通汶陽之路莊宗從之復遣歸鄆州俄而梁將王彥章攻馬家口所築新壘明宗恐城中不備又遣間行告莊宗請益兵中夜至河上爲梁兵所獲送夷門下獄榜笞數百威以白刃終不洩其事復爲獄吏所護在獄半年不復理問及莊宗將至汴城獄吏即去其桎梏拜謝而出之乃見于路側莊宗喜授銀青光祿大夫檢校工部尚書明宗登極擢爲宣徽使與霍彥威平青州王公儼還檢校司徒明宗之幸夷門也至滎

陽聞朱守殷拒命延光曰若不急攻賊堅矣請騎兵五百臣先赴之則人心必駭明宗從其請延光自酉時至夜央馳二百餘里奄至城下與賊交鬬翌日守陴者望見乘輿乃相率開門延光先入與賊巷戰至厚載門盡殲其黨明宗喜之明年遷樞密使權知鎮州軍府事尋正授節旄加檢校太保長興中以安重誨得罪再入爲樞密使加同平章事既而以秦王從榮不軌恐及其禍屢請外任明宗久之方許遂出鎮常山清泰中復詔爲樞密使未幾出爲汴州節度使會魏府屯將張令昭逐其帥劉延皓據城以叛唐末帝命延光討而平之遂授鄴都留守加檢校太師兼中書令門下有術士張生者自云妙通術數當延光微時言將來必爲將相延光既貴酷信其言歷數鎮嘗館于上舍延光謂之曰余夢大蛇自臍入腹半而掣去之是何祥也張生曰蛇者龍也入腹爲帝王之兆明矣延光自是稍萌僭竊之意及高祖建義于太原唐末帝遣延光以本部二萬屯遼州與趙延壽掎角合勢及延壽兵敗延光促還故心不自安高祖入洛尋封臨清王以寬其反側後延光擅殺齊州防禦使祕瓊而聚兵部下復收

部內刺史入城高祖甚疑之乃東幸夷門時延光有牙校孫銳者與延光有鄉曲之舊軍機民政一以委焉故魏博六州之賦無半錢上供符奏之間有不如意者銳即對延光毀之其兇戾也如此初朝廷遣使封延光爲臨清王因會寮屬延光暴得疾伏枕經旬銳乃密惑羣小召澶州刺史馮暉等以不臣之謀逼于延光延光亦惑于術者因而聽之天福二年夏六月遣銳與暉將步騎二萬南抵黎陽（通鑑云延光以馮暉爲都部署以孫銳爲兵馬都監）時銳以女妓十餘輩從之擁蓋操扇必歌吹而後食將士煩熱覩之解體尋爲王師所敗賊衆退還鄴城高祖繼遣楊光遠討之延光知事不濟乃殺孫銳以歸其罪發人齎表待罪且邀姑息高祖不許及經歲受圍城中飢窘高祖以師老民勞思解其役遣謁者入謂之曰卿既危蹙破在旦夕能返掌轉規改節歸我我當以大藩處之如降而殺之則何以享國明明白日可質是言因賜鐵券改封高平郡王移鎮太平延光謂門人李式曰主上敦信明義言無不踐計以不死則不死矣因撤去守備（通鑑延光猶遷延未決宣徽南院使劉處讓復入諭之延光意乃決）素服請降及赴汶上踰月入覲尋表請罷免高祖再三答

諭方允制以延光爲太子太師致仕居闕下期歲高祖每召賜飲宴待之與羣臣無間一日從容上奏願就河陽私邸以便頤養高祖許之延光攜妻子輦奇貨從焉每過郡邑多爲關吏所糺時楊光遠居守洛下兼領孟懷旣利其財復漸測朝廷密旨遂奏云延光國之奸臣若不羈縻必北出塞南入吳請召令西都居止高祖允之光遠使其子承勳以兵環其第逼令自裁延光曰明天子在上賜金書許我不死爾之父子何得脅制如此明旦則以白刃驅之令上馬之浮橋排于水中光遠紿奏云延光投河自溺而死水運軍使曹千獲其尸于郡東繆家灘高祖聞之輟朝二日詔許歸葬于鄴仍贈太師延光初爲近臣及領重鎭禮賢接士動皆由禮故甚獲當時之譽洎鎭常山日以部將梁漢塘獲王都名馬入罪而取之在魏州日以齊州防禦使祕瓊獲董温琪珠金妓妾及經其境復害而奪之物議由是減之及懼罪以謀叛復忍恥以偷生不能引決遂至强死何非夫之甚也

張從賓未詳何許人也始事唐莊宗爲小校從戰有功唐天成中自捧聖指揮

使領澄州刺史遷左右羽林都校從藥彥稠討楊彥温于河中平之長興中領壽州忠正軍節度使加檢校太保侍衞步軍都指揮使從賓素便佞每進言明宗多納之有供奉官丁延徽者性貪狡時奉詔監廪以犯贓下獄權貴多爲救解明宗怒不許從賓因奏他事言及延徽明宗曰非但爾言蘇秦說予亦不得也延徽竟就戮長興末從賓出鎮靈武加檢校太傅高祖即位受代入覲會駕東幸留從賓警巡洛下一日逢留司御史于天津橋從兵百人不分路而過排御史于水中從賓紿奏其酒醉其兇傲如此及范延光據鄴城叛詔從賓爲副部署使從楊光遠同討延光會延光使人誘從賓從賓時在河陽乃起兵以應之先害皇子重信及入洛又害皇子重乂取內庫金帛以給部伍因東據汜水關且欲觀望軍勢高祖命杜重威侯益分兵討之從賓大敗乘馬入河溺水而死焉

張延播者汶陽人也始爲郡之牙將唐同光初明宗下其城因收隸左右天成中累授檢校司空兩河發運營田使柳州刺史長興元年出牧蔡州加檢校司

徒入爲左領軍衛大將軍充客省使伐蜀之役命爲馬軍都監三年遷鳳州防禦使西面水陸轉運使高祖卽位除東都副留守車駕幸汴遣兼洛京巡檢使張從賓作亂令延播知河南府事從賓敗伏誅

楊光遠小字阿檀及長止名檀唐天成中以明宗改御名爲亶以偏傍字犯之始改名光遠字德明其先沙陀部人也父阿噔啜後改名瑊事唐武皇爲隊長光遠事莊宗爲騎將唐天祐中莊宗遣振武節度使周德威討劉守光于幽州因令光遠隸于德威麾下後與德威拒契丹于新州一軍以深入致敗因傷其臂遂廢罷于家莊宗卽位思其戰功命爲幽州馬步軍都指揮使檢校尚書右僕射戍瓦橋關久之明宗朝歷嬀瀛易冀四州刺史光遠雖不識字然有口辯通于吏理在郡有政聲明宗頗重之長興中契丹有中山之敗生擒其將扎拉等數十人送于闕下其後契丹既通和遣使乞歸之明宗與大臣謀議特放還番一日召光遠于便殿言其事光遠曰扎拉等北土之善戰者彼失之如喪手足又在此累年備諳中國事若放還非便明宗曰番人重盟誓既通歡好必不

相負光遠曰臣恐後悔不及也明宗遂止深嘉其抗直後自振武節度使移鎮中山累加檢校太傅將兵戍蔚州高祖舉義于太原唐末帝遣光遠與張敬達屯兵于城下俄而契丹大至爲其所敗圍其寨久之軍中糧絶光遠乃與次將安審琦等殺敬達擁衆歸命從高祖入洛加檢校太尉充宣武軍節度使同平章事判六軍諸衞事是時光遠每對高祖常悒然不樂高祖慮有不足密遣近臣訊之光遠附奏曰臣貴爲將相非有不足但以張生鐵死得其所臣弗如也衷心內愧是以不樂生鐵蓋敬達之小字也高祖聞其言以光遠爲忠純之最者也其實光遠故爲其言以邀高祖之重信也明年范延光據鄴城叛高祖命光遠率師討之將濟河會滑州軍亂時軍衆欲推光遠爲主光遠曰自古有折臂天子乎且天子蓋公輩販弄之物晉陽之降乃勢所窮迫今若爲之直反賊也由是其下惕然無復言者高祖聞之尤加寵重光遠既圍延光尋授魏博行府節度使兵柄在手以爲高祖懼己稍干預朝政或抗有所奏高祖亦曲從之復下詔以其子承祚尚長安公主次子承信皆授美官恩渥殊等爲當時之冠

桑維翰爲樞密使往往彈射其事光遠心銜之及延光降光遠入朝面奏維翰
擅權高祖以光遠方有功于國乃出維翰鎮相州光遠爲西京留守兼鎮河陽
因罷其兵權光遠由此怨望潛貯異志多以珍玩奉契丹訴己之屈又私養部
曲千餘人撓法犯禁河洛之人恆如備盜尋冊拜太尉兼中書令時范延光致
仕輦囊裝妓妾居于河陽光遠利其奇貨且慮爲子孫之讎因奏延光不家汴
洛出舍外藩非南走淮夷則北走契丹宜早除之高祖以許之不死鐵券在焉
持疑未允光遠乃遣子承勳以甲士圍其第逼令自裁延光曰天子在上安得
如此乃遣使者乞移居洛下行及河橋擠于流而溺殺之矯奏云延光自投河
朝廷以適會其意弗之理後踰歲入覲高祖爲置曲宴教坊伶人以光遠暴斂
重賦因陳戲譏之光遠殊無慚色高祖謂光遠曰元城之役卿左右皆立功未
曾旌賞令各與一郡俾釐任以榮之因命爲刺史者凡數人時王建立自青州
移鎮上黨乃以光遠爲平盧軍節度使封東平王光遠面奏請與長子同行尋
授承勳萊州防禦使及赴任僕從妓妾至千餘騎滿盈僭侈爲方岳之最下車

之後惟以刻剝爲事少帝嗣位冊拜太師封壽王宋史馬仁鎬傳晉天福中青州楊光遠將圖不軌以仁鎬爲節度副使伺其動靜歷二年或譖仁鎬于朝改護國軍行軍司馬仁鎬至河中數月光遠反書聞後因景延廣上言請取光遠麾下所借官馬二百匹光遠怒曰此馬先帝賜我何以復取是疑我也遂遣人潛召取子承祚自單州奔歸朝廷乃就除淄州刺史以從其便光遠益驕因此搆契丹述少帝違好之短且言大饑之後國用空虛此時一舉可以平定開運元年正月契丹南牧陷我博陵少帝幸澶淵三月契丹退命李守貞符彥卿率師東討光遠素無兵衆惟嬰城自守守貞以長連城圍之冬十一月承勳與弟承信承祚見城中人民相食將盡知事不濟勸光遠乞降冀免于赤族光遠不納曰我在代北時嘗以紙錢駝馬祭天池皆沈沒人言合有天子分宜且待時勿輕言降也承勳慮禍在朝夕與諸弟同謀殺節度判官邱濤親校杜延壽楊贍白延祚等梟其首乃遣承祚送于守貞因縱火大譟劫其父幽于私第以城納款遣即墨縣令王德柔貢表待罪光遠亦上章自首少帝以頃歲太原歸命欲曲全之執政曰豈有逆狀滔天而赦之也乃命守貞便宜處置守貞遣人拉

殺之以病卒聞歐陽史守貞遣客省副使何延祚殺之于其家漢高祖卽位詔贈尙書令追封齊王仍令立碑未幾其碑石無故自折可知其陰責也五代史補楊光遠滅范延光之後朝廷以其功高授青州節度封東平王奄有登萊沂密數郡旣而自負强盛舉兵反朝廷以宋州節度李守貞嘗與光遠有隙乃命李討之李受詔欣然志存必取莫不身先矢石光遠見而懼之度不能禦遂降初光遠反書至中外大震時百官起居次忽有朝士揚言于衆曰楊光遠欲謀大事吾不信也光遠素患禿瘡其妻又跛自古豈有禿頭天子跛脚皇后耶于是人心頓安未幾光遠果降

承勳光遠之長子也始名承貴避少帝名改焉以父廕歷光濮州刺史光遠兼鎭河陽命制置三城事光遠移鎭青州授萊州防禦使在郡亦頗理嘗憤父側之奸黨欲殺之每省父父爲匿焉及光遠搆釁嬰城以叛承勳赴之敵退爲王師所圍踰歲糧盡與其弟承祚背父之命出降王師朝廷授汝州防禦使尋改鄭州宋史楊承信傳光遠死承信與弟承祚詣闕請死詔釋之以承信爲右羽林將軍承祚爲右驍衛將軍放歸服喪私第尋安置鄭州及契丹入汴遣騎士自圃田召至責其害父背己使臠其肉而殺之以其弟承信爲青州節度使

盧文進字國用范陽人也身長七尺飲啖過人望之偉如也少事劉守光爲騎

將唐莊宗攻燕以文進首降遙授壽州刺史初莊宗得山後八軍以愛弟存矩爲新州團練使以總領之莊宗與劉鄩對壘于莘縣命存矩于山後召募勁兵又命山北居民出戰馬器仗每鬻牛十頭易馬一匹人心怨咨時存矩團結五百騎令文進將之與存矩俱行至祁溝關軍士聚謀曰我輩邊人棄父母妻子爲他血戰千里送死固不能也衆曰擁盧將軍却還新州據城自守奈我何因大呼揮戈趣傳舍害存矩于榻下文進撫膺曰奴輩累我矣因環尸而泣曰此輩既害郎君我何面目見王契丹國志云存矩取文進女爲側室文進心常內愧因與亂軍殺存矩因爲亂軍所擁反攻新州不克馬令南唐書文進攻新州不克夜走墜塹一躍而出明日視之乃郡之黑龍潭也絕岸數丈深不可測又嘗有大蛇徑至座間引首及膝文進取食飼之而去由是自負又攻武州又不利周德威命將追討文進遂奔契丹命爲幽州兵馬留後部分漢軍常別爲營寨未幾文進引契丹寇新州自是北師數至驅擄數州士女教其織紝工作中國所爲者悉備契丹所以強盛者得文進之故也契丹國志云文進引契丹軍攻新州刺史安金全不能守棄城去周德威援之進攻新州契丹衆數萬德威不勝大敗奔歸文進與契丹攻幽州且二百日城中圍困晉王親將兵救之方始解去契丹以文進爲幽州節度使又以爲盧龍節度使同光之世爲患尤深文

進在平州率奚族勁騎鳥擊獸搏倏來忽往燕趙諸州荆榛滿目軍屯涿州每歲運糧自瓦橋至幽州勁兵猛將援遞糧車然猶爲契丹所鈔奔命不暇皆文進導之也及明宗卽位之明年文進自平州率所部十餘萬衆來奔行及幽州先遣使上表曰頃以新州團練使李存矩提衡郡邑掌握恩威虐黎庶則毒甚于豺狼聚賦斂則貪盈于溝壑人不堪命士各離心臣卽抛父母之邦入朔漠之地幾年鴈塞徒向日以傾心一望家山每銷魂而斷目李子卿之河畔空有怨辭石季倫之樂中莫陳歸引近聞皇帝陛下皇天眷命清明在躬握紀乘乾鼎新革故始知大幸有路朝宗便貯歸心祇伺良會臣十月十日決計殺在城契丹取十一日離州押七八千車乘領十五萬生靈十四日已達幽州云洎至洛陽明宗寵待彌厚授滑州節度使檢校太尉歲餘移鎮鄧州累加同平章事入爲上將軍長興中復出鎮潞州擒奸卹隱甚獲當時之譽清泰中改安州節度使及高祖卽位與契丹敦好文進以嘗背契丹居不自安馬令南唐書文進居數鎮頗有善政兵民愛之其將行也從數騎至營中別其裨將李藏機告以避契丹之意將士皆拜爲訣天福元年十二月乃殺行軍司馬

馮知兆節度副使杜重貴等率其部衆渡淮奔于金陵李昪待之尤重馬令南唐書云烈祖以文進爲天雄統軍僞命爲宣州節度使後卒于江南金陵志文進自潤州召還以左衞上將軍兼中書令范陽郡王奉朝請

李金全本唐明宗之小豎也其先出于吐谷渾金全驍勇善騎射少從明宗征伐以力戰有功明宗卽位連典大郡天成中授涇州節度使在鎮數年以掊斂爲務長興中受代歸闕始進馬數十匹不數日又進之明宗召而謂之曰卿患馬多耶何進貢之數也又謂曰卿在涇州日爲理如何無乃以馬爲事否金全慚謝而退四年夏授滄州節度使累官至檢校太傅清泰中罷鎮歸闕久留于京師高祖卽位之明年安州屯將王暉殺節度使周瓌詔遣金全以騎兵千人鎮撫其地未及境而暉爲部下所殺金全至亂軍數百人皆不安金全說遣赴闕密伏兵于野盡殺之又擒其軍校武彥和等數十人斬之初金全之將行也高祖戒之曰王暉之亂罪莫大焉但慮封守不寧則民受其弊因折矢飛詔約以不戮一人仍許以暉爲唐州刺史又謂金全曰卿之此行無失吾信及金全

至聞彥和等嘗爲亂之日劫掠郡城所獲財貨悉在其第遂殺而奪之通鑑彥和且死呼曰王暉首惡天子猶赦之我輩脅從何罪乎高祖聞之以姑息金全故不究其事尋授以旄節金全有親吏胡漢筠者勇譎嗇褊貪詐殘忍軍府之政一以委之高祖聞其事遣吏賈仁紹往代其職且召漢筠漢筠內疚惶怖金全乃列狀稱疾以聞及仁紹至漢筠鴆而殺之馬令南唐書胡漢榮所爲多不法晉高祖患之不欲因漢榮以累功臣爲選廉吏賈仁紹代之且召漢榮漢榮教金全留己而不遣金全客龐令圖諫曰仁紹昔事王晏球有大功晏球欲厚賞之仁紹退而不言此天下之忠臣也及頒賜所俘物仁紹悉以分故人親戚之貧者此天下之廉士也宜納仁紹而遣漢榮漢榮聞之夜使人殺令圖而鴆仁紹天福五年夏高祖命馬全節爲安州節度使以代金全漢筠自以昔嘗拒命復聞仁紹二子將訴寃毒之事居不自安乃紿謂金全曰邸吏劉珂使健步倍道兼行密傳其意云受代之後朝廷將以仁紹之事詰公之罪金全大駭命從事張緯函表送款于淮夷淮人遣僞將李承裕以代金全金全即日南竄其妓樂車馬珍奇帑藏皆爲承裕所奪與其黨數百人束身夜出曉至泌川引領北望泣下而去及至金陵李昇授以節鎮馬令南唐書云烈祖以金全爲天威統軍遷潤州節度使後卒于江南

史臣曰延光昔爲唐臣綽有令譽洎逢晉祚顯恣狂謀旣力屈以來降尚靦顏而惜死孟津之歿乃取笑于千載也從賓而下俱怙亂以滅身亦何足與議也文進懼強敵之威金全爲輿臺所賣事雖弗類叛則攸同咸附島夷皆可醜也

舊五代史卷九十七

舊五代史卷九十七考證

晉列傳十二范延光傳改封高平郡王　案歐陽史作東平郡王

延光謂門人李式曰　歐陽史作謀于副使李式

楊光遠傳唐天成中以明宗改御名爲亶以偏傍字犯之始改光遠　案是書唐紀清泰二年楊檀始改名光遠非天成中即改名也

光遠入朝面奏維翰擅權高祖以光遠方有功于國乃出維翰鎮相州光遠爲西京留守　案通鑑考異云晉高祖實錄天福三年壬辰維翰樞罷樞密使庚子光遠始入朝對于便殿十一月戊申光遠爲西京留守天福四年閏七月壬申維翰出爲相州節度使與此傳先後互異

其碑石無故自折　案歐陽史作碑石既立天大雷電擊折之

盧文進傳文進字國用　案遼史太祖紀神册元年晉幽州節度盧國用來降二年晉新州裨將盧文進殺節度使李文矩來降則國用與文進顯係二人然天顯元年又書盧龍軍節度使盧國用叛奔于唐即文進歸唐之事也疑

文進入遼以後遂以字行修遼史者雜采諸書誤作兩人耳

行軍司馬馮知兆　馮知兆南唐書作姚知兆歐陽史與是書同

李金全傳軍校武彥和　案歐陽史南唐書俱作武克和通鑑從是書

親吏胡漢筠　胡漢筠歐陽史及南唐書俱作胡漢榮通鑑從是書

遣使賈仁紹　案仁紹通鑑作仁沼考異云薛史作仁紹今從實錄歐陽史南

唐書與通鑑同

扎拉舊作則剌今改

舊五代史卷九十七考證

舊五代史卷九十八

宋門下侍郎參知政事監修國史薛居正等撰

晉書第二十四

列傳十三

安重榮朔州人祖從義利州刺史父全勝州刺史振武蕃漢馬步軍都指揮使重榮有膂力善騎射唐長興中爲振武道巡邊指揮使犯罪下獄時高行周爲帥欲殺之其母赴闕申告樞密使安重誨陰護之奏于明宗有詔釋焉張敬達之圍晉陽也高祖聞重榮在代北使人誘之重榮乃召邊士得千騎赴焉高祖大喜誓以土地及卽位授成德軍節度使累加至使相自梁唐已來藩侯郡牧多以勳授不明治道例爲左右羣小惑亂賣官鬻獄割剝蒸民率有貪猥之名其實賄賂半歸于下惟重榮自能鉤距凡有爭訟多廷辯之至于倉庫耗利百姓科徭悉入于己諸司不敢窺覬嘗有夫婦共訟其子不孝者重榮面加詰責抽劍令自殺之其父泣曰不忍也其母詬詈仗劍逐之重榮疑而問之乃其繼

母也因叱出自後射之一箭而斃聞者莫不快意由此境內以爲強明大得民
情重榮起于軍伍暴得富貴復覩累朝自節鎮遽升大位每謂人曰天子兵強
馬壯者當爲之寧有種耶又以奏請過當爲權臣所否心常憤憤遂畜聚亡命
收市戰馬有飛揚跋扈之志通鑑帝之遣重榮代祕瓊也戒之曰瓊不受代當別除汝一鎮勿以力取恐爲患滋深重榮由是以
帝爲怯謂人曰祕瓊匹夫耳天子尚畏之況我以將相之重士民之衆乎嘗因暴怒殺部校賈章以謀叛聞章有女
一人時欲捨之女曰我家三十口繼經兵亂死者二十八口今父就刑存此身
何爲再三請死亦殺之鎮人由是惡重榮之酷而嘉賈女之烈焉天福中朝廷
姑息契丹務安邊塞重榮每見蕃使必以箕踞慢罵會有美稜數十騎由其境
內交言不遜因盡殺之契丹主大怒責讓朝廷朝廷隱忍未即加罪重榮乃密
搆吐渾等諸族以爲援助上表論之其略曰臣昨據熟吐渾節度使白承福赫
連公德等各領本族三萬餘帳自應州地界奔歸王化續準生吐渾並渾葜苾
兩突厥三部落南北將沙陀安慶九府等各領部族老小幷牛羊車帳甲馬七
八路慕化歸奔俱至五臺及當府地界已來安泊累據告勞具說被契丹殘害

平取生口率略羊馬淩害至甚又自今年二月後來須令點檢壯強置辦人馬衣甲告報上秋向南行營諸蕃部等實恐上天不祐殺敗後隨例不存家族所以預先歸順兼隨府族各量點檢強壯人馬約十萬衆又準沿河党項及山前山後逸利越利諸族部落等首領並差人各將契丹所授官告職牒旗號來送納例皆號泣告勞稱被契丹淩虐憤惋不已情願點集甲馬會合殺戮續又朔州節度副使趙崇與本城將校殺僞節度使劉山尋已安撫軍城乞歸朝廷臣相次具奏聞昨奉宣諭及累傳聖旨令臣凡有往復契丹更須承奉當候彼生頭角不欲自起釁端貴守初終不愆信誓仰認睿旨深惟匿瑕其如天道人心至務勝殘去虐須知機不可失時不再來竊以諸蕃不招呼而自至朔郡不攻伐以自歸蓋繫人情盡由天意更念諸陷蕃節度使等本自勳勞早居富貴沒身邊塞遭酷虐以異常企足朝廷冀傾輸而不已如聞傳檄盡願倒戈如臣者雖是愚蒙粗知可否不思忌諱罄寫丹衷細具敷陳冀禆萬一其表數千言大抵指斥高祖稱臣奉表罄中國珍異貢獻契丹陵虐漢人竟無厭足又以此意

爲書遺諸朝貴及蕃鎭諸侯高祖憂其變也遂幸鄴都以詔諭之凡有十焉其略曰爾身爲大臣家有老母忿不思難棄君與親吾因契丹而興基業爾因吾而致富貴吾不敢忘爾可忘耶且前代和親只爲安邊今吾以天下臣之爾欲以一鎭抗之大小不等無自辱焉重榮愈恣縱不悛雖有此奏亦密令人與契丹幽州帥劉晞結託蓋重榮有內顧之心契丹幸我多事復欲侵呑中國契丹之怒重榮亦非本志也時重榮嘗與北來蕃使並轡而行指飛鳥射之應弦而落觀者萬衆無不快抃蕃使因輟所乘馬以慶之由是名振北方自謂天下可以一箭而定也又重榮素與襄州安從進連結及聞從進將議起兵而奸謀乃決天福六年冬大集境內飢民衆至數萬揚旌向闕聲言入覲朝廷遣杜重威帥師禦之遇于宗城軍纔成列有賊將趙彥之臨陣卷旗來奔重榮方戰聞彥之背己大恐退于輜重中王師因而擊之一鼓而潰重榮與十餘騎北走其下部衆屬嚴冬寒冽殺戮及凍死者二萬餘人重榮至鎭取牛馬革旋爲甲使郡人分守夾城以待王師宋史解暉傳安重榮反鎭州因舉兵向闕至宗城晉師逆戰大破之暉募軍中壯士百餘人夜擣賊壘殺獲甚

衆暉頻中流矢而督戰自若顏色不撓以功遷列校杜重威至有部將自西郭水門引官軍入焉殺守陴百姓萬餘人重威尋害導者自收其功重榮擁吐渾數百匿于牙城重威使人襲而得之斬首以進高祖御樓閱其俘馘宣露布訖遺漆其頭顱函送契丹五代史補安重榮出鎮常懷不軌之計久矣但未發居無何廄中產朱鬃白馬黑鴉生五色雛以爲鳳乃欣然謂天命在己遂舉兵反指揮令取宗嶺路以向闕時父老聞之往往竊議曰事不諧矣且王姓安氏曰鞍得背而穩何不取路貝州若由宗嶺是鞍及于鬃得無危乎未幾與王師先鋒遇一戰而敗

安從進歐陽史從進其先索葛部人也初事莊宗爲護駕馬軍都指揮使領貴州刺史明宗時爲保義彰武軍節度使愍帝卽位徙領順化清泰中徙鎮山南東道晉高祖卽位加同中書門下平章事天福六年高祖幸鄴討安重榮少帝以鄭王留守京師時和凝請于高祖曰陛下北征臣料安從進必反何以制之高祖曰卿意將奈何凝曰臣聞之兵法先人者奪人願陛下爲空名宣敕十通授鄭王有急則命將往從進聞高祖往北遂反少帝以空名授李建崇郭金海討之從進引兵攻鄧州不克進至湖陽遇建崇等大駭以爲神速復爲野火所燒遂大敗從進自焚

張彥澤其先出于突厥後爲太原人也祖父世爲陰山府裨將彥澤少有勇力

目睛黃而夜有光色顧視若鷙獸焉以騎射事後唐莊宗明宗以從戰有功繼領郡守高祖卽位擢爲曹州刺史從楊光遠圍范延光于鄴以功授華州節度使尋移鎮涇州累官至檢校太保有從事張式者以宗人之分受其知遇時彥澤有子爲內職素不叶父意數行笞撻懼其楚毒逃竄外地齊州捕送到闕敕旨釋罪放歸父所彥澤上章請行朝典式以有傷名教屢諫止之彥澤怒引弓欲射之式僅而獲免尋令人逐式出衙式自爲賓從彥澤委以庶務左右羣小惡之久矣因此讒搆互來迫脅云書記若不便出斷定必遭屠害式乃告病尋醫攜其妻子將奔衍州彥澤遣指揮使李興領二十騎追之戒曰張式如不從命卽斬取頭來式懇告刺史遂差人援送到汾州節度使李周驛騎以聞朝廷以姑息彥澤之故有勑流式于商州彥澤遣行軍司馬鄭元昭詣闕論請面奏云彥澤若不得張式恐致不測高祖不得已而從之既至決口劓心斷手足而死之式父鐸詣闕訴冤朝廷命王周代之周至任奏彥澤在郡惡跡二十六條逃散五千餘戸彥澤既赴闕刑法官李濤等上章請理其罪高祖下制止令削

奪一階一爵而已時以爲失刑少帝即位桑維翰復舉之尋出鎮安陽既至折節于士大夫境內稱理旋命領軍北屯恆定時易州地孤漕運不繼制令邢魏相衛飛輓以輸之百姓荷擔纍纍于路彥澤每援之以行見羸困者使其部衆代而助之洎至北邊不令百姓深入即遣騎士以馬負糧而去往來既速且無邀奪之患聞者嘉之陽城之戰彥澤之功出于諸將之右其後與敵接戰頻獻捷于闕下咸謂其感高祖不殺之恩補昔年之過也開運三年冬契丹既南牧杜重威兵次瀛州彥澤爲契丹所啖密已變矣乃通款于契丹請爲前導因促騎說重威引軍沿滹水西援常山既而與重威通謀及王師降于中渡契丹主遣彥澤統二千騎趨京師以制少帝且示公卿兆民以存撫之意彥澤以是歲十二月十六日夜自封邱門斬關而入以兵圍宮城翌日遷帝于開封府舍凡內帑奇貨悉輦歸私邸仍縱軍大掠兩日方止（東都事略李處耘傳云居京師遇張彥澤之暴處耘善射獨當里門殺數十人里中賴之）時桑維翰爲開府尹彥澤召至麾下待之不以禮維翰責曰去年拔公于罪人之中復領大鎮授以兵權何負恩一至此耶彥澤無以對是夜殺

維翰盡取其家財彥澤自謂有功于契丹晝夜以酒樂自娛當在京巡檢之時出入騎從常數百人旗幟之上題曰赤心爲主觀者無不竊笑又所居第財貨山積楚國夫人丁氏即少帝弟曹州節度使延煦之母也有容色彥澤使人取之太后遲迴未與彥澤立遣人載之而去其負國欺君也如是數日之內恣行殺害或軍士擒獲罪人至前彥澤不問所犯但瞋目出一手豎三指而已軍士承其意即出外斷其腰領焉彥澤與閤門使高勳不協因乘醉至其門害其仲父季弟暴尸于門外及契丹帳泊于北郊勳往訴其冤時契丹主已怒彥澤剽掠京城遂令鎖之仍以彥澤罪惡宣示百官及京城士庶且云彥澤之罪合誅與否百官連狀具言罪在不赦市肆百姓亦爭投狀疏彥澤之罪戎王知其衆怒遂令棄市仍令高勳監決斷腕出鎖然後刑之勳使人剖其心以祭死者市人爭其肉而食之五代史補李濤常憤張彥澤殺邠州幕吏張式而取其妻濤率同列上疏請誅彥澤以謝西土高祖方姑息武夫竟不從未幾契丹南侵至中渡橋彥澤首降契丹喜命以本軍統蕃部控弦之士先入京師彥澤自以功不世出乃挾宿憾殺開封尹桑維翰濤聞之謂親知曰吾會上疏請誅彥澤今國家失守彥澤所爲如此吾之首領容可保乎然無可奈何誰能伏藏溝瀆而取辱耶于是自寫門狀求見彥澤其狀云上疏請殺太尉人

李濤謹隨狀納命彥澤覽之欣然降階迎之然濤猶未安復曰太尉果然相恕乎彥澤曰覽公門狀見納命二字使人怒氣頓息又何憂哉濤素滑稽知其必免又戲爲伶人詞曰太尉既相恕何不將壓驚絹來彥澤大笑卒善待之

趙德鈞本名行實幽州人也少以騎射事滄州連帥劉守文守文爲弟守光所害遂事守光署爲幽州軍校及唐莊宗伐幽州德鈞知其必敗乃遁歸莊宗莊宗善待之賜姓名曰紹斌累歷郡守從平梁遷滄州節度使同光三年移鎮幽州明宗即位遂歸本姓始改名德鈞其子延壽尚明宗女興平公主故德鈞尤承倚重天成中定州王都反契丹遣特哩袞領精騎五千來援都至唐河爲招討使王晏球所敗會霖雨相繼所在泥淖敗兵北走人馬饑疲德鈞于要路邀之盡獲餘衆擒特哩袞已下首領數十人獻于京師明年王都平加兼侍中頃之加東北面招討使德鈞奏發河北數鎮丁夫開工馬口至游口以通水運凡二百里又于閻溝築壘以戍兵守之因名良鄉縣以備鈔寇又于幽州東築三河城北接薊州頗爲形勝之要部民由是稍得樵牧德鈞鎮幽州凡十餘年甚有善政累官至檢校太師兼中書令封北平王遼史天贊六年遣人以詔賜盧龍軍節度使趙德鈞七年趙德

鈞遣人進時果蓋德鈞久在邊境嘗與契丹通好也清泰三年夏晉高祖起義于晉陽九月契丹敗張敬達之軍于太原城下唐末帝詔德鈞以本軍由飛狐路出賊後邀之時德鈞子延壽爲樞密使唐末帝命帥軍屯上黨德鈞乃以所部銀鞍契丹直三千騎至鎮州率節度使董温琪同赴征行自吳兒峪路趨昭義與延壽會于西唐店十一月以德鈞爲諸道行營都統以延壽爲太原南面招討使遣端明殿學士呂琦齎賜官告兼令犒軍琦從容言天子委任之意德鈞曰既以兵相委焉敢惜死時范延光領兵二萬軍于遼州德鈞欲併其軍奏請與延光會合唐末帝諭延光疑其姦謀不從德鈞延壽自潞州引軍至團柏谷德鈞累奏乞授延壽鎮州節度末帝不悅謂左右曰趙德鈞父子堅要鎮州苟能逐退蕃兵要代予位亦所甘心若翫寇要君但恐犬兎俱斃朝廷繼馳書詔促令進軍德鈞遲疑不果乃遣使于契丹厚齎金幣求立以爲帝仍許晉祖長鎮太原契丹主不之許及楊光遠以晉安寨降于契丹德鈞父子自團柏谷南走潞州一行兵士投戈棄甲自相騰踐死者萬計時德鈞有愛將時賽率輕騎東還漁陽其部曲尚千

餘人與散亡之卒俱集于潞州是日潞州節度使高行周亦自北還及至府門見德鈞父子在城闉上行周謂曰某與大王鄉人宜以忠言相告城中無斗粟可食請大王速迎車駕自圖安計無取後悔焉德鈞遂與延壽出降契丹高祖至德鈞父子迎謁于馬前高祖不禮之時契丹主問德鈞曰汝在幽州日所置銀鞍契丹直何在德鈞指示之契丹盡殺于潞之西郊遂鎖德鈞父子入蕃及見國母舒嚕氏盡以一行財寶及幽州田宅籍而獻之國母謂之曰汝父子自覓天子何耶德鈞俛首不能對通鑑太后問曰汝近者何爲在太原德鈞曰奉唐主之命太后曰汝從吾兒求爲天子何妄語耶又自指其心曰此不可欺也又曰吾兒將行吾戒之云趙大王若引兵北向榆關亟須引歸太原不可救也汝欲爲天子何不先擊退吾兒徐圖亦未晚汝爲人臣既負其主不能擊敵又欲乘亂邀利所爲如此復面目求生乎德鈞俛首不能對又問田宅何在曰臣在幽州國母曰屬我矣又何獻也天福二年夏德鈞卒于契丹契丹國志德鈞鬱鬱不多食踰年而死德鈞既卒國主釋延壽而用之

延壽本姓劉氏父曰邟常山人也常任蓨令梁開平初滄州節度使劉守文陷其邑時德鈞爲偏將獲延壽幷其母种氏遂養之爲子延壽姿貌妍柔稍涉書

史尤好賓客亦能爲詩太平廣記引趙延壽傳云延壽幼習武略即戎之暇時復以篇什爲意嘗在北庭賦詩曰占得高原肥草地夜深生火拆林梢南人聞者傳之及長尚明宗女興平公主初爲汴州司馬明宗即位授汝州刺史歷河陽宋州節度使入爲上將軍充宣徽使遷樞密使兼鎮徐州及高祖起義于晉陽唐末帝幸懷州委延壽北伐後高祖至潞州延壽與父德鈞俱陷北庭未幾契丹主以延壽爲幽州節度使封燕王尋爲樞密使兼政事令天福末契丹與少帝絶好契丹主委延壽以圖南之事許以中原帝之延壽乃導誘蕃軍蠶食河朔諸軍既降于中渡契丹主命延壽就寨安撫之仍賜龍鳳赭袍使衣之而往謂之曰漢兒兵士皆爾有之爾宜親自慰撫延壽至營杜重威李守貞已下皆迎謁于馬前及契丹入汴時降軍數萬皆野次于陳橋契丹主慮有變欲盡殺之延壽聞之遽請見契丹主曰臣伏見今日已前皇帝百戰千征始收得晉國不知皇帝自要治之乎爲他人取乎契丹主變色曰爾何言之過也朕以晉人負義舉國南征五年相殺方得中原豈不自要爲主而爲他人耶卿有何說速奏朕來延壽曰皇帝嘗知吳蜀與晉朝相殺否曰知延壽曰今中原

南自安申西及秦鳳沿邊數千里並是兩界守戍之所將來皇帝歸國時又漸及炎蒸若吳蜀二寇交侵中國未知許大世界教甚兵馬禦捍苟失隄防豈非爲他人取也契丹主曰我弗知也爲之奈何延壽曰臣知上國之兵當炎暑之時沿吳蜀之境難爲用也未若以陳橋所聚降軍團併別作軍額以備邊防契丹主曰念在壺關失斷陽城時亦曾言議未獲區分致五年相殺此時入手如何更不翦除延壽曰晉軍見在之數如今還似從前盡在河南誠爲不可臣請遷其軍並其家口于鎮定雲朔間以處之每歲差伊分番于河外沿邊防戍上策也契丹主忻然曰一取大王商量由是陳橋之衆獲免長平之禍焉延壽在汴久之知契丹主無踐言之意乃遣李崧達語契丹主求立爲皇太子崧不得已言之契丹主曰我于燕王無所愛惜但我皮肉堪與燕王使用亦可割也何況他事我聞皇太子天子之子合作燕王豈得爲之也因命與燕王加恩時北來翰林學士承旨張礪擬延壽爲中京留守大丞相錄尚書事都督中外諸軍事樞密使燕王如故契丹主覽狀索筆圍却錄尚書事都督中外諸軍事之字

乃付翰林院草制焉又以其子匡贊爲河中節度使延壽在汴州復娶明宗小女爲繼室先是延州節度使周密爲其子廣娶焉已納財畢親迎有日矣至是延壽奪取之契丹主自汴迴至邢州命升延壽坐在契丹左右相之上契丹主死延壽下教于諸道稱權知南朝軍國事是歲六月一日爲永康王烏裕所鎖籍其家財分給諸部尋以延壽入國竟卒于契丹匡贊歷漢周兩朝累授節鎮及統軍使仕皇朝歷廬延邠鄜等四鎮焉

張礪字夢臣磁州滏陽人也祖慶父寶世爲農礪幼嗜學有文藻在布衣時或覩民間爭競必爲親詣公府辨其曲直其負氣也如此唐同光初擢進士第尋拜左拾遺直史館會郭崇韜伐蜀奏請礪掌軍書蜀平崇韜爲魏王繼岌所誅時崇韜左右親信皆懼禍奔逃惟礪詣魏王府第慟哭久之時人皆服其高義及魏王班師礪從副招討使任圜東歸至利州會康延孝叛迴據漢州圜奉魏王命迴軍西討延孝時礪獻謀于圜請伏精兵于後先以羸師誘之圜深以爲然延孝本驍將也任圜乃儒生也延孝聞圜至又覩其羸師殊不介意及戰酣

圜發精兵以擊之延孝果敗遂擒之以歸是歲四月五日至鳳翔內官向延嗣奉莊宗命令誅延孝監軍李延襲已聞洛中有變故留延孝且害任圜之功故也圜未決礪謂圜曰此賊構亂遂致凱旋差晚且明公血戰擒賊安得違詔養禍是破檻放虎自貽其咎也公若不決余自殺此賊任圜不得已遂誅延孝天成初明宗知其名召爲翰林學士再丁父母憂服闋皆復入爲學士歷禮部兵部員外郎知制誥充職未幾父之妾卒初妾在世礪以久侍先人頗亦敬奉諸幼子亦以祖母呼之及卒礪疑其事詢于同寮未有以對礪即託故歸于滏陽閑居三年不行其服論情制宜識者韙之清泰中復授尚書比部郎中知制誥依前充學士高祖起于晉陽唐末帝命趙延壽進討又命翰林學士和凝與延壽偕行礪素輕凝慮不能集事因自請行唐末帝慰而許之及唐軍敗于團柏谷與延壽俱陷于契丹契丹以舊職縻之累官至吏部尚書契丹入汴授右僕射平章事集賢殿大學士隨至鎮州會契丹主卒永康王北去蕭翰自東京過常山乃引鐵騎圍其第時礪有疾方伏枕翰見礪責之曰爾言于先帝云不得

任蕃人作節度使如此則社稷不永矣又先帝來時令我于汴州大內安下爾言不可又我爲汴州節度使爾在中書何故行帖與我礪抗聲而對辭氣不屈翰遂鎖礪而去遼史礪抗聲曰此國家大體安危所繫吾實言之欲殺卽殺奚以鎖爲鎮州節度使滿達勒尋解其鎖是夜以疾卒家人燼其骨歸葬于潞陽礪素耿直嗜酒無檢始陷契丹時嘗背契丹南歸爲追騎所獲契丹主怒曰爾何捨我而去礪曰礪漢人也衣服飲食與此不同生不如死請速就刃契丹主顧通事高唐英曰我常戒爾輩善待此人致其逃去過在爾輩因笞唐英一百其爲契丹主善待也如此礪平生抱義憐才急于獎拔聞人之善必擕袂以稱之見人之貧亦倒篋以濟之故死之之日中朝士大夫亦皆嘆惜焉

蕭翰者契丹諸部之長也父曰阿巴劉仁恭鎮幽州阿巴曾引衆寇平州仁恭遣驍將劉鴈郎與其子守光率五百騎先守其州阿巴不知爲郡人所紿因赴牛酒之會爲守光所擒契丹請贖之仁恭許其請尋歸阿巴妹爲安巴堅妻則契丹主德光之母也翰有妹亦嫁于德光故國人謂翰爲國舅契丹入東京以

翰爲宣武軍節度使契丹比無姓氏翰將有節度之命乃以蕭爲姓翰爲名自是翰之一族皆姓蕭契丹主北去留翰以鎮河南時漢高祖已建號于太原翰懼將北歸慮京師無主則衆皆爲亂乃遣蕃騎至洛京迎唐明宗幼子許王從益知南朝軍國事從益至翰率蕃將拜于殿上翌日翰乃輦其寶貨按轡而北漢人以許王既立不復爲亂果中其狡計翰行至鎮州遇張礪翰以舊事致忿就第數其失而鎖之翰歸本國爲永康王烏裕所鎖尋卒于本土

劉晞者涿州人也父濟雍累爲本郡諸邑令長晞少以儒學稱于鄉里嘗爲唐將周德威從事後陷于契丹契丹以漢職縻之天福中契丹命晞爲燕京留守嘗于契丹三知貢舉歷官至同平章事兼侍中隨契丹入汴授洛京留守會河陽軍亂晞走許州又奔東京蕭翰遣兵援晞至洛下契丹主死晞自洛復至東京隨蕭翰北歸遂留鎮州漢初與滿達勒同奔定州後卒于北蕃契丹國志劉珂晞之子也尚世宗妹燕國公主

崔廷勳不知何許人也通鑑注引宋白曰廷勳本河內人形貌魁偉美鬚髯幼陷北庭歷仕至

雲州節度使官至侍中契丹入汴遷少帝于封禪寺遣廷勳以兵防守尋授河陽節度使甚得民情契丹北行武行德率軍趨河陽廷勳爲行德所逐乃與奚王伊喇保懷州尋以兵反攻行德行德出戰爲廷勳所敗及契丹主死遂歸鎮州漢初與滿達勒同奔定州後沒于北蕃

史臣曰帝王之尊必由天命雖韓信彭越之勇吳濞淮南之勢猶不可以妄冀而況二安之庸昧相輔爲亂固宜其自取滅亡也後之擁強兵莅重鎮者得不以爲鑒乎彥澤狠子野心盈貫而死晚矣德鈞諸人與晉事相終始故附見于兹焉

舊五代史卷九十八

舊五代史卷九十八考證

晉列傳十三安重榮傳高祖聞重榮在北使人誘之　案歐陽史作使張穎陰招重榮

趙延壽傳末幾契丹主以延壽爲幽州節度使封燕王　案遼史云德鈞卒以延壽爲幽州節度使封燕王與是書同契丹國志會同六年以延壽爲盧龍節度使八年南征以延壽爲魏博節度使封燕王與是書異

尋爲樞密使兼政事令　案遼史天顯末以延壽妻在晉詔取之以歸自是益激昂圖報會同初帝幸其第加政事令不言延壽爲樞密使考契丹國志云會同改元參用蕃漢以延壽爲樞密使兼政事令與是書同

燕王如故　案遼史會同七年正月己丑授延壽魏博等州節度使封魏王延壽本傳亦言其先封燕王改封魏王是延壽入汴時已爲魏王也是書始終稱爲燕王與遼史異

蕭翰傳尋卒于本土　案遼史翰後以謀反伏誅與是書異

美稜舊作梅里今改 特哩袞舊作惕隱今改 舒嚕舊作述律今改 烏裕舊作兀欲今改 滿達勒舊作麻答今改 阿巴舊作阿鉢今改 安巴堅舊作阿保機今改 伊喇舊作拽剌今改

舊五代史卷九十八考證

舊五代史卷九十九

宋門下侍郎參知政事監修國史薛居正等撰

漢書第一

高祖紀上

高祖睿文聖武昭肅孝皇帝姓劉氏諱暠本名知遠及即位改今諱其先本沙陁部人也四代祖諱湍帝有天下追尊為明元皇帝廟號文祖陵曰懿陵（五代會要湍為東漢顯宗第八子淮陽王昞之後）高祖母隴西李氏追諡明貞皇后曾祖諱昂晉贈太保追尊為恭僖皇帝廟號德祖陵曰沛陵（五代會要懿陵沛陵皆無陵所遙申朝拜）曾祖母號國太夫人楊氏追諡恭惠皇后祖諱僎晉贈太傅追尊為昭獻皇帝廟號翼祖陵曰威陵祖母魯國太夫人李氏追諡為昭穆皇后皇考諱琠事後唐武皇帝為列校晉贈太師追尊為章聖皇帝廟號顯祖陵曰蕭陵皇妣吳國太夫人安氏追諡章懿皇后后以唐乾寧二年歲在乙卯二月四日生帝于太原帝弱不好弄嚴重寡言及長面紫色目睛多白初事唐明宗列于麾下明宗與梁人對柵于德勝

時晉高祖爲梁人所襲馬甲連革斷帝輟騎以授之取斷革者自跨之徐殿其後晉高祖感而壯之明宗踐阼晉高祖爲北京留守以帝前有護援之力奏移麾下署爲牙門都校應順初晉高祖鎮常山唐明宗召赴闕會閔帝出奔與晉高祖相遇于途遂俱入衛州泊于郵舍閔帝左右謀害晉高祖帝密遣御士石敢袖鎚立于晉高祖後及有變敢擁晉高祖入一室以巨木塞門敢尋死焉帝率衆盡殺閔帝左右遂免晉高祖于難通鑑考異引漢高祖實錄云是夜偵知少帝伏甲欲與從臣謀害晉高祖詐屏人對語方坐庭廡帝密遣御士石敢袖鎚立于後俄頃伏甲者起敢有勇力擁晉高祖入一室以巨木塞門敢力當其鋒死之帝解佩刀遇夜晦以在地葦炬未然者奮擊之衆謂短兵也遂散走帝乃匿身長垣下聞帝親將李洪信謂人曰石太尉死矣帝隱垣呼洪信曰太尉無恙乃踰垣出就洪信兵共護晉高祖殺建謀者以少主授王宏贄清泰元年晉高祖復鎮河東三年夏移鎮汾陽帝勸晉高祖舉義贊成密計經綸之始中外賴之晉高祖以帝爲北京馬步軍都指揮使及契丹以全軍赴難大破張敬達之衆于晉陽城下有降軍千餘人晉高祖將置之于親衛帝盡殺之晉國初建加檢校司空充侍衛馬步都指揮使權點檢隨駕六軍諸衛事尋改陝州節度使充侍衛親軍馬步都虞候契丹主送晉高祖至

上黨指帝謂高祖曰此都軍甚操刺無大故不可棄之晉高祖入洛委帝巡警都邑肅然無敢犯令天福二年夏四月加檢校太保八月改許州節度使典軍如故三年夏四月加檢校太傅冬十月授侍衞親軍馬步軍都指揮使十一月移授宋州加檢校太尉十二月加同平章事時帝與杜重威同制加恩帝憤然不樂懇讓不受杜門不出者數日通鑑知遠自以有佐命功重威起于外戚無大功恥與之同制制下數日杜門四表辭不受晉高祖怒召宰相趙瑩等議落帝兵權任歸私第瑩等以爲不可乃遣端明殿學士和凝就第宣諭帝乃承命五年三月改鄴都留守兼侍衞親軍馬步軍都指揮使九月奉詔赴闕晉高祖幸其第六年七月授北京留守河東節度使七年正月加侍中時天下大蝗惟不入河東界六月晉高祖崩于鄴宮少帝即位加帝檢校太師八年三月進位中書令開運元年正月契丹南下契丹主以大軍直抵澶州遣蕃將偉王率兵入雁門朝廷以帝爲幽州道行營招討使帝大破偉王于忻口尋奉詔起兵至土門軍至樂平會契丹退乃還三月封太原王七月兼北面行營都統二年四月封北平王三年五月加守太尉是月帝誅

吐渾白承福等五族凡四百人以別部王義宗統其餘衆九月（案此下有脫文）犯塞帝親率牙兵至朔州南陽武谷大破之（東都事略郭進傳契丹屠安陽高祖遣進拒戰契丹敗走以功除刺史）十一月契丹主率蕃漢大軍由易定抵鎮州杜重威等駐軍于中渡橋以禦之十二月十日杜重威等以全軍降于契丹十七日相州節度使張彥澤受契丹命陷京城遷少帝于開封府帝聞之大駭分兵守境以備寇患天福十二年春正月丁亥朔契丹主入東京癸巳晉少帝蒙塵于封禪寺癸卯少帝北遷二月丁巳朔契丹主具漢法服御崇元殿受朝制改晉國爲大遼國大赦天下號會同十年是月帝遣牙將王峻奉表于契丹契丹主賜詔褒美呼帝爲兒又賜木柺一蕃法貴重大臣方得此賜亦猶漢儀賜几杖之比也王峻持柺而歸契丹望之皆避路及峻至太原帝知契丹政亂乃議建號焉是月秦州節度使何建以其地入于蜀戊辰河東行軍司馬張彥威與文武將吏等以中原無主帝威望日隆羣情所屬上牋勸進帝謙讓不允自是羣官三上牋諸軍將吏緇黃耆耋相次迫請教答允之庚午陝府屯駐奉國指揮使趙暉侯章都頭王晏殺契丹監

軍及副使劉愿暉自稱留後契丹因授暉陝州兵馬留後侯章爲本州馬步軍都指揮使王晏爲副都指揮使暉等不受命宋史王晏傳開運末與本軍都校趙暉忠衞都校侯章等戍陝州會契丹至汴遣其將劉愿據陝恣行暴虐晏與暉等謀曰今契丹南侵天下洶洶英雄豪傑固當乘時自奮且聞太原劉公威德遠被人心歸服若殺愿送款河東爲天下唱首則取富貴如反掌耳暉等然之晏乃率敢死士數人夜踰城入府署劫庫兵給其徒遲明斬愿首懸府門外衆請暉爲帥章爲本城副指揮使內外巡檢使兼都虞候乃遣其子漢倫奉表晉陽辛未帝于太原宮受冊即皇帝位制改晉開運四年爲天福十二年契丹國志云漢主仍稱天福年號曰予未忍忘晉也甲戌帝以晉帝舉族北遷憤惋久之是日率親兵趨土門路邀迎晉帝至壽陽聞其已過乃還契丹聞帝建號僞制削奪帝官爵以通事耿崇美爲潞州節度使高唐英爲相州節度使崔廷勳爲河陽節度使以扼要害之地丁丑磁州賊帥梁暉據相州己卯帝遣都將史宏肇率兵討代州平之初代州刺史王暉叛歸契丹宏肇一鼓而拔之斬暉以徇庚辰權晉州兵馬留後張晏洪奏軍亂殺知州副使駱從朗及括錢使諫議大夫趙熙以城歸順時晉州留後劉在明赴東京朝于契丹從朗知軍州事帝方遣使張晏洪辛處明等告諭登極從朗囚之本城大將藥可儔殺從朗于理所

州民相率害趙熙三軍請晏洪爲留後處明爲都監辛巳權陝州留後趙暉權潞州留後王守恩並上表歸順癸未澶州賊帥王瓊與其衆斷本州浮橋瓊敗死之時契丹以族人朗鄂爲澶州節度使朗鄂性貪虐吏民苦之瓊爲水運什長乃搆夏津賊帥張乙得千餘人泝河而上中夜竊發自南城殺守將絕浮航入北城朗悟據牙城以拒之數日會契丹救至瓊敗死焉契丹主初聞其變也懼甚由是大河之南無久留之意尋遣天雄軍節度使杜重威歸鎮三月丙戌朔詔河東管內自前稅外雜色徵配一切除放是日契丹主坐崇元殿行入閤之禮契丹主以舅蕭翰爲宣武軍節度使辛卯權延州留後高允權遣判官李彬奏本道節度使周密爲三軍所逐以允權知留後事上表歸順未幾帝召密赴行在壬辰丹州都指揮使高彥珣殺契丹所命刺史據城歸命壬寅契丹主發自東京還本國是日宿于赤崗至晡有大聲如雷起于敵帳之下契丹自黎陽濟河遂趨相州庚戌帝以北京馬步都指揮使泗州防禦使檢校太保劉崇爲太原尹檢校太尉以北京馬步軍都虞候郭從義爲鄭州防禦使檢校太保

以北京興捷左廂都指揮使李洪信爲陳州刺史檢校司徒以興捷右廂都指揮使尙洪遷爲單州刺史檢校司徒以北京武節左廂都指揮使蓋萬爲蔡州刺史以武節右廂都指揮使周暉爲濮州刺史以保寧都指揮使朱奉千爲隨州刺史辛亥吐渾節度使王義宗加檢校太尉以前忻州刺史秦習爲耀州團練使癸丑以北京副留守檢校司徒白文珂爲河中節度使檢校太尉夏四月己未以北京馬軍都指揮使集州刺史劉信爲滑州節度使充侍衞馬軍都指揮使檢校太傅以北京隨使右都押衙楊邠爲權樞密使檢校太保以北京武節都指揮使雷州刺史史宏肇爲許州節度使充侍衞步軍都指揮使檢校太傅以北京牢城都指揮使壁州刺史常思爲鄧州節度使檢校太傅兼權北京馬步軍都指揮使三城巡檢使以河東行軍司馬張彥威爲同州節度使檢校太保以蕃漢兵馬都孔目官郭威爲權樞密使檢校司徒以河東左都押衙扈彥珂爲宣徽南院使檢校司徒以右都押衙王浩爲宣徽北院使檢校司徒以兩使都孔目官王章爲權三司使檢校太保是日契丹主取相州殺留後梁暉

宋史李穀傳潛遣河朔酋豪梁暉入據安陽契丹主患之卽謀北旋會有告契丹以城中虛弱者契丹還攻安陽陷其城暉磁州滏陽人少
爲盜會契丹入汴暉收集徒黨先入磁州無所侵犯遣使送款于帝暉偵知相州頗積兵仗且無守備遂以三月二十一日夜與其徒踰垣而入殺契丹數十人奪器甲數萬計遂據其城契丹主先遣相州節度使高唐英率兵討之未幾契丹主至城下是月四日攻拔之遂屠其城翼日契丹主北去命高唐英鎮之唐英閱城中遺民得男女七百人而已乾祐中王繼宏鎮相州奏于城中得髑髏十餘萬殺人之數從可知也庚申以石州刺史易全章爲洺州團練使以前遼州刺史安真爲宿州團練使以嵐州刺史孟行超爲潁州團練使以汾州刺史武彥宏爲曹州防禦使以前憲州刺史慕容信爲齊州防禦使以遼州刺史薛瓊爲亳州防禦使以沁州刺史李漢韜爲汝州防禦使癸亥册魏國夫人李氏爲皇后甲子以皇長子承訓爲左衛上將軍第二子承祐爲左衛大將軍第三子承勳爲右衛大將軍皇女彭城郡君宋氏封永寧公主皇姪承贇爲右衛上將軍以河東節度判官蘇逢吉爲中書侍郎同平章事集賢殿大學士以河

東觀察判官蘇禹珪爲中書侍郎同平章事升府州爲節鎭加永安軍額以振武節度使府州團練使折從阮爲永安軍節度使行府州刺史檢校太尉以北京隨使左都押衙劉銖爲河陽節度使以河東支使韓祚爲左諫議大夫充樞密直學士乙丑遣史宏肇率兵一萬人趨潞州丙寅以權知潞州軍州事左驍衞大將軍王守恩爲潞州節度使檢校太保以權點檢延州軍州事高允權爲延州節度使檢校太保以岢嵐軍使鄭謙爲忻州刺史遙領應州節度使充忻代二州義軍都部署丁卯以河東都巡館驛沿河巡檢使閻萬進爲嵐州刺史領朔州節度使充嵐憲二州義軍都制置戊辰權河陽留後武行德以城來歸初契丹主將發東京船載武庫兵仗自汴浮河欲置之于北地遣奉國都虞候武行德部送與軍士千餘人幷家屬俱行至河陰軍亂奪兵仗殺契丹監吏衆推行德爲帥與河陰屯駐軍士合乃自氾水抵河陽河陽僞命節度使崔廷勳率兵拒之兵敗行德等追躡之廷勳棄城而遁行德因據其城隆平集武行德傳行德陷于契丹僞請自効因遣送將校數十人護所取尙方鎧甲還契丹至河陰行德謂衆曰我與若等能爲邊地鬼耶衆素伏其威名皆曰惟命遂攻孟州走其節度使

崔廷勳悉以府庫分諸校而權領州事遣其弟行友詣太原勸進僞命西京留守劉晞棄洛城南走許州遂奔東京洛京巡檢使方太自署知留守事未幾太爲武行德所害是日蕃將耿崇美屯澤州史宏肇遣先鋒將馬誨率兵擊之崇美退保懷州崔廷勳以契丹衆攻武行德于河陽行德出戰爲廷勳所敗汴州蕭翰遣蕃將高牟翰將兵援送劉晞復歸于洛牟翰至殺前澶州節度使潘環于洛陽辛未以河陽都部署武行德爲河陽節度使檢校太尉充一行馬步軍都部署甲戌潞州節度使王守恩加檢校太尉以前棣州刺史慕容彥超爲澶州節度使檢校太保丙子契丹主耶律德光卒于鎭之欒城趙延壽于鎭州自稱權知國事辛巳陝州節度使趙暉加檢校太尉華州節度使兼陝州馬步軍都指揮使侯章加檢校太傅以陝府馬步軍副都指揮使兼絳州防禦使王晏爲晉州節度使檢校太傅以丹州都指揮使權知軍州事高彥珣爲丹州刺史隆平集王晏傳云漢祖威名未振而晏等歸之甚喜即授以節度使

舊五代史卷九十九考證

漢高祖紀上帝大破偉王于忻口　案漢祖破偉王是書作開運元年正月歐陽史漢本紀作三年五月晉本紀又載開運元年正月辛丑劉知遠及契丹偉王戰于秀容敗之兩紀年月互異應以是書爲據

三年五月加守太尉是月帝誅吐渾白承福等五族　案歐陽史作八月殺吐渾白承福等族

壬寅契丹主發自東京還本國　案遼史太宗紀作四月丙辰朔發自汴州與是書異歐陽史及通鑑俱從是書作壬寅

殺契丹數十人　案契丹國志作殺遼兵數百

丙子契丹主耶律德光卒于鎮之欒城　案遼史太宗紀四月丁丑崩于欒城與是書異歐陽史及通鑑俱從是書作丙子

朗鄂舊作朗五今改

舊五代史卷一百

宋門下侍郎參知政事監修國史薛居正等撰

漢書第二

高祖紀下

天福十二年夏五月乙酉朔契丹所署大丞相政事令東京留守燕王趙延壽爲永康王烏裕所縶既而烏裕召蕃漢臣寮于鎭州牙署矯其主遺詔命烏裕嗣位于是發哀成服辛卯詔取五月十三日車駕南幸甲午以判太原府事劉崇爲北京留守命皇子承訓武德使李暉大內巡檢丙申帝發河東取陰地關路幸東京時星官言太歲在午不利南巡故路出陰地丁酉史宏肇奏澤州刺史翟令奇以郡來降（宋史李萬超傳史宏肇路徑澤州刺史翟令奇堅壁拒命萬超馳至城下諭之曰今契丹北遁天下無主并州劉公仗大義定中土所向風靡後服者族盡早圖之令奇乃開門迎納宏肇即留萬超權州事）是日契丹所署汴州節度使蕭翰迎郇國公李從益至東京請從益知南朝軍國事己亥蕭翰發離東京北去乙巳契丹永康王烏裕自鎭州還蕃行次定州以定州節度副使耶律忠爲定州

節度使孫方簡爲雲州節度使方簡不受命遂歸狼山戊申車駕至絳州本州刺史李從朗以郡降初契丹遣偏校成霸卿曹可璠等守其郡帝建義之始不時歸命及車駕至帝耀兵于城下不令攻擊從朗等遂降六月乙卯契丹河中節度使趙贊起復河中節度使是日契丹右僕射兼中書侍郎平章事張礪卒于鎮州丙辰車駕至洛兩京文武百僚自新安相次奉迎郇國公李從益唐明宗淑妃王氏皆賜死于東京甲子車駕至東京丙寅以漢州就糧歸捷指揮使張建雄爲濮州刺史以金州守禦指揮使康彥環爲金州防禦使建雄彥環皆因亂害本州刺史自知州事故有是命以北京知進奏王從璋爲內客省使戊辰制大赦天下應天福十二年六月十五日昧爽已前天下見禁罪人已結正未結正已發覺未發覺除十惡五逆外罪無輕重咸赦除之諸州去年殘稅並放東西京一百里內放今年夏稅一百里外及京城今年屋稅並放一半契丹所授職任不議改更諸貶降官未量移與量移已量移者與敘錄徒流人並放還應係欠省錢家業抵當外並放宜以國號爲大漢年號依舊稱天福云己巳

詔青州襄州安州復爲節鎮曹陳二州依舊爲郡壬申北京留守劉崇加同平章事以中書舍人劉繼儒爲宗正卿翰林學士承旨尚書兵部侍郎張允落職守本官以尚書左丞張昭爲吏部侍郎以左散騎常侍邊歸讜爲禮部侍郎以左散騎常侍王仁裕爲戶部侍郎充翰林學士承旨以右諫議大夫張沆爲左散騎常侍充翰林學士以戶部侍郎李式爲光祿卿以翰林學士尚書禮部侍郎邊光範爲衞尉卿甲戌詔文武臣僚每遇內殿起居輪次上封事丁丑以湖南節度使馬希範卒輟視朝三日是月契丹所命相州節度使高唐英爲屯駐指揮使王繼宏楚暉所殺秋七月己丑以御史中丞趙上交爲太僕卿以戶部侍郎邊蔚爲御史中丞甲午武安軍節度副使水陸諸軍副都指揮使判內外諸司江南西道觀察等使檢校太尉馬希廣加檢校太師兼中書令行潭州大都督天策上將軍充武安軍節度湖南管內觀察使江南諸道都統封楚王丙申以鄴都留守天雄軍節度使檢校太師守太傅兼中書令衞國公杜重威爲宋州節度使加守太尉以宋州節度使檢校太師兼中書令高行周爲鄴都留

守加守太傅以鄆州節度使檢校太師兼侍中李守貞爲河中節度使加兼中書令以河中節度使檢校太尉趙贊爲晉昌軍節度使宋史趙贊傳贊懼漢疑己潛遣親吏趙僊奉表歸蜀判官李恕者趙延壽賓佐深所委賴至家事亦參之及贊出鎮從爲上介至是恕語贊曰燕王入遼非所願也漢方建國必務懷柔公若泥首歸朝必保富貴狼狽入蜀理難萬全儻若不容後悔無及公能聽納請先入朝爲公申理贊即遣恕詣闕漢祖見恕問贊何以附蜀恕曰贊家在燕薊身受契丹之命自懷憂恐謂陛下終不能容招引西軍蓋圖苟免臣意國家甫定務安臣民所以令臣乞哀求覲漢祖曰贊之父子亦吾人也事契丹出于不幸今聞延壽落于陷穽吾忍不容贊耶恕未還贊已離鎮入朝即命爲左驍衛將軍以晉昌軍節度使張彥超爲鄜州節度使加檢校太師庚子以徐州節度使檢校太師同平章事岐國公符彥卿爲兗州節度使加兼侍中以鄧州節度使檢校太師王周爲徐州節度使加同平章事以許州節度使檢校太保劉重進爲鄧州節度使加檢校太傅以兗州節度使檢校太師兼侍中安審琦爲襄州節度使檢校太師莒國公李從敏爲西京留守加同平章事以鳳翔節度使檢校太師同平章事侯益依前鳳翔節度使加兼侍中辛丑故守司空兼門下侍郎平章事譙國公劉昫贈太保甲辰華州節度使侯章同州節度使張彥威涇州節度使史威並加檢校太尉以晉昌軍節度

使檢校太保劉銖爲青州節度使加檢校太尉同平章事以河中節度使檢校太尉白文珂爲鄆州節度使加同平章事以青州節度使楊承信爲安州節度使加檢校太傅滑州節度使兼侍衛馬軍都指揮使劉信許州節度使兼侍衛步軍都指揮使史宏肇並加檢校太尉庚戌以司天監任延浩爲殿中監以司天少監杜昇爲司天監是月契丹永康王烏裕囚祖母舒嚕氏于木葉山閏月辛酉以左衛上將軍皇甫立爲太子太師致仕乙丑禁造契丹樣鞍轡器械服裝故開封尹桑維翰贈尙書令故西京留守景延廣贈中書令以衛尉卿薛仁謙爲司農卿丙寅唐故樞密使郭崇韜贈中書令故河中節度使安重誨贈尙書令故華州節度使毛璋贈侍中故汴州節度使朱守殷贈中書令丁卯故青州節度使楊光遠贈尙書令追封齊王仍令所司追諡立碑唐故河中節度使西平王朱友謙追封魏王故樞密使馮贇贈中書令故河陽節度使判六軍康義誠贈中書令故西京留守京兆尹王思同故邠州節度使藥彥稠故襄州節度使安重進故鎮州節度使安重榮並贈侍中庚午以前延州留後薛可言爲

宣徽北院使以監察御史王度爲樞密直學士新授宋州節度使杜重威據鄴
都叛詔削奪重威官爵貶爲庶人以高行周爲行營都部署率兵進討辛未以
權樞密使楊邠爲樞密使加檢校太傅以權樞密副使郭威爲副樞密使加檢
校太保以權三司使王章爲三司使加檢校太傅壬申故晉昌軍節度使趙在
禮贈中書令故曹州節度使石贇贈侍中故滑州節度使皇甫遇贈中書令故
同州節度使劉繼勳故貝州節度使梁漢璋皆贈太尉故宣徽使孟承誨贈太
保丁丑有彗出于張旬日而滅己卯陝州節度使趙暉加階爵晉州節度使王
晏加檢校太尉河陽節度使武行德加階爵延州節度使高允權加檢校太尉
鄧州節度使常思加檢校太尉移鎮潞州庚辰追尊六廟以太祖高皇帝世祖
光武皇帝爲不祧之廟高曾已下四廟追尊謚號已載于前矣是日權太常卿
張昭上六廟樂章舞名太祖高皇帝室酌獻請依舊奏武德之舞世祖光武皇
帝室酌獻請依舊奏大武之舞文祖明元皇帝室酌獻請奏靈長之舞德祖恭
僖皇帝室酌獻請奏積善之舞翼祖昭獻皇帝室酌獻請奏顯仁之舞顯祖章

聖皇帝室酌獻請奏章慶之舞其六廟歌詞文多不錄八月壬午朔鎮州駐屯護聖左廂都指揮使白再榮等逐契丹所命節度滿達勒復其城滿達勒與河陽節度崔廷勳洛京留守劉晞並奔定州馳驛以聞庚寅以洛州團練使薛懷讓爲邢州節度使辛卯詔恆州復爲鎮州順國軍復爲成德軍乙未以護聖左廂都指揮使恩州團練使白再榮爲鎮州留後丙申詔天下凡關賊盜不計贓物多少案驗不虛並處死以兩浙節度使守太師兼中書令吳越國王錢宏佐薨廢朝三日丙午以吐渾府節度使檢校太尉王義宗爲沁州刺史依前吐渾節度使己酉以刑部尚書竇貞固爲吏部尚書是日薛懷讓奏收復邢州殺僞命節度副使知州事劉鐸初懷讓爲洛州防禦使滿達勒亟發健步督洛州糧運懷讓殺之以聞帝遣郭從義與懷讓攻取邢州蕃將楊袞來援鐸懷讓拒之不勝退保洛州敵騎掠其部民大被其苦會鎮州逐滿達勒楊袞收兵退鐸乃上表請命懷讓乘其無備遣人紿鐸云奉詔襲契丹請置頓于郡鐸開門迎之即爲懷讓所害時人寃之鐸初受契丹命爲邢州都指揮使及永康王以高奉

明爲節度滿達勒署鐸爲邢州副使兼都指揮使帝至東京奉明歸鎮州令鐸知邢州事至是遇害庚戌文武百寮上表請以二月四日降誕日爲聖壽節從之前晉昌軍節度副使李肅加左驍衛上將軍致仕是月遣使諸道和市戰馬九月甲子宰臣蘇逢吉兼戶部尚書蘇禹珪兼刑部尚書丁卯以吏部侍郎權判太常卿事張昭爲太常卿戊辰故易州刺史郭璘贈太傅甲戌宰臣蘇逢吉加左僕射監修國史蘇禹珪加右僕射集賢殿大學士以吏部尚書竇貞固爲守司空兼門下侍郎平章事宏文館大學士宋史竇貞固傳初帝與貞固同事晉祖甚相得時蘇逢吉蘇禹珪自霸府僚佐驟居相位思得舊臣冠首以貞固持重寡言有時望乃拜司空門下侍郎平章事以翰林學士行中書舍人李濤爲中書侍郎兼戶部尚書平章事宋史李濤傳杜重威據鄴叛高祖命高行周慕容彥超討之二帥不協濤密疏親征高祖覽奏以濤堪任宰輔即拜中書侍郎兼戶部侍郎平章事是日權太常卿張昭上疏奏改一代樂名戊寅詔以杜重威叛命取今月二十九日暫幸澶魏己卯以前樞密使李崧爲太子太傅以前左僕射和凝爲太子太保庚辰車駕發京師冬十月癸未以太子太保李鏻爲司徒以太子太傅盧文紀爲太子太師以前磁州刺史李穀爲左散騎

常侍（宋史李穀傳舊制罷外郡歸本官至是進秩擬之也）甲申車駕次韋城詔河北諸州見禁罪人自十月五日昧爽以前常赦所不原者咸赦除之壬辰日有黑子如雞卵丙申以相州留後王繼宏爲相州節度使加檢校太傅至鄴都城下丙午詔都部署高行周督衆攻城帝登高阜以觀之時衆議未欲攻擊副部署慕容彥超堅請攻之是日王師傷夷者萬餘人不克而退十一月壬子雨木冰癸丑日南至從官稱賀于行宮己未湖南奏荆南節度使高從誨叛辛酉雨木冰壬申杜重威上表請命癸酉雨木冰丁丑杜重威素服出降待罪于宮門詔釋其罪鄴都留守天雄軍節度使高行周加守太尉封臨清王以杜重威爲檢校太師守太傅兼中書令楚國公己卯以許州節度使兼侍衞步軍都指揮使史宏肇爲宋州節度使同平章事充侍衞親軍馬步軍都指揮使以滑州節度使兼侍衞馬軍都指揮使劉信爲許州節度使同平章事充侍衞親軍馬步軍副都指揮使以澶州節度使慕容彥超爲鄆州節度使同平章事以前定州節度使李殷爲貝州節度使以鄭州防禦使郭從義爲澶州節度使十二月辛巳朔以護聖左廂都指

揮使岳州防禦使李洪信爲遂州節度使充侍衛步軍都指揮使以護聖右廂都指揮使永州防禦使尚洪遷爲夔州節度使充侍衛步軍都指揮使丙戌車駕發鄴都歸京癸巳至自鄴都甲午以皇子開封尹承訓薨廢朝三日追封魏王丁酉帝舉哀于太平宮庚子司徒李鏻薨辛丑以前鄜州節度使郭謹爲滑州節度使加檢校太尉戊申宿州奏部民餓死者八百六十有七人乾祐元年正月辛亥朔帝不受朝賀乙卯制大赦天下改天福十三年爲乾祐元年自正月五日昧爽已前犯罪人除十惡五逆外罪無輕重咸赦除之己未改御名爲暠辛酉詔諸道行軍副使兩使判官並不得奏薦帶使相節度使許奏掌書記支使節度推官不帶使相節度使許奏掌書記節度推官其防禦團練判官軍事判官等聽奏所薦州縣官帶使相節度使許薦三人不帶使相二人防禦團練刺史一人云以前鄧州節度使燕國公馮道爲守太師進封齊國公甲子帝不豫庚午以前宗正卿石光贊爲太子賓客以太僕卿趙上交爲祕書監丁丑故尚書左丞韓祚贈司徒二十七日丁丑帝崩于萬歲殿時年五十四祕不發

喪庚辰太傅杜重威伏誅契丹國志云漢主召蘇逢吉楊邠史宏肇入受顧命曰承祐幼弱後事託在卿輩又曰善防杜重威是日殂逢吉等祕不發喪下詔稱重威父子因朕小疾謗議搖衆皆斬之磔死于市市人爭啖其肉二月辛巳朔內降遺制皇子周王承祐可于柩前即皇帝位是日發哀其年二月太常卿張昭上謚曰睿文聖武昭肅孝皇帝廟號高祖十一月壬申葬于睿陵宰臣蘇禹珪撰謚冊哀冊文云五代史補高祖嘗在晉祖麾下晉祖既起太原因高祖遂有天下先是豫章有僭號上藍者精于術數自唐末著讖云石榴花發石榴開議者以石榴則晉漢之謂也再言石榴者明享祚俱不過二世矣

史臣曰在昔皇天降禍諸夏無君漢高祖肇起并汾遄臨汴洛乘虛而取神器因亂而有帝圖雖曰人謀諒由天啓然帝昔莅戎藩素虧物望洎登宸極未厭人心徒矜拯溺之功莫契來蘇之望良以急于止殺不暇崇仁燕薊降師既連營而受戮鄴臺叛帥因閉壘以偷生蓋撫御以乖方俾征伐之不息及回鑾輅尋墮烏號故雖有應運之名而未覩爲君之德也

舊五代史卷一百考證

漢高祖紀下矯其主遺詔命爲裕嗣位　案遼史世宗紀作四月戊寅即皇帝位歐陽史通鑑契丹國志俱從是書作五月與遼史異

乙巳契丹永康王爲裕自鎮州還蕃行次定州　案遼史作甲申次定州與是書異

契丹河中節度使趙贊起復河中節度使　案遼史世宗紀天祿二年十月壬午南京留守魏王趙延壽薨考遼天祿二年即漢乾祐二年此時天福十二年延壽尚未死也此必因延壽爲永康王所鎖而漢人傳其已死遂起復其子贊以絕其北向之心耳

新授宋州節度使杜重威據鄴都叛詔削奪重威官爵貶爲庶人　案通鑑杜重威之叛在七月至閏月庚午乃削奪官爵五代春秋歐陽史作閏七月杜重威拒命與通鑑異

懷讓遣人紿鐸云奉詔襲契丹請置頓于郡　案宋史薛懷讓傳懷讓遣人紿

鐸云我奉詔爲邢州帥據是書則懷讓實紿鐸奉詔襲契丹以庚寅授邢州節度使非紿之也特託言置頓于郡耳

丙申至鄴都城下　案通鑑作戊戌至鄴都城下與是書異

甲午以皇子開封尹承訓薨廢朝三日追封魏王　案通鑑辛卯皇子開封尹承訓卒乙未追立爲魏王與是書紀日互異

烏裕舊作兀欲今改　舒嚕舊作述律今改　滿達勒舊作麻答今改

舊五代史卷一百考證

舊五代史卷一百一

宋門下侍郎參知政事監修國史薛居正等撰

漢書第三

隱帝紀上

隱皇帝諱承祐高祖第二子也母曰李太后以唐長興二年歲在辛卯三月七日生帝于鄴都之舊第高祖鎮太原署節院使累官至檢校尚書右僕射國初授左衞大將軍檢校司空還大內都點檢檢校太保乾祐元年正月二十七日高祖崩祕不發喪二月辛巳授特進檢校太尉同平章事封周王宣制畢有頃召文武百寮赴萬歲殿內降大行皇帝遺制云周王承祐可于柩前即皇帝位服紀日月一依舊制是日內外發哀成服初高祖欲改年號中書門下進擬乾和二字高祖改爲乾祐至是與御名相符甲申羣臣上表請聽政詔答不允凡四上表從之丁亥帝于萬歲殿門東廡下見羣臣尊母后爲皇太后己丑徐州節度使王周卒庚寅以前晉州留後劉在明爲鎮州留後幽州馬步軍都部署

加檢校太尉是日工部尙書龍敏卒壬辰右衛大將軍王景崇奏于大散關大敗蜀軍俘斬三千人初契丹犯京師侯益趙贊皆受其命節制岐蒲聞高祖入洛頗懷反仄朝廷移贊于京兆侯益與贊皆求援于蜀蜀遣何建率軍出大散關以應之至是景崇糾合岐雍邠涇之師以破之癸巳制大赦天下自乾祐元年二月十三日昧爽已前所犯罪人已結正未結正已發覺未發覺常赦所不原者咸赦除之中外文武臣寮並與加恩馬步將士各賜優給唐晉兩朝求訪子孫立爲二王後云丙午鳳翔巡檢使王景崇遣人送所獲僞蜀將校軍士四百三十八人至闕下詔釋之仍各賜衣服以兵部侍郎張允爲吏部侍郎以工部侍郎司徒詡爲禮部侍郎丁未以光祿卿李式爲尙書右丞以禮部侍郎邊歸讜爲刑部侍郎以刑部侍郎盧價爲兵部侍郎三月甲寅帝始御廣政殿羣臣起居殿中少監胡崧上言請禁斫伐桑棗爲薪城門所由專加捉搦從之丙辰鄴都留守太尉中書令臨清王高行周進封鄴王北京留守檢校太尉同平章事劉崇領宋州節度使兼侍衛親軍馬步軍都指揮使檢校太尉同平章事

史宏肇並加檢校太師兼侍中前邢州節度使安叔千以太子太師致仕戊午以右諫議大夫于德辰爲兵部侍郎庚申河中節度使檢校太師兼中書令李守貞加守太傅進封魯國公襄州節度使檢校太師兼中書令虢國公安審琦加守太保進封齊國公兗州節度使檢校太師兼侍中岐國公符彥卿加兼中書令進封魏國公許州節度使兼侍衞親軍副都指揮使檢校太尉同平章事劉信加檢校太師壬戌以宰臣竇貞固爲山陵使吏部侍郎段希堯爲副使太常卿張昭爲禮儀使兵部侍郎盧價爲鹵簿使御史中丞邊蔚爲儀仗使丙寅以前鳳翔節度使兼西南面兵馬都部署檢校太師兼侍中侯益爲開封尹加兼中書令（宋史侯益傳益率數十騎奔入朝隱帝遣侍臣問益連結蜀軍之由益對曰臣欲誘之出關掩殺之耳隱帝笑之益厚賂史宏肇輩言王景崇之橫恣諸權貴深庇護之乃授以開封尹兼中書令）西京留守檢校太師平章事莒國公李從敏夏州節度使檢校太師同平章事李彝殷並加兼侍中青州節度使檢校太尉同平章事劉銖鄆州節度使檢校太尉同平章事慕容彥超並加檢校太師詔改廣晉府爲大名府晉昌軍爲承興軍戊辰靈州節度使檢校太師同平章事馮暉

加兼侍中河陽節度使武行德滄州節度使王景華州節度使侯章晉州節度使王晏並依前檢校太尉加同平章事庚午涇州節度使史懿潞州節度使常思同州節度使張彥威延州節度使高允權並依前檢校太尉加同平章事澶州節度使郭從義邢州節度使薛懷讓並自檢校太傅加檢校太尉以前奉國右廂都指揮使王饒爲鄜州留後甲戌以邠州節度使檢校太尉同平章事王守恩爲永興軍節度使加檢校太師以滑州節度使檢校太尉郭謹爲邠州節度使以前鎮州留後檢校太傅白再鎬爲滑州節度使加檢校太尉以陝州節度使檢校太尉同平章事趙暉爲鳳翔節度使以前河中節度使檢校太尉同平章事白文珂爲陝州節度使殿中監任延浩配流鄜州坐爲劉崇所奏故也丙子鄧州節度使劉重進相州節度使王繼宏安州節度使楊信並自檢校太傅加檢校太尉以鎮州留後兼幽州一行馬步軍都部署檢校太傅劉在明爲鎮州節度使加檢校太師部署如故貝州節度使檢校太傅李殷加檢校太尉定州節度使檢校太尉孫方簡府州節度使檢校太傅折從阮並加檢校太師

丁丑中書侍郎兼戶部尚書平章事李濤罷免勒歸私第時蘇逢吉等在中書樞密使楊邠副樞密使郭威等權勢甚盛中書每有除授多爲邠等所抑濤不平之因上疏請出邠等以藩鎭授之樞密之務宜委逢吉禹珪疏入邠等知之乃見太后泣訴其事太后怒濤由是獲譴先是中書廚釜鳴者數四未幾濤罷免西道諸州奏河中李守貞謀叛發兵據潼關夏四月辛巳陝州兵馬監押王玉奏收復潼關定州孫方簡奏三月二十七日契丹棄定州遁去壬午以樞密使楊邠爲中書侍郎兼吏部尚書平章事使如故以副樞密使郭威爲樞密使加檢校太尉三司使王章加檢校太尉同平章事郢州刺史尹實奏荆南起兵在境上欲攻城是日以澶州節度使郭從義爲永興軍一行兵馬都部署時供奉官時知化王益自鳳翔部署前永興節度使趙贊部下牙兵趙思綰等三百餘人赴闕三月二十四日行次永興思綰等作亂突入府城據城以叛故命從義帥師以討之甲申王景崇奏趙思綰叛見起兵攻討丁亥幸道宮佛寺禱雨戊子東南面兵馬都元帥兩浙節度使檢校太師兼中書令吳越國王錢宏倧

加諸道兵馬都元帥天策上將軍湖南節度使檢校太師兼中書令楚王馬希廣加守中書令以陝州節度使白文珂爲河中府城下一行都部署庚寅宰臣竇貞固蘇逢吉蘇禹珪並進封開國公辛卯削奪李守貞在身官爵甲午以翰林學士承旨戶部侍郎王仁裕爲戶部尚書以翰林學士左散騎常侍張沆爲工部尚書以翰林學士中書舍人范質爲戶部侍郎以樞密直學士尚書比部員外郎王度爲祠部郎中並依前充職以侍衛步軍都指揮使尚洪遷充西南面行營都虞候以客省使王峻爲西南面行營兵馬都監戊戌以宣徽南院使扈彥珂爲左金吾上將軍庚子以左金吾大將軍充兩街使檢校太傅劉承贇爲徐州節度使甲辰以宣徽北院使薛可言爲右金吾上將軍以皇城使李暉爲宣徽南院使乙巳定州節度使孫方簡奏復入于本州初方簡爲狼山寨主叛晉歸契丹及契丹降中渡之師乃以方簡爲定州節度使契丹主死永康王嗣位卽以蕃將耶律忠代之移方簡爲雲州節度使方簡不受命遂歸狼山高祖至闕方簡歸款復以中山命之是歲三月二十七日契丹棄定州隳城壁焚

室廬盡驅人民入蕃惟餘空城瓦礫而已至是方簡自狼山回保定州是月河決原武縣河北諸州旱徐州餓死民九百三十有七五月己酉朔國子監奏周禮儀禮公羊穀梁四經未有印板欲集學官考校彫造從之己未回鶻遣使朝貢丁卯前翰林學士徐台符自幽州逃歸乙亥河決滑州魚池六月戊寅朔日有食之庚辰以內客省使王峻爲宣徽北院使依前永興城下兵馬都監以冀州牢城指揮使張廷翰爲冀州刺史時廷翰殺本州刺史何行通自知州事故有是命甲申以皇弟右衛大將軍勳爲興元節度使檢校太尉同平章事豐州節度使郭勳加檢校太師辛卯永興兵馬都部署郭從義奏得王景崇報有兵自隴州來欲投河中追襲至鄜城荊南節度使高從誨上表歸命從誨嘗拒朝命至是方遣牙將劉扶詣闕請罪丙申鎮州奏節度使劉在明卒戊戌以河陽節度使武行德爲鎮州節度使以宣徽南院使李暉爲河陽節度使以相州節度使王繼宏爲貝州節度使壬寅荊南高從誨入貢謝恩釋罪丙午以前永興軍節度使王守恩爲西京留守是月河北旱青州蝗秋七月戊申朔相州節度

使王繼宏殺節度判官張易以訛言聞是時法尙深刻藩郡凡奏刑殺不究其實卽順其請故當時從事鮮賓客之禮重足一跡而事之猶不能免其禍焉壬子以工部侍郎李穀充西南面行營都轉運使乙卯禮儀使張昭上高祖廟尊號獻舞名并歌辭舞曲請以觀德爲名歌辭不錄丙辰以久旱幸道宮佛寺禱雨是日大澍開封言陽武雍邱襄邑三縣蝗爲鸜鵒聚食詔禁捕鸜鵒庚申樞密使郭威加同平章事辛酉滄州上言自今年七月後幽州界投來人口凡五千一百四十七北土饑故也乙丑以宣徽北院使王峻爲宣徽南院使以內客省使吳虔裕爲宣徽北院使戊辰以遂州節度使兼侍衛親軍馬軍都指揮使李洪信爲澶州節度使以澶州節度使郭從義爲永興軍節度使兼行營都部署庚午故兵部尙書李懌贈尙書左僕射鎭州奏準詔處斬節度副使張鵬訖鵬以一言之失爲鄴帥高行周所奏故命誅之乙亥新授鳳翔節度使趙暉奏與八作使王繼濤領部下兵同赴鳳翔時王景崇拒命故也八月己卯以華州節度使侯章爲邠州節度使以左金吾上將軍扈彥珂爲華州節度使壬午命

樞密使郭威赴河中府軍前詔河府永與鳳翔行營諸軍一稟威節制時李守貞王景崇趙思綰連衡作叛朝廷雖命白文珂常思攻討河中物議以二帥非守貞之敵中外憂之及是命之降人情大愜癸巳以奉國左廂都指揮使閬州防禦使劉詞爲夔州節度使充侍衞步軍都指揮使兼河中行營都虞候以護聖左廂都指揮使岳州防禦使李洪義爲遂州節度使充侍衞馬軍都指揮使乙未兩浙節度使檢校太尉兼侍中吳越國王錢宏俶加檢校太師兼中書令東南面兵馬都元帥宏俶故吳越王元瓘之子也先是其兄宏倧襲父位尋爲部下所廢以宏俶代之故特加是命焉新授鳳翔節度使趙暉奏部署兵士赴鳳翔城下癸卯郭威奏今月二十三日人軍已抵河府賊城至二十六日開長連塹畢築長連城次九月戊申侯益部曲王守鈞自鳳翔來奔言益家屬盡爲王景崇所害壬子郭威奏破河府賊軍于城下甲寅故夔州節度使兼侍衞步軍都指揮使尚洪遷贈太尉乙丑雪書不時也戊辰鳳翔都部署趙暉奏大破川軍于大散關殺三千餘人其餘棄甲而遁隆平集藥元福從趙暉進討兵衆寡數倍他將皆爲卻元福擁數百

騎獨出令曰敢回頭者斬衆効死以戰遂有成功壬申郭威奏得郭從義報今月十四日鳳翔王景崇兵士離本城尋遣監軍李彥從率兵襲至法門寺西殺戮二千餘人詔陞河中府解縣爲解州冬十月丙子朔山陵使竇貞固上大行皇帝陵名曰睿陵從之丁丑夕歲星入太微戊寅趙暉奏破王景崇賊軍于鳳翔城下甲申吐蕃遣使獻方物丙戌右羽林將軍張播停任坐檢田受請託也丁亥中書舍人張誼責授房州司戶兵部郎中馬承翰責授慶州司戶並員外置所在馳驛發遣先是誼與承翰俱銜命于兩浙覩其驕僭之失形于譏誚兼乘醉有輕肆之言錢宏俶恥之撫其過以奏之朝廷以方務懷柔故有是命甲辰延州奏夏州李彝殷先出兵臨州境欲應接李守貞今郤抽退十一月甲寅誅太子太傅李崧及其弟司封員外郎嶼國子博士嶬夷其族爲部曲誣告故也詔曰稔惡圖危難逃天網虧忠負義必速神誅李崧頃在前朝最居重位略無裨益遂至滅亡及事契丹又爲親密士民俱憤險佞可知先皇帝含垢掩瑕推恩念舊擢居一品俾列三師不謂潛有包藏謀危社稷散差人使潛結奸兇俯近山陵擬爲叛亂按

其所告咸已伏辜宜正典章用懲奸逆其李崧李嶼李嶬一家骨肉及同謀作亂人並從極法云庚申大行皇帝靈駕進發辛酉荆南奏節度使高從誨卒壬申葬高祖皇帝于睿陵十二月丁丑荆南節度副使檢校太傅行峽州刺史高保融起復授荆南節度使檢校太尉同平章事渤海郡侯壬午帝被袞冕御崇元殿授六廟寶冊正使宰臣蘇禹珪使副大府卿劉皞赴西京行禮兗州奏淮賊先于沂州界立柵前月十七日已歸海州爲李守貞牽制也南唐書嗣主六年李守貞遣從事朱元李平奉表來乞師以潤州李金全爲西面行營招撫使壽州劉彥貞爲副諫議大夫查文徽爲監軍使兵部侍郎魏岑爲沿淮巡撫使聞河中平遽班師又李金全傳云出師沭陽諸將銳于進取金全獨以爲遠不相及乃止庚寅奉高祖神主于西京太廟淮南僞主李璟奉書于帝云先因河府李守貞求援又聞大國沿淮屯軍當國亦于境上防備昨聞大朝收軍當國尋已徹備其商旅請依舊日通行朝廷不報辛卯羣臣上表請以三月九日誕聖日爲嘉慶節從之延州節度使高允權奏得都頭李彥李遇等告太子太師致仕劉景巖與鄉軍指揮使高志結集草寇欲取臘辰窺圖州城尋請使臣與指揮使李勳聊將兵士巡檢偵邏劉景巖果出兵鬬

敵時卽殺敗其劉景巖尋獲斬之詔曰劉景巖年已衰暮身處退閑曾無止足之心輒肆包藏之毒結集徒黨窺伺藩垣所賴上將輸忠三軍協力盡除醜類克殄渠魁其劉景巖次男前德州刺史行琮已行極法長男渭州刺史行謙孫男邢州馬軍指揮使崇勳特放是冬多昏霧日晏方解

舊五代史卷一百一

舊五代史卷一百一考證

漢隱帝紀上三月二十四日行次永興思綰等作亂突入府城據城以叛　案歐陽史云四月壬午永興軍將趙思綰叛附于李守貞據是書趙思綰據城叛在三月非四月事五代春秋通鑑俱從是書

八月壬午命樞密使郭威赴河中府軍前　案是書周太祖紀云七月西面師徒大集未果進取其月十三日制授帝同平章事卽遣西征據此紀則周太祖以七月庚申加同平章事八月壬午命赴河中府軍前非一時事也二紀前後自相矛盾歐陽史漢周本紀亦各仍是書之舊未能參考畫一通鑑定從是書漢紀

舊五代史卷一百一考證

舊五代史卷一百二

宋門下侍郎參知政事監修國史薛居正等撰

漢書第四

隱帝紀中

乾祐二年春正月乙巳朔制曰朕以渺躬獲纘洪緒念守器承祧之重懷臨深履薄之憂屬以天道猶艱王室多故天降重戾國有大喪奸臣樂禍以圖危羣寇幸災而伺隙力役未息兵革方殷朕所以嘗膽履冰廢飧輟寐雖居億兆之上不以九五爲尊漸冀承平永安遐邇內則稟太后之慈訓外則仗多士之忠勳股肱叶謀爪牙宣力西摧三叛撫其背而扼其喉北挫諸蕃斷其臂而折其脊次則巴邛嘯聚淮海猖狂纔聞矢接鋒交已見山摧岸沮寇難少息師徒無虧兼以修奉園陵崇建宗廟右賢左戚同寅協恭多事之中大禮無闕負荷斯重哀感良深今以三陽布和四序更始宜申兌澤允答天休卹獄緩刑赦過宥罪當萬物之孳甲開三面之網羅順彼發生以召和氣應乾祐二年正月一日

昧爽已前天下見禁罪人除十惡五逆官典犯贓合造毒藥劫家殺人正身外其餘並放河府李守貞鳳翔王景崇永興趙思綰等比與國家素無讎釁偶因疑懼遂至叛違然以彼之生靈朕之赤子久陷孤壘可念非辜易子析骸塡溝委壑爲人父母寧不軫傷但以屈己愛人先王厚德包垢含辱列聖美談宜推濟物之恩用廣好生之道其李守貞等宜令逐處都部署分明曉諭若能翻然歸順朕卽待之如初當保始終享其富貴明申信誓固無改移其或不順推誠堅欲拒命便可應時攻擊剋日盪平候收復城池罪止元惡其餘詿誤一切不問重念征討已來勞役滋甚兵猶在野民未息肩急賦繁徵財殫力匱矜卹之澤未被于疲羸愁嘆之聲幾盈于道路卽俟邊鋒少弭國患漸除當議優饒冀獲蘇息諸道藩侯郡守等咸分寄任共體憂勞更宜念彼瘡痍倍加勤卹究鄉閭之疾苦去州縣之煩苛勸課耕桑省察冤濫共恢庶政用副憂勞凡百臣寮當體朕意壬子賜前昭義軍節度使張從恩衣一襲金帶鞍馬綵帛等時有投無名文字誣告從恩者故特有是賜以安其心乙卯河府軍前奏今月四日夜

賊軍偷斫河西寨捕斬七百餘級時蜀軍自大散關來援王景崇郭威自將兵
赴岐下將行戒白文珂劉詞等曰賊之驍勇並在城西慎爲備既行至華州
聞川軍退敗且憂文珂等爲賊奔突遂兼程而迴賊城內偵知郭威西行于正
月四日夜遣賊將王三鐵等宋史王繼勳傳繼勳有武勇在軍陣常用鐵鞭鐵槊鐵楇軍中目爲王三鐵率驍勇千
餘人沿流南行坎岸而登爲三道來攻賊軍已入王師砦中劉詞極力拒之短
兵既接遂敗之二月丙子詔諸道州府所征乾祐元年夏秋苗畝上紐征白米
稈草已納外並放是日旦黑霧四塞丁丑夕大風乙酉以前房州刺史李筠夫
爲鴻臚卿戊子前右監門將軍喬達及其兄契丹僞命客省使榮等皆棄市達
李守貞之妹壻也故皆誅之庚寅徐州巡檢使成德欽奏至峒峿鎮遇淮賊破
之殺五百人生擒一百二十人戊戌大雨霖庚子詔左諫議大夫賈緯等修撰
高祖實錄三月丙辰以北京衙內指揮使劉鈞爲汾州防禦使夏四月丙子以
荊南節度行軍司馬武泰軍節度使留後王保義爲檢校太尉領武泰軍節度
使行軍如故丁丑潁州獻紫兎白兎是月幽定滄貝深冀等州地震辛巳太白

經天辛丑幸道宮禱雨五月甲辰朔故湖南節度使檢校太尉兼中書令扶風郡公贈太師馬希聲追封衡陽王戊申以前邠州節度使安審約爲左神武統軍以前洛京副留守袁義爲右神武統軍乙卯河府軍前奏今月九日河中節度副使周光遜棄賊河西寨與將士一千一百三十人來奔己未右監門大將軍許遷上言奉使至博州博平縣界覩蝝生彌亙數里一夕並化爲蝶飛去辛酉兗鄆齊三州奏蝝生乙丑永與趙思綰遣牙將劉成詣闕乞降制授趙思綰華州節度留後檢校太保以永與城內都指揮使常彥卿爲虢州刺史丁卯宋州奏蝗抱草而死己巳湖南奏蠻寇賀州遣大將軍徐進率兵援之戰于風陽山下大敗蠻獠斬首五千級六月癸酉朔日有食之兗州奏捕蝗二萬斛魏博宿三州蝗抱草而死乙亥潁州獻白鹿戊寅安州節度使楊信奏亡父光遠蒙賜神道碑鐫勒畢無故中斷詔別令斷石鐫勒己卯滑濮澶漕兗淄青齊宿懷相衞博陳等州奏蝗分命中使致祭于所在川澤山林之神開封府滑漕等州蝗甚遣使捕之宋史段思恭傳隱帝蝗詔徧祈山川思恭上言赦過宥罪議獄緩刑苟獄訟平允則災害不生望令諸州速決重刑無致淹濫

必召和平從之壬午月犯心星辛卯回鶻遣使貢方物丙申改商州乾元縣爲乾祐縣隸京兆府是月邠寧澤潞涇延鄜坊晉絳等州旱秋七月辛亥湖南奏析長沙縣東界爲龍喜縣從之丙辰樞密使郭威奏收復河府羅城李守貞退保子城丁巳永興都部署郭從義奏新除華州留後趙思綰自今月三日授華州留後準詔赴任三移行期仍要鎧甲以給牙兵及與之竟不遵路至九日夕有部曲曹彥進告思綰欲于十一日夜與同惡五百人奔南山入蜀是日詰旦再促上路云俟夜進途臣尋與王峻入城分兵守四門其趙思綰部下軍各已執帶遂至牙署令趙思綰至則執之與一行徒黨並處置訖甲子樞密使郭威奏收復河中府逆賊李守貞自燔而死丙寅以權涼州留後折逋嘉施爲河西軍節度留後兗州奏捕蝗二萬斛丁卯前洛州團練使武漢球卒戊辰永興軍節度使兼兵馬都部署郭從義加同平章事從華州節度使郭從義奏處斬前巡檢使喬守温供奉官王益時知化任繼勳等守温受高祖命巡檢京兆會王益自鳳翔押送趙思綰等赴闕行至京兆守温迎益于郊外思綰等突然作亂遂據其

城及郭從義率兵攻討令守温部署役夫守温有愛姬陷在賊城爲思綰所錄
及收城從義盡得思綰之婢僕守温求其愛姬從義雖與之意有所慊遂發前
罪密啓于郭威請除之與王益等併誅焉兗州奏捕蝗四萬斛壬午西京留臺
侍御史趙礪彈奏太子太保王延太子洗馬張季凝等自去年五月後來每稱
請假俱是不任拜起詔延等宜以本官致仕甲申以陝州節度使充河中一行
兵馬都部署白文珂爲西京留守加兼侍中潞州節度使充河中一行副都署
常思加檢校太師以右散騎常侍盧撰爲戸部侍郎致仕辛卯右拾遺高守瓊
上言仕官年未三十請不除授縣令詔起今後諸色選人年及七十者宜注優
散官年少未歷資考者不得注擬縣令癸巳以翰林學士工部尚書張沆爲禮
部尚書沆卜葬先人以内署無例乞假乃上章請解職以赴葬事遂落職以遺
之乙未宣徽南院使永興行營兵馬都監王峻宣徽北院使河府行營兵馬都
監吴虔裕並加檢校太傅九月乙巳樞密使郭威檢校太師兼侍中宋州節度
使兼侍衞親軍都指揮使史宏肇加兼中書令初郭威平河中迴朝廷議加恩

威奏曰臣出兵已來輦轂之下無犬吠之憂俾臣得專一其事軍旅所聚貲糧不乏此皆居中大臣鎮撫謀畫之功也臣安敢獨擅其美乎帝然之于是宏肇與宰相樞密使三司使次第加恩既而諸大臣以恩之所被皆朝廷親近之臣而宗室劉信及青州劉銖等皆國家元勳必有不平之意且外慮諸侯以朝廷有私于親近也于是議及四方侯伯普加恩焉丙午西京留守判官時彥澄推官姜蟾少尹崔淑並免居官坐不隨府罷職爲留臺侍御史趙礪所彈也己酉以右千牛上將軍孫漢贇爲絳州刺史禮部尚書判吏部尚書銓事王松停見任坐子仁寶爲李守貞從事也尋卒于其第辛亥宰臣竇貞固加守司徒蘇逢吉加守司空蘇禹珪加左僕射楊邠加右僕射依前兼樞密使太子太師致仕皇甫立卒癸丑三司使王章加邑封乙卯鄴都高行周加守太師襄州安審琦加守太傅兗州府符彥卿加守太保北京劉崇加兼中書令丁巳澶州李洪信移鎮陝州以侍衛馬軍都指揮使遂州節度使李洪義爲澶州節度使己未許州劉信加兼侍中開封尹侯益進封魯國公鄆州慕容彥超青州劉銖並加兼

侍中湖南馬希廣奏于八月十八日大破朗州馬希萼之衆辛酉靈州馮暉夏州李彝殷並加兼中書令右衛將軍石懿左武衛將軍石訓並停任懿等以八月中秋享晉五廟命倡婦宿于齋宮鴻臚寺劾之故有是責癸亥鎮州武行德鳳翔趙暉並加檢校太師鄴都磁相邢洛等州奏霖雨害稼西京奏洛水溢岸乙丑晉州王晏同州張彥贇邠州侯章涇州史懿滄州王景延州高允權並加檢校太師冬十月庚午朔契丹入寇是日定州孫方簡徐州劉贇並加同平章事以利州節度使宋延渥爲滑州節度使甲戌皇弟興元節度使勳加檢校太師丙子相州郭謹貝州王繼宏邢州薛懷讓並加檢校太尉庚辰安州楊信鄧州劉重進加檢校太師河陽李暉加檢校太傅壬午兩浙錢宏俶加守尚書令湖南馬希廣加守太尉癸未監修國史蘇逢吉史官賈緯以所撰高祖實錄二十卷上之丙戌荆南高保融加檢校太師兼侍中以殿前都部署江州防禦使李建爲遂州節度使充侍衛馬軍都指揮使以奉國左廂都指揮使永州防禦使王殷爲夔州節度使充侍衛步軍都指揮使契丹陷貝州高老鎭南至鄴都

北境又西北至南宮堂陽殺掠吏民數州之地大被其苦藩郡守將閉關自固
遣樞密使郭威率師巡邊仍令宣徽使王峻參預軍事庚寅府州折從阮進封
岐國公豐州郭勳進封號國公十一月壬寅鄜州留後王饒加檢校太傅癸丑
以吳越國王錢宏俶母吳氏爲順德太夫人時議者曰封贈之制婦人有國邑
之號死乃有謚后妃公主亦然唐則天女主自我作古乃生有則天之號韋庶
人有順聖之號知禮者非之近代梁氏賜張宗奭妻號曰賢懿又改爲莊惠今
以吳氏爲順德皆非古之道也乙卯以大府卿劉皥爲宗正卿十二月庚午朔
湖南奏靜江軍節度使馬希瞻以今年十月十八日卒廢朝二日辛未日暈三
重戊寅司徒門下侍郎平章事竇貞固奏請修晉朝實錄詔史官賈緯竇儼王
伸等修撰以禮部尚書張沆復爲翰林學士壬午皇帝二十一姊永寧公主進
封秦國長公主穎州奏破淮賊于正陽

舊五代史卷一百二

舊五代史卷一百二考證

漢隱帝紀中安州節度使楊信　案楊信本名承信在隱帝時避御名去承字是書仍當時實錄之舊

丁巳永興都部署郭從義奏新除華州留後趙思綰與一行徒黨並處置訖　案歐陽史作郭威殺華州留後趙思綰于京兆蓋威命從義圖之耳

甲子樞密使郭威奏收復河中府逆賊李守貞自燔而死　案通鑑壬戌李守貞自焚死歐陽史作甲子克河中祇以奏聞之日爲據也五代春秋繫于六月殊誤

辛亥宰臣竇貞固加守司徒　案宋史竇貞固傳作隱帝卽位加司徒考貞固加司徒在乾祐二年宋史作卽位所加蓋未詳考

以利州節度使宋延渥爲滑州節度使　案延渥爲利州節度使于前未見王禹偁宋公神道碑云少帝嗣統授檢校太尉使持節利州諸軍事行利州刺史蓋延渥于元年出鎮利州二年復改鎮也是書未及詳載

舊五代史卷一百三

宋門下侍郎參知政事監修國史薛居正等撰

漢書第五

隱帝紀下

乾祐三年春正月乙亥朔帝不受朝賀鳳翔行營都部署趙暉奏前月二十四日收復鳳翔逆賊王景崇舉族自燔而死丁未鳳翔節度使充西南行營都部署趙暉加兼侍中戊申密州刺史王萬敢奏奉詔領兵入海州界至荻水鎮俘掠焚蕩更請益兵詔前沂州刺史郭瓊率禁軍赴之庚午前永興軍節度副使安友規除名流登州沙門島先是友規權知永興軍府事及趙思綰之奔衝友規失守城池至是乃正其罪焉癸亥以前邠州節度使宋彥筠爲太子太師致仕丙辰分命使臣赴永興鳳翔河中收葬用兵已來所在骸骨時已有僧聚髑髏二十萬矣前沂州刺史郭瓊奏部署兵士深入海州賊界是月有狐登明德樓主者獲之狐毛長而腹下別有二足二月辛巳青州奏郭瓊部署兵士自海

州迴至當道甲申樞密使郭威巡邊迴丁亥汝州防禦使劉審交卒乙未以前安州節度使劉遂凝爲左武衛上將軍以鄜州節度使焦繼勳爲左衛上將軍以前永興軍節度使趙贊爲左驍衛上將軍三月己亥徐州部送所獲淮南都將李暉等三十三人徇于市給衫帽放還本土是月鄴都留守高行周兗州符彥卿鄆州慕容彥超西京留守白文珂鎮州武行德安州楊信潞州常思府州折從阮皆自鎮來朝嘉慶節故也戊午宴羣臣于永福殿帝初舉樂壬戌鄴都高行周移鎮鄆州兗州符彥卿移鎮青州並加邑封甲子西京留守白文珂潞州常思鎮州武行德並進邑封鄆州慕容彥超移鎮兗州夏四月戊辰朔邢州薛懷讓移鎮同州相州郭謹河陽李暉並進邑封庚午府州折從阮移鎮鄧州辛未故青州刺史史萬山贈太傅先是契丹入邊萬山城守郭威遣索萬進率騎七百屯深州一日契丹數千騎迫州東門萬山父子率兵百餘人襲之契丹僞退十餘里而伏兵發萬山血戰急請救于萬進萬進勒兵不出萬山死之遼史世宗紀天祿三年殺深州刺史史萬山契丹亦解去時論以萬進爲罪故加萬山贈典焉壬申

華州劉詞移鎮邢州安州楊信移鎮鄜州貝州王令溫移鎮安州並加邑封以鄜州留後王饒爲華州節度使以其來朝故也丁丑尙食奉御王紹隱除名流沙門島坐匿軍營女口也辛巳以宣徽北院使吳虔裕爲鄭州防禦使時樞密使楊邠上章乞解樞機帝命中使諭之曰樞機之職捨卿用誰忽有此章莫有人離間否虔裕在傍颺言曰樞密重地難以久處俾後來者迭居相公辭讓是也中使還具奏帝不悅故有是命壬午以樞密使郭威鄴都留守依前樞密使詔河北諸州應兵甲錢帛糧草一稟郭威處分癸未府州永安軍額宜停命降爲團練州戊子翰林學士承旨戶部尙書王仁裕罷職守兵部尙書左千牛上將軍張瓘卒庚寅以西南面水陸轉運使尙書工部侍郎李穀爲陳州刺史左金吾上將軍致仕馬萬卒甲午以前華州節度使安審信爲左衞上將軍以前潞州節度使張從恩爲右衞上將軍五月戊戌朔帝御崇元殿受朝丙午以皇弟與元節度使勳爲開封尹加兼中書令未出閤甲子詔諸道州府差置散從官大府五百人上州三百人下州二百人勒本處團集管係立節級檢校教習

以警備州城閏月癸巳京師大風雨壞營舍吹鄭門扉起十數步而墮拔大木
數十震死者六七人水平地尺餘池隍皆溢是月宮中有怪物投瓦石擊窗撼
扉人不能制六月庚子以國子祭酒田敏爲尚書右丞癸卯太僕卿致仕謝攀
卒輟視朝一日鄭州奏河決原武縣界乙卯司天臺上言鎮星逆行至太微左
掖門外自戊申年八月十二日入太微西垣犯上將屏星執法勾已往來至己
酉年十一月十二日夜方出左掖門順行自今年正月十日夜復逆行入東垣
至左掖門秋七月庚午河陽奏河漲三丈五尺乙亥滄州奏積雨約一丈二尺
安州奏溝河泛溢州城內水深七尺丙子帝御崇元殿授皇太后冊命宰臣蘇
逢吉行禮辛巳三司使奏州縣令錄佐官請據戶籍多少量定俸戶縣三千戶
已上令月十千主簿八千二千戶已上令月八千主簿五千二千戶已下令月
六千主簿四千每戶月出錢五百並以管內中等戶充錄事參軍判司俸錢視
州界令佐取其多者給之其俸戶與免縣司差役從之八月辛亥以蒙州城隍
神爲靈感王從湖南請也時海賊攻州城州人禱于神城得不陷故有是請辛

西給事中陶穀上言請停五日內殿轉對從之壬戌以兵部侍郎于德辰爲御
史中丞邊蔚爲兵部侍郎九月辛巳朗州節度使馬希萼奏請于京師別置邸
院不允是時希萼與其弟湖南節度使希廣方搆鬩牆之怨故有是請帝以湖
南已有邸務不可更置由是不允仍命降詔和解焉冬十月己亥帝狩于近郊
丙午湖南馬希廣遣使上章且言荊南淮南廣南三道結搆欲分割湖湘乞聊
發兵師以爲援助時朝廷方議起軍會內難不果行丁未兩浙錢宏俶加諸道
兵馬元帥戊申彰德軍節度使郭謹卒癸丑以前同州節度使張彥贇爲相州
節度使辛酉月犯心大星十一月甲子朔日有食之乙丑永州唐將軍祠贈太
保從湖南請也己巳日南至帝御崇元殿受朝賀仗衞如式辛未詔侍衞步軍
都指揮使王殷將兵屯澶州丙子誅樞密使楊邠侍衞都指揮使史宏肇三司
使王章夷其族是日平旦甲士數十人由廣政殿出至東廡下害邠等于閤內
死于亂刃之下又誅宏肇弟小底軍都虞候宏朗如京使甄彥奇內常侍辛從
審楊邠子比部員外郎廷侃右衞將軍廷偉右贊善大夫廷倚王章姪右領衞

將軍晏子壻戸部員外郎張貽肅樞密院副承宣郭顒控鶴都虞候高進侍衛都承局荆南金三司都勾官柴訓等分兵收捕邠等家屬及部曲傔從盡戮之少頃樞密承旨聶文進急召宰臣百寮班于崇元殿庭宣曰楊邠史宏肇王章等同謀叛逆欲危宗社並斬之與卿等同慶班退召諸軍將校至萬歲殿帝親諭史宏肇等欲謀逆亂之狀且言宏肇等欺朕年幼專權擅命使汝輩常懷憂恐自此朕自與汝等爲主必無橫憂也諸軍將校拜謝而退召前任節度使刺史統軍等上殿諭之帝遣軍士守捉宫城諸門比近日旰朝臣步出宫門而去是日晴霽無雲而昏霧濛濛有如微雨人情惴恐日將午載楊邠等十餘尸分暴于南北市是日帝遣腹心賫密詔往澶州鄴都令澶州節度使李洪義誅侍衛步軍都指揮使王殷令鄴都屯駐護聖左廂都指揮使郭崇奉國左廂都指揮使曹英害樞密使郭威及宣徽使王峻急召鄆州高行周青州符彦卿永興郭從義兖州慕容彦超同州薛懷讓鄭州吴虔裕陳州李穀等赴闕以宰臣蘇逢吉權知樞密院事前青州劉銖權知開封府事侍衛馬軍都指揮使李洪建

判侍衛司事內客省使閻晉卿權侍衛馬軍都指揮使丁丑澶州節度使李洪義受得密詔知事不克乃引使人見王殷殷與洪義遣本州副使陳光穗賫所受密詔馳至鄴都宋史少帝遣供奉官孟業齎密詔令洪義殺王殷洪義素怯懦慮殷覺遷延不敢發遽引業見殷殷乃錮業送密詔于周祖郭威得之卽召王峻郭崇曹英及諸軍將校至牙署視詔兼告楊史諸公冤枉之狀且曰汝等當奉行詔旨斷予首以報天子自取功名郭崇等與諸將校前曰此事必非聖意卽是李業等竊發假如此輩便握權柄固得安乎事可陳論何須自棄致千載之下被此惡名崇等願從公入朝面自洗雪于是將校等請威入朝以除君側之惡共安天下東都事略漢隱帝遣使害太祖魏仁浦曰公有大功于朝廷握强兵臨重鎮以讒見疑豈可坐而待斃教以易其語云誅將士以激怒衆心太祖納其言翌日郭威以衆南行戊寅鄴兵至澶州庚辰至滑州節度使宋延渥開門迎降是日詔前開封尹侯益前鄜州節度使張彥超權侍衛馬軍都指揮使閻晉卿鄭州防禦使吳虔裕等率禁軍赴澶州守捉辛巳帝之小豎鸗脫自北迴先是帝遣鸗脫偵鄴軍所至爲游騎所獲郭威卽遣迴因令附奏赴闕之意仍以密奏置鸗脫衣領中帝覽奏卽召李業示之聶

文進郭允明在傍懼形于色初議車駕幸澶州及聞鄴兵已至河上乃止帝大懼私謂宰臣竇貞固等曰昨來之事太草草耳李業等請帝傾府庫以給諸軍宰相蘇禹珪以爲未可業拜禹珪于帝前曰相公且爲官家莫惜府庫遂下令侍衛軍人給二十緡下軍各給十緡其北來將士亦準此仍遣北來將士在營子弟各齎家問向北諭之壬午鄴軍至封邱慕容彥超自鎮馳至帝遂以軍旅之事委之（宋史侯益傳云周太祖起兵隱帝議出師禦之益獻計曰王者無敵于天下兵不宜輕出況大名戍卒家屬盡在京城不如閉關以挫其銳遣其母妻發降以招之可不戰而定慕容彥超以爲益衰老作懦夫計沮之）彥超謂帝曰陛下勿憂臣當生致其魁首彥超退見聶文進詢北來兵數及將校名氏文進告之彥超懼曰大是劇賊不宜輕耳又遣袁義劉重進王知則等出師以繼前軍慕容彥超以大軍駐于七里郊掘塹以自衞都下率坊市出酒食以餉軍癸未車駕勞軍即日還宮翌日慕容彥超揚言曰官家宮中無事明日再出觀臣破賊甲申車駕復出幸七里店軍營王師陣于劉子陂與鄴軍相望太后以帝至晚在外遣中使謂聶文進曰賊軍在近大須用意文進曰有臣在必不失策縱有一百箇郭威亦當生

擒之耳彥超輕脫先擊北軍郭威命何福進王彥超李筠等大合騎以乘之彥超退卻死者百餘人于是諸軍奪氣稍稍奔于北軍吳虔裕張彥超等相繼而去慕容彥超以部下十數騎奔兗州是夜帝與宰臣從官宿于野次侯益焦繼勳潛奔鄴軍乙酉旦帝策馬至元化門劉銖在門上問帝左右兵馬何在乃射左右帝迴與蘇逢吉郭允明詣西北村舍郭允明知事不濟乃剸刃于帝而崩時年二十蘇逢吉郭允明皆自殺是日周太祖自迎春門入諸軍大掠煙火四發翌日至晡方定前滑州節度使白再筠爲亂兵所害吏部侍郎張允墜屋而死周太祖既入京城命有司遷帝梓宮于太平宮或曰可依魏高貴鄉公故事以公禮葬之周祖曰予顛沛之中不能護衛至尊以至于此若又貶降人謂我何于是詔擇日舉哀命前宗正卿劉皞主喪丙戌太后誥曰高祖皇帝翦亂除兇變家爲國救生靈于塗炭創王業于艱難甫定寰區遽遺弓劍樞密使郭威楊邠侍衞使史宏肇三司使王章親承顧命輔立少君協力同心安邦定國旋屬四方多事三叛連衡吳蜀內侵契丹啓釁烝黎兇懼宗社阽危郭威授任專

征提戈進討躬當矢石盡掃煙塵外寇盪平中原寧謐復以強敵未殄邊塞多
艱允賴寶臣往臨大鄴疆場有藩籬之固朝廷寬宵旰之憂不謂兇豎連謀羣
小得志密藏鋒刃竊發殿庭已殺害其忠良方奏聞于少主無辜受戮有口稱
冤而又潛差使臣矯賫宣命謀害樞密使郭威宣徽使王峻侍衛步軍都指揮
使王殷等人知無罪天不助奸今者郭威王峻澶州節度使李洪義前曹州防
禦使何福進前復州防禦使王彥超前博州刺史李筠北面行營馬都指揮使
郭崇步軍都指揮使曹英護聖都指揮使白重贊索萬進田景咸樊愛能李萬
全史彥超奉國都指揮使張鐸王暉胡立弩手指揮使何贇等徑領兵師來安
社稷逆黨皇城使李業內客省使閻晉卿樞密都承旨聶文進飛龍使後贊翰
林茶酒使郭允明等脅君于大內出戰于近郊及至力窮遂行弒逆冤憤之極
今古未聞今則兇黨既除羣情共悅神器不可以無主萬幾不可以久曠宜擇
賢君以安天下河東節度使崇許州節度使信皆高祖之弟徐州節度使贇開
封尹承勳高祖之男俱列盤維皆居屏翰宜令文武百辟議擇嗣君以承大統

云樞密使郭威以蕭牆變起宗祏無奉率羣臣候太后請定所立且言開封尹承勳高祖皇帝之愛子也請立爲嗣太后告以承勳羸病日久不能自舉周太祖與諸將請視承勳起居及視之方信遂議立高祖從子徐州節度使贇爲嗣己丑太后誥曰天未悔禍喪亂宏多嗣王幼冲羣兇蔽惑構奸謀于造次縱毒蠆于斯須將相大臣連頸受戮股肱良佐無罪見屠行路咨嗟羣心扼腕則高祖之洪烈將墜于地賴大臣郭威等激揚忠義拯濟顛危除惡蔓以無遺俾綴旒之不絕宗祧事重纘繼才難既聞將相之謀復考蓍龜之兆天人協贊社稷是依徐州節度使贇稟上聖之資抱中和之德先皇如子鍾愛特深固可以子育兆民君臨萬國宜令所司擇日備法駕奉迎卽皇帝位於戲神器至重天步方艱致理保邦不可以不敬貽謀聽政不可以不勤允執厥中祇膺景命是日遣前太師馮道等往徐奉迎周太祖以嗣君未至萬幾不可暫曠率羣臣請太后臨朝誥答曰昨以奸邪搆釁亂我邦家勳德效忠翦除兇慝俯從人欲已立嗣君宗社危而再安紀綱壞而復振皇帝法駕未至庶事方殷百辟上言請予

蒞政宜允輿議權總萬幾止于浹旬即復明辟云按前代故事太上皇稱誥太皇太后皇太后曰令今云誥有司誤也以宣徽南院使王峻爲樞密使右神武統軍袁義爲宣徽南院使陳州刺史李穀權判三司步軍都指揮使王殷爲侍衛親軍馬步都指揮使護聖左廂都指揮使郭崇爲侍衛馬軍都指揮使奉國左廂都指揮使曹英爲侍衛步軍都指揮使鎮州邢州馳奏契丹寇洛州陷內邱縣時契丹永康王烏裕率部族兩道入邊內邱城小而固契丹攻之五日不下敵人傷者甚衆時有官軍五百在城防戍攻急官軍降于敵屠其城而去遼史世宗紀十月自將南伐攻下安平內邱東鹿等城大獲而還庚寅樞密使郭威左軍巡勘得飛龍使後贊款伏與蘇逢吉李業閻晉卿聶文進郭允明等同謀令散員都虞候奔德等下手殺害史宏肇等權開封尹劉銖具伏朋附李業爲亂屠害將相家屬其劉銖等準誥旨處置訖并蘇逢吉郭允明閻晉卿聶文進首級並梟于南北市其骨肉放棄辛卯河北諸州馳報契丹深入太后誥曰王室多故邊境未寧內難雖平外寇仍熾據北面奏報強敵奔衝繼發兵師未聞平殄須勞上將暫自臨戎宜

令樞密使郭威部署大軍早謀掩擊其軍國庶事權委宰臣竇貞固蘇禹珪樞密使王峻等商量施行在京馬步兵士委王殷都大提舉十二月甲午朔郭威領大軍北征丁酉以翰林學士尚書戶部侍郎知制誥范質爲樞密副使東都事略周太祖征李守貞每朝廷遣使齎詔處分軍事皆中機會太祖問誰爲此辭使者以范質對太祖曰宰相器也太祖起兵入京師遽令草太后誥及議迎湘陰公儀注乃白太后以質爲兵部侍郎樞密副使陝州李洪信奏馬步都指揮使聶召奉國指揮使楊德護聖指揮使康審澄等與節度判官路濤掌書記張洞都押衙楊紹勍等同情謀叛並殺之惟康審澄夜中放火斬關奔歸京師初朝議以諸道方鎮皆是勳臣不諳政理其都押衙孔目官令三司軍將內選才補之藩帥不悅故洪信因朝廷多故誣奏加害焉壬寅湖南上言朗州馬希萼引五谿蠻及淮南洪州軍來攻當道望量差兵士于淮境牽引乙巳遣前淄州刺史陳思讓領軍入淮南界以便宜進取辛亥遣宰相蘇禹珪及朝臣十員往宋州迎奉嗣君壬子樞密使郭威次澶州何福進已下及諸軍將士扶擁威請爲天子即日南還威上章于太后言爲諸軍所迫班師庚申威至北郊駐軍于皐門村許州巡檢前申州

刺史馬鐸奏節度使劉信自殺壬戌奉太后誥命樞密使侍中郭威監國中外庶事並取監國處分先是樞密使王峻以湘陰公已在宋州慮聞澶州之事左右變生遣侍衛馬軍指揮使郭崇率七百騎往衛之東都事略郭崇傳王峻遣崇率七百騎拒贇遇于睢陽崇曰澶州兵變遣崇來衛乘輿非有他也具言軍情有屬天命已定贇執崇手而泣崇即送贇就館己未太后誥曰比者樞密使郭威志安社稷議立長君以徐州節度使贇高祖近親立爲漢嗣爰自藩鎮徵赴京師雖誥命尋行而軍情不附天道在北人心靡東適當改卜之初俾膺分土之命贇可降授開府儀同三司檢校太師上柱國封湘陰公食邑三千戸食實封五百戸明年正月丁卯太后誥奉符寶于監國可即皇帝位周太祖踐阼奉太后爲母遷于西宮上尊號曰昭聖太后是月十五日周太祖與百寮詣帝殯宮成服親奠不視朝七日又詔太常定謚曰隱以其年八月二日復遣前宗正卿劉皥護靈輴備儀仗葬于許州陽翟縣之潁陵祔神主于高祖之寢宮帝姿貌白晳眉目疎朗未即位時目多閃掣唾洟不止即位之始遽無此態及內難將作復如故帝自關西平定之後稍自驕易然畏憚大臣未至縱恣嘗因

乾象差忒宮中或有怪異召司天監趙延乂訊其休咎延乂對以修德卽無患
既退遣中使就問延乂曰何者爲德延乂勸讀貞觀政要邇後與聶文進郭允
明後贊狎習信其邪說以至于敗高祖之征鄴城也一日帝語太祖曰我夜來
夢爾爲驢負我升天既捨爾俄變爲龍捨我南去是何祥也周太祖撫掌而笑

冥符肹蠁豈偶然哉

史臣曰隱帝以尙幼之年嗣新造之業受命之主德非禹湯輔政之臣復非伊
呂將欲保延洪之運守不拔之基固不可得也然西摧三叛雖僅滅于欃槍而
內稔羣兇俄自取于狠狽自古覆宗絕祀之速者未有如帝之甚也噫蓋人謀
之弗臧非天命之遽奪也

舊五代史卷一百三

舊五代史卷一百三考證

漢隱帝紀下鳳翔行營都部署趙暉奏前月二十四日收復鳳翔　案歐陽史作正月趙暉克鳳翔據是書則收復鳳翔在二年十二月非三年春事也歐陽史蓋誤以告捷之月爲收復之月耳五代春秋作十二月收復鳳翔誅王景崇爲得其實

澶州刺史李洪義　案宋史洪義本名洪威避周太祖諱改

護聖左廂都指揮使郭崇　案東都事略郭崇初名崇威避周太祖諱止稱崇

庚辰至滑州節度使宋延渥開門迎降　案歐陽史作庚辰義成軍節度使宋延渥叛附于郭威與是書同通鑑作辛巳與是書異

郭允明知事不濟乃剸刃于帝而崩　案通鑑考異引劉恕曰允明帝所親信何由弑逆蓋郭威兵殺事成之日諱之因允明自殺而歸罪耳

己丑太后誥曰　案原本作乙丑與五代春秋同今從通鑑改作己丑

爲裕舊作兀欲今改

舊五代史卷一百四

宋門下侍郎參知政事監修國史薛居正等撰

漢書第六

列傳一 后妃

高祖皇后李氏晉陽人也高祖微時嘗牧馬于晉陽別墅因夜入其家劫而取之及高祖領藩鎮累封魏國夫人高祖建義于太原欲行頒賚于軍士以公帑不足議率井邑助成其事后聞而諫曰自晉高祖建義及國家與運雖出于天意亦土地人民福力同致耳未能惠其衆而欲奪其財非新天子卹隱之理也今後宮所積宜悉以散之設使不厚人無怨言高祖改容曰敬聞命矣遂停斂貸之命后傾內府以助之中外聞者無不感悅天福十二年冊爲皇后隱帝即位尊爲皇太后案此下疑有闕文據通鑑云隱帝與李業等謀誅楊邠等議既定入白太后太后曰茲事何可輕發更宜與宰相議之業時在旁曰先帝嘗言朝廷大事不可謀及書生懦怯誤人太后復以爲言帝忿曰國家之事非閨門所知拂衣而出又云南北遇于劉子陂帝欲自出勞軍太后曰郭威吾家故舊非死亡切身何以至此但按兵守城飛詔諭之觀其志趣必有辭理則君臣之禮尚全愼勿輕出帝不從周太祖入京凡軍

國大事皆請后發教令以行之是歲議立徐州節度使贇爲帝以迎奉未至周太祖乃率羣臣拜章請后權臨朝聽政后于是稱誥焉及周太祖爲六軍推戴上章具述其事且言願事后爲慈母后下誥答曰侍中功烈崇高德聲昭著翦除禍亂安定乾坤謳歌有歸曆數攸屬所以軍民推戴億兆同歡老身未終殘年屬茲多難惟以衰朽託于始終載省來牋如母見待感念深意涕泗橫流云仍出戎衣玉帶以賜周太祖周太祖卽位上尊號曰德聖皇太后居于太平宮周顯德元年春薨案隱帝未立皇后據是書張彥成傳云隱帝娶彥成女楊邠傳云隱帝所愛耿夫人欲立爲后邠以爲太速夫人卒隱帝欲以后禮葬邠又止之蓋隱帝在位三年崩時年二十故未及册立皇后也又五代會要載漢高祖長女永寧公主降宋延渥天福十二年四月封至乾祐二年十二月追封秦國長公主

舊五代史卷一百五

宋門下侍郎參知政事監修國史薛居正等撰

漢書第七

列傳二 宗室

魏王承訓字德輝高祖之長子也少温厚美姿儀高祖尤鍾愛在晉累官至檢校司空國初授左衞上將軍高祖將赴洛命承訓北京大內巡檢未幾詔赴闕授開封尹檢校太尉同平章事以天福十二年十二月十一日薨于府署年二十六高祖發哀于太平宮哭之大慟以至于不豫是月追封魏王歸葬于太原

陳王承勳高祖之幼子也國初授右衞大將軍隱帝嗣位加檢校太尉同平章事遙領與元尹俄代侯益爲開封尹進位檢校太師兼侍中乾祐三年冬十一月蕭牆之亂隱帝崩軍情欲立勳爲嗣時勳已病大臣及諸將請候勳起居太后令左右以臥榻舁之以見諸將就視知勳之不能與故議立劉贇周廣順元年春卒周太祖下詔封陳王

蔡王信高祖之從弟也少從軍漸至龍武小校漢祖鎮幷州爲與捷軍都將領
龔州刺史檢校太保國初爲侍衞馬軍都指揮使檢校太傅兼義成軍節度使
尋移鎮許州加太尉同平章事高祖寢疾大漸楊邠受密旨遣信赴鎮信即時
戒路不得奉辭雨泣而去隱帝即位加檢校太師關輔賊平就加侍中信性昏
懦黷貨無厭喜行酷法掌禁軍時左右有犯罪者召其妻子對之臠割令自食
其肉或從足支解至首血流盈前而命樂對酒無仁愍之色未嘗接延賓客在
鎮日聚斂無度會高祖山陵梓宮經由境上信率掠吏民以備迎奉百姓苦之
初聞殺楊邠史宏肇遽啓宴席集參佐賓幕令相致賀曰我謂天無眼令我三
年不能適意主上孤立幾落賊手諸公勸我一杯可也俄蕭牆之變憂不能食
尋有太后令言立湘陰公即令其子往徐州奉迎數日陳思讓率馬軍經過城
西但令供頓不敢出城未幾澶州軍變王峻遣前申州刺史馬鐸領軍赴州巡
檢鐸引軍入城信惶惑自殺廣順初追封蔡王
湘陰公贇爲徐州節度使乾祐元年八月中有雲見五色明年冬杪有烏翔集

于鮮碧堂庭樹黃質朱喙金目青翼紺趾黑尾僅類于鳳有賓佐歎曰野鳥入室主人將去旬浹而不知所之乾祐三年冬十一月周太祖駐軍于京師議立嗣君奉太后誥立贇爲嗣傳誥之際馮道笏墜于地左右惡之馮道至贇出郊迎常所乘馬比甚馴服至是馬蹄嚙奔逸人不可制乃以他馬代之時以爲不祥將離彭城嘗一日天有白光一道自西來照城中如晝有聲如雷時人謂之天裂又有巨星墜于徐野殷然有聲或謂之天狗後贇果廢死案湘陰公傳原本殘闕考十國春秋湘陰公傳云湘陰公贇世祖子也高祖愛之以爲己子乾祐元年拜武寧軍節度使二年加同平章事郭威既敗慕容彥超于北郊隱帝遇弑威入京師謂諸大臣密相推戴及見宰相馮道等道殊無意威不得已見道下拜而道猶受拜如平時徐勞之曰公行良苦威意色皆沮以爲大臣未有推己意又難于自立因與王峻入白太后推擇漢嗣羣臣乃共奏曰武寧節度使贇高祖愛以爲子宜立爲嗣乃遣太師馮道率百官往迎道揣威意不在贇直前問曰公此舉由衷乎威指天爲誓道既行語左右曰吾生平不作謬語人今謬語矣道見贇傳太后意召之贇行至宋州威已自澶州爲兵士擁還京師王峻慮贇左右生變遣侍衛馬軍指揮使郭崇威以兵七百騎衛贇崇威至宋州贇登樓問崇威所以來之意崇威曰澶州軍變懼未察之遣崇威護衛非惡意也贇召崇威崇威不敢進馮道出與崇威語崇威乃登樓見贇時護聖指揮使張令超帥步兵爲贇宿衛判官董裔說贇曰觀崇威瞻視舉措必有異謀道路皆言郭威已爲天子而陛下深入不止禍其至哉請急召令超諭以禍福使夜以兵刼崇威所屬士卒明日掠睢陽金帛募士卒北走太原彼新定京邑未暇追我此策之

上也贇猶豫未決是夕崇威密誘令超歸郭氏盡奪贇部下兵郭威以書召道先歸留其副趙上交王度奉贇入朝太后道乃辭贇先還贇謂道曰寡人此來所恃者以公三十年舊相是以不疑道默然贇客將賈貞等數目道欲圖之贇曰勿草草事豈出于公耶道已去崇威乃幽贇于外館殺賈貞董裔及牙內都虞候劉福孔目官夏昭度等郭威已監國太后乃下詔曰比者樞密使威志安宗社議立長君以徐州節度使贇高祖親近立爲漢嗣乃自藩鎮召赴京師雖誥命已行而軍情不附天道在北人心靡東適當改卜之初俾膺分土之命贇可降授開府儀同三司檢校太師上柱國封湘陰公贇卒以殺死 五代史補

郭忠恕七歲童子及第富有文學尤工篆隸嘗有人于龍山得鳥跡篆忠恕一見輒誦如宿習乾祐中湘陰鎮徐州辟爲推官周祖之入京師也少主崩于北岡周主命宰相馮道迎湘陰公將立之至宋州高祖已爲三軍推戴忠恕知事變乃正色責道曰令公累朝大臣誠信著于天下四方談士無賢不肖皆以爲長者今一旦返作脫空漢前功業並棄令公之心安乎道無言對忠恕因勸湘陰公殺道以奔河東公猶豫未決遂及于禍忠恕竄迹久之晚年尤好輕忽卒以此敗坐除名配流焉

舊五代史卷一百五

舊五代史卷一百五考證

漢宗室列傳二陳王承勳傳軍情欲立勳爲嗣　案立勳爲嗣疑脫承字冊府元龜引是書亦同蓋承勳在隱帝時避御名故去承字也是書仍當時實錄之舊未及改歸畫一今姑仍其舊

舊五代史卷一百五考證

舊五代史卷一百六

宋門下侍郎參知政事兼修國史薛居正等撰

漢書第八

列傳三

王周魏州人少勇健從軍事唐莊宗明宗稍遷裨校以戰功累歷郡守晉天福初范延光叛于魏州周從楊光遠攻降之安重榮以鎮州叛從杜重威討平之以功授貝州節度使歲餘移鎮涇州先是前帥張彥澤在任苛虐部民逃者五千餘戶及下車革前弊二十餘事逃民歸復賜詔襃美後歷鄧陝二鎮陽城之役周時爲定州節度使大軍往來供饋無闕末幾還鎮州節度使周稟性寬惠人庶便之開運末杜重威降于契丹引契丹主臨城諭之周泣曰受國重恩不能死戰而以兵降何面目南行見人主與士大夫乎乃痛飲欲引決家人止之事不獲已乃見契丹主授鄧州節度使檢校太師高祖定天下移鎮徐州加同平章事乾祐元年二月以疾卒于鎮輟視朝二日贈中書令周性寬恕不忤物

情初刺史都州城西橋敗覆民租車周曰橋梁不飭刺史之過也乃還其所沈粟出私財以修之民庶悅焉

劉審交字求益幽州文安人也祖海父師遂審交少讀書尤精吏道起家署北平主簿轉興唐令本府召補牙職劉守光之僭號僞署兵部尚書燕亡歸于太原莊宗知之用爲諸府從事同光初趙德鈞鎮幽州朝廷以內官馬紹宏爲北面轉運使辟審交爲判官王都據定州叛朝廷命王晏球進討以審交爲轉運供軍使王都平以勞授遼州刺史明年復爲北面供軍轉運使改磁州刺史以母年高去官就養及丁內艱毀瘠過禮服闋不出累年晉高祖踐阼范延光以魏州叛命楊光遠以總兵討之復召審交爲供饋使鄴中平命審交爲三司使授右衞大將軍六年夏出爲陳州防禦使歲餘移襄州防禦使審交治襄漢撫綏有術民庶懷之青州楊光遠平降平盧軍爲防禦州復用審交爲防禦使累官至檢校太傅時用軍之後審交矜恤撫理凋弊復蘇契丹破晉審交以代歸蕭翰在都復用爲三司使翰歸蕃李從益在汴州召高行周武行德將委以軍

事皆不受命尋聞高祖起義于太原史宏肇在澤潞都人大懼時有燕軍千人守捉諸門李從益母王淑妃詢于文武臣僚曰子子母在洛孤危自處一旦爲蕭翰所逼致令及此但遣人迎請太原勿以子子母爲事或曰收拾諸處守營兵士與燕軍足以把城以俟河北救應可也妃曰非謀也我子母亡國之餘安敢與人爭天下衆議籍籍猶以把城爲詞審交曰余燕人也今城有燕軍固合爲燕謀然事機有所不可此城經敵軍破除之後民力空匱餘衆幸存若更謀之不臧閉門拒守一月之內無復遺類諸君無言宜從太妃處分繇是從益遣使往太原貢奉高祖至汴罷使歸班隱帝嗣位用爲汝州防禦使汝爲近輔號爲難治審交盡去煩弊無擾于民百姓歌之乾祐二年春卒年七十四郡人聚哭柩前所列狀乞留葬本州界立碑起祠以時致祭本州以聞詔曰朝廷之制皆有舊章牧守之官比無贈典其或政能殊異惠及蒸黎生有令名沒留遺愛褒賢獎善豈限彝章可特贈太尉吏民所請宜依故相國太師秦國公馮道聞之曰予嘗爲劉汝州僚佐知其爲人廉平慈善無害之良吏也刺遼磁治陳襄

青皆稱平允不顯殊尤其理汝也又安有異哉民之租賦不能減也徭役不能息也寒者不能衣也餒者不能食也百姓自汲汲然而使君何有于我哉然身死之日致黎民懷感如此者誠以不行鞭扑不行刻剝不因公而徇私不害物以利己確然行良吏之事薄罰宥過謹身節用安俸祿守禮分而已凡從事于斯者孰不能乎但前之守土者不能如是是以汝民咨嗟愛慕今天下戎馬之後四方兇盜之餘杼柚空而賦斂繁人民稀而倉廩匱謂之康泰未易輕言侯伯牧宰若能哀矜之不至聚斂不殺無辜之民民爲邦本政爲民本和平寬易卽劉君之政安足稱耶復何患不至于令名哉道仍爲著哀詞六章鐫于墓碑之陰焉

武漢球澤州人也少拳勇潞帥李嗣昭倚爲親信事唐莊宗明宗繼爲禁軍裨校清泰中會晉高祖引契丹爲援與朝廷隔絕遂歸晉祖天福初授趙州刺史入爲奉國軍都指揮使出刺曹州開運初遷耀州團練使高祖至東京授洛州刺史漢球以目疾年高辭郡帝曰廣平小郡卿臥理有餘無以疾辭至郡未期

復以目疾請代而免乾祐二年秋卒于京師漢球雖出自行伍然長于撫理常
以掊斂爲戒民懷其惠身死之日家無餘財有管迴者漢球守郡日辟爲判官
及漢球卒于汴迴在洛州未之知一日忽謂所親曰太保遣人召我遂沐浴新
衣冠無疾瞑目而終家人不知其故後數日方聞漢球卒

張瓘同州車渡村人故太原監軍使承業之猶子也承業唐書有傳唐天祐中
承業佐唐武皇莊宗有功甚見委遇瓘聞之與昆仲五人自故里奔于太原莊
宗皆任用之瓘天祐十三年補麟州刺史承業治家嚴毅小過無所容恕一姪
爲磁州副使以其殺河西賣羊客承業立捕斬之常誡瓘等曰汝車渡村百姓
劉開道下賊慣作非爲今須改行若故態不除死無日矣故瓘所至不敢誅求
晉天福中爲密州刺史秩滿入居環衞乾祐三年夏卒于官輟視朝一日

李殷薊州人也自後唐莊宗明宗晉高祖朝以偏校遞遷歷官至檢校司徒累
爲郡守性沈厚所莅無苛暴之名晉少帝禦契丹于澶淵殷典禁旅駕還授鄜
州留後俄加檢校太保開運中授定州節度使將行啓少帝曰臣之此行破敵

必矣衆皆壯其言及至郡威略無聞敵再至首納降款後隨契丹至常山常山將耶律嘉哩遣殷與契丹首領楊安同拒我師于洛水俄而安退殷以槖裝馳馬遺安安既北走殷匿于邱墓獲免馳以歸我高祖嘉其首赴朝闕及魏州平以甘陵乏帥乃命殷爲貝州節度使加檢校太傅乾祐初卒于鎭詔贈太師

劉在明幽州人少有膽氣本州節度使劉守光用爲親信出爲平塞軍使守光敗歸于太原唐莊宗收爲列校明宗時爲捧聖左都指揮使領和州刺史從幸汴州至滎陽聞朱守殷叛用爲前鋒至汴城率先登城賊平授汴州馬步軍都指揮使應順初爲貝州刺史明年移趙州兼北面行營馬軍都指揮使以軍戍易州清泰末幽州節度使趙德鈞引軍赴團柏谷路由易州取在明軍從及德鈞兵敗在明奔歸懷州唐末帝令與萇從簡同守河陽晉祖至乃迎之京都事定出爲單州刺史天福中李金全以安州叛在明從李守貞攻之大破淮賊以功授安州防禦使明年移絳州楊光遠據青州叛召爲行營馬步軍都指揮使領齊州防禦使青州平遷相州留後歷邢州晉州留後通鑑契丹入汴建雄留後劉在明朝于契丹以

節度副使路知朗知州事高祖踐阼授幽州道行營都部署時契丹守中山在明出師經略契丹乃棄城而去遂授鎮州留後乾祐元年五月正授鎮州節度使六月以疾卒于鎮贈侍中

馬萬澶州人也少從軍善水游唐莊宗與梁軍對壘于河上莊宗于德勝渡夾河立南北寨會梁軍急攻南寨于中流聯戰艦以絕援路晝夜攻城者三日寨將氏延賞告急于莊宗莊宗隔河望敵無如之何乃召人能水游破賊者時萬兄弟皆應募遂潛行入南寨往來者三又助燒船艦汴軍遂退由此升爲水軍小校漸典禁軍遙領刺史累遷奉國左廂都指揮使泗州防禦使晉天福二年夏范延光叛于鄴牙將孫銳率兵至黎陽朝廷遣侍衛馬軍都指揮使白奉進領兵渡滑州萬亦預其行時滑州節度使符彥饒潛通鄴下殺白奉進于牙署萬領本軍兵士將助亂會奉國右廂都指揮使盧順密亦以兵至諭以逆順萬不得已與順密急趨公府執彥饒生送闕下朝廷卽以萬爲滑州節度使而盧順密酬之甚淺居無何晉高祖稍知其事卽以順密爲涇州兵馬留後漸薄于

萬萬鎮鄧州未幾罷鎮授上將軍以目疾致仕乾祐三年四月卒輟視朝一日

李彥從字士元汾州孝義人父德麟州司馬彥從少習武藝出行伍間高祖典禁軍以鄉里之舊任爲親信國初用爲左飛龍使檢校司空鎮州逐敵之際請兵于朝廷高祖令彥從率軍赴之乾祐初領恩州刺史趙暉討王景崇于岐下彥從爲兵馬都監破川軍有功賊平授濮州刺史治有政能百姓悅之乾祐三年冬卒于郡

郭謹字守節太原晉陽人謹少從軍能騎射歷河中教練使晉天福中遷奉國右廂都指揮使領禺州刺史三年轉奉國左廂都指揮泗州防禦使歲餘授侍衞步軍都指揮使兼寧江軍節度使六年從幸鄴七年晉祖崩少帝卽位授彰德軍節度使領軍如故開運初出授鄜州二年入爲左神武統軍三年復鎮麟州高祖踐阼以鄉國舊臣加檢校太尉移鎮滑臺乾祐初復授彰德軍節度使二年就加檢校太師三年入朝加食邑是歲冬十月卒于位年六十輟視朝二日贈侍中

皇甫立，代北人也。唐明宗之刺代州，署爲牙校，從歷藩鎮，性純謹，明宗深委信之。王建立、安重誨策名委質，皆在立後。明宗踐阼，以立爲忻州刺史。長興末，轉洛州團練使。應順初，遷鄜州節度使、檢校太保。清泰三年春，移鎮潞州，未幾，改華州。晉天福中，授左神武統軍。少帝即位，歷左金吾衛上將軍，累官至檢校太尉。高祖定天下，授特進、太子太師致仕。乾祐二年秋，卒。

白再榮，本蕃部人也。少從軍，累遷護聖左廂指揮使。晉末，契丹入汴。明年，契丹主北去，再榮從部帳至真定。其年閏七月晦，李筠、何福晉相率殺北帥滿達勤，據甲仗庫，敵勢未退，筠等使人召再榮，再榮端坐本營，遲疑久之，爲軍吏所迫，乃行。翊日，逐出滿達勤，諸軍以再榮名次在諸校之右，乃請權知留後事。東都事略李筠傳：筠請馮道領節度，道曰：予主奏事而已，留後事當議功臣爲之。以諸將之甲者爲留後。再榮貪昧無決，舉止多疑，出入騎從，露刃注矢。諸校不相統攝，互有猜貳。奉國廂主王饒懼爲再榮所幷，乃據東門樓以兵自衛，僞稱足疾，不敢見再榮。司天監趙延乂俱與之善，乃來往解釋，遂無相忌之意。再榮以李崧、和凝攜家在彼，令軍士數百人環迫崧、凝以求賞給崧凝各出家財與之再榮欲害崧以利其財前磁州刺史李穀謂再榮曰公與諸將爲契丹所擄凌辱萬端旦夕憂死今日衆力逐出蕃戎鎭民死者不下三千人豈獨公等之功纔得生路便擬殺一宰相他日到闕儻有所問何以爲辭再榮默然再榮又欲括率在城居民家財以給軍士李穀又譬解之乃止其漢人曾事滿達勒者盡拘之以取其財高祖以再榮爲鎭州留後爲政貪虐難狀鎭人呼爲白滿達未幾移授滑州節度使箕斂誅求民不聊生乃徵還京師周太祖入京城軍士攻再榮之第迫脅再榮盡取財貨既軍士前啓曰某等軍健常趨事麾下一旦無禮至此今後何顏謁見卽奮刃擊之挈其首而去後家人以帛贖葬之

張鵬鎭州彭城人幼爲僧知書有口辯喜大言後歸俗唐末帝爲潞王時鵬往依焉及卽位用爲供奉官累監軍旅晉開運中契丹迫澶州鵬爲前鋒監押奮身擊敵被創而還其後累于邊城戍守士伍服其勇乾祐初授鎭州副使過鄴城高行周接之甚歡鵬因言及晉朝傾亡之事少帝任用失人藩輔之臣惟務

積財富家不以國家爲意以至宗社泯滅非獨帝王之咎也行周性寬和不以鵬言爲過鵬既退行周左右謂行周曰張副使之言蓋譏令公也行周因發怒遂奏鵬怨國訕言故朝廷降詔就誅于常山時乾祐元年七月也

史臣曰晉漢之際有以懋軍功勤王事取旌旄符竹者多矣其閒有及民之惠者無幾焉如王周之闓政審交之民譽蓋其優者也漢球張瓘抑又次焉是宜紀之篇以示來者其餘皆不足觀也已張鵬以一言之失遽滅其身亦足誡後代多言橫議之徒歟

舊五代史卷一百六

舊五代史卷一百六考證

漢列傳三劉審交傳服闋不出累年　案歐陽史作不調累年

時有燕軍千人守捉諸門　千人杜重威傳作千五百人

劉在明傳高祖踐阼授幽州道行營都部署　案通鑑在明先爲成德軍留後繼授幽州道馬步都部署與是書前後互異

馬萬傳時滑州節度使符彥饒潛通鄴下殺白奉進于牙署　案是書晉列傳符彥饒以忿爭殺白奉進非潛通鄴下也此傳蓋沿實錄傳聞之誤通鑑從晉列傳

白再榮傳本蕃部人也　案歐陽史作不知其世家何人也

嘉哩舊作解里今改　滿達勒舊作麻荅今改

舊五代史卷一百六考證

舊五代史卷一百七

宋門下侍郎參知政事監修國史薛居正等撰

漢書第九

列傳四

史宏肇字化元鄭州滎澤人也父潘本田家宏肇少游俠無行拳勇健步日行二百里走及奔馬梁末每七戸出一兵宏肇在籍中後隸本州開道都選入禁軍嘗在晉祖麾下遂留爲親從及踐阼用爲控鶴小校高祖鎮太原奏請從行升爲牙校後置武節左右指揮以宏肇爲都將遙領雷州刺史高祖建號之初代州王暉叛以城歸契丹宏肇征之一鼓而拔尋授許州節度使充侍衞步軍都指揮使會王守恩以上黨求附契丹主命大將耿崇美率衆登太行欲取上黨高祖命宏肇以軍應援軍至潞州契丹退去翟令奇以澤州迎降會河陽武行德遣人迎宏肇遂率衆南下與行德合故高祖由蒲陝赴洛如歸宏肇前鋒之功也宏肇嚴毅寡言部轄軍衆有過無舍兵士所至秋毫不犯部下有指揮

使嘗因指使少不從命宏肇立撾殺之將吏股慄以至平定兩京無敢干忤從
駕征鄴迴加同平章事充侍衛親軍都指揮使兼鎮宋州高祖大漸與樞密使
楊邠周太祖蘇逢吉等同受顧命隱帝嗣位加檢校太師兼侍中居無何河中
永興鳳翔連橫謀叛關輔大擾朝廷日有徵發羣情憂惴亦有不逞之徒妄搆
虛語流布京師宏肇都轄禁軍警衛都邑專行刑殺略無顧避無賴之輩望風
匿迹路有遺棄人不敢取然而不問罪之輕重理之所在但云有犯便處極刑
枉濫之家莫敢上訴巡司軍吏因緣爲姦嫁禍脅人不可勝紀宋史邊歸讜傳史宏肇怙權專
殺閭里告訐成風歸讜言曰邇來有匿名書及言風聞事搆害良善有傷風化遂使貪吏得以報復私怨讒夫得以肆其虛誕請明行條制禁遏誣罔凡顯有
披論具陳姓名其匿名書及風聞事者並見止絕論者韙之時太白晝見民有仰觀者爲坊正所拘立斷其
腰領又有醉民抵忤一軍士則誣以訛言棄市其他斷舌決口斮筋折足者僅
無虛日故相李崧爲部曲誣告族戮于市取其幼女爲婢自是仕宦之家畜僕
隸者皆以姑息爲意而舊勳故將失勢之後爲廝養輩之所脅制者往往有之
軍司孔目吏解暉性狡而酷凡有推劾隨意鍛鍊人有抵軍禁者被其苦楚無

不自誣以求死所都人遇之莫敢仰視有燕人何福殷者以商販爲業嘗以十四萬市得玉枕遣家僮及商人李進賣于淮南易茗而迴家僮無行隱福殷貨財數十萬福殷責其償不伏遂杖之未幾家僮詣宏肇上變言契丹主之入汴也趙延壽遣福殷齎玉枕陰遺淮南以致誠意宏肇卽日遣捕福殷等繫之解暉希旨榜掠備至福殷自誣連罪者數輩並棄市妻女爲宏肇帳下分取之其家財籍沒宏肇不喜賓客嘗言文人難耐輕我輩謂我輩爲卒可恨可恨宏肇所領睢陽其屬府公利委親吏楊乙就府檢校貪戾兇橫負勢生事吏民畏之副戎已下望風展敬聚斂刻剝無所不至月率萬緡以輸宏肇一境之內疾之如讎東都事略薛居正傳史宏肇領侍衞新軍威震人主殘忍自恣人莫敢忤其意其部下民告民犯鹽禁法當死居正疑其不實召詰之乃其吏以私憾而誣之也逮捕吏鞫之具伏以吏抵法宏肇雖怒甚竟亦無以屈也周太祖平河中班師推功于衆以宏肇有翊衞鎭重之功言之于隱帝卽授兼中書令隱帝自關西賊平之後昵近小人太后親族頗行干託宏肇與楊邠甚不平之太后有故人子求補軍職宏肇怒而斬之帝始聽樂賜教坊使玉帶諸伶官錦袍往謝宏肇宏肇讓之曰健兒爲

國戍邊忍寒冒暑未能徧有霑賜爾輩何功敢當此賜盡取袍帶還官其兇戾如此周太祖有鎮鄴之命宏肇欲兼領機樞之任蘇逢吉異其議宏肇忿之翌日因竇貞固飲會貴臣悉集宏肇厲色舉爵屬周太祖曰昨晨廷論一何同異今日與弟飲此楊邠蘇逢吉亦舉大爵曰此國家之事也何足介意俱飲釂宏肇又厲聲言曰安朝廷定禍亂直須長槍大劍至如毛錐子焉足用哉三司使王章曰雖有長槍大劍若無毛錐子贍軍財賦自何而集宏肇默然少頃而罷未幾三司使王章于其第張酒樂時宏肇與宰相樞密使及內客省使閻晉卿等俱會酒酣爲手勢令宏肇不熟其事而閻晉卿坐次宏肇屢教之蘇逢吉戲宏肇曰近坐有姓閻人何憂罰爵宏肇妻閻氏本酒妓也宏肇謂逢吉譏之大怒以醜語詬逢吉逢吉不校宏肇欲毆逢吉逢吉策馬而去宏肇遽起索劍意欲追逢吉楊邠曰蘇公是宰相公若害之致天子何地公細思之邠泣下宏肇索馬急馳而去邠慮有非常連鑣而進送至第而還自是將相不協如水火矣隱帝遣王峻將酒樂于公子亭以和之竟不能解其後李業郭允明後贊聶文

進居中用事不悅執政又見隱帝年漸長厭爲大臣所制嘗有忿言業等乃乘間譖宏肇等隱帝稍以爲信業等乃言宏肇等專權震主終必爲亂隱帝益恐嘗一夕聞作坊鍛甲之聲疑外有兵仗卒至達旦不寐自是與業等密謀禁中欲誅宏肇等議定入白太后太后曰此事豈可輕發耶更問宰臣等李業在側曰先皇帝言朝廷大事莫共措大商量太后又言之隱帝怒曰閨門之內焉知國家之事拂衣而出內客省使閻晉卿潛知其事乃詣宏肇私第將欲告之宏肇以他事拒之不見乾祐三年冬十一月十三日宏肇入朝與樞密使楊邠三司使王章同坐于廣政殿東廡下俄有甲士數十人自內而出害宏肇等于閤東其族先是宏肇第數有異嘗一日于階砌隙中有煙氣蓬勃而出禍前二日昧爽有星落于宏肇前三數步如迸火而散俄而被誅周太祖踐阼追封鄭王以禮葬官爲立碑宏肇子德珫乾祐中授檢校司空領忠州刺史粗讀書親儒者常不悅父之所爲貢院嘗錄一學科于省門叫譟申中書門下宰相蘇逢吉令送侍衛司請痛笞刺面德珫聞之白父曰書生無禮有府縣御史臺非軍務

治也公卿如此蓋欲彰大人之過宏肇深以爲然卽破械放之後之識者尤嘉
德琉之爲人焉宏肇弟福比在滎陽別墅聞禍匿于民間周太祖卽位累遷閑
廄使仕皇朝歷諸衞將軍宋史李崇矩傳史宏肇爲先鋒都校聞崇矩名召署
親吏乾祐初宏肇總禁兵兼京城巡檢多殘殺軍民
左右稍稍引去惟崇矩事之益謹及宏肇誅獨得免周祖與宏肇素厚善卽位
訪求宏肇親舊得崇矩謂之曰我與史公受漢厚恩戮力同心共奬王室爲奸
邪所搆史公卒罹大禍我亦僅免汝史家故吏也爲我求其近屬我將
恤之崇矩上其母弟福崇矩素主其家盡籍財產以付福周祖嘉之
楊邠魏州冠氏人也少以吏給事使府後唐租庸使孔謙卽其妻之世父也謙
領度支補勾押官歷孟華鄆三州糧料使高祖爲鄴都留守用爲左都押衙高
祖鎭太原益加親委漢國建遷檢校太保權樞密使汴洛平正拜樞密使檢校
太傅及高祖大漸與蘇逢吉史宏肇等同受顧命輔立嗣君隱帝卽位宰臣李
濤上章請出邠與周太祖爲藩鎭邠等泣訴于太后由是罷濤而相邠加中書
侍郎兼吏部尚書同平章事仍兼樞密使時中書除吏太多訛謬者衆及邠居
相位帝一以委之凡南衙奏事中書除命先委邠斟酌如不出邠意至于一簿
一掾亦不聽從邠雖長于吏事不識大體常言爲國家者但得帑藏豐盈甲兵

強盛至于文章禮樂並是虛事何足介意也平河中邠加右僕射邠既專國政觸事苛細條理煩碎前資官不得于外方居止自京師至諸州府行人往來並須給公憑所由司求請公憑者朝夕塡咽旬日之間民情大擾行路擁塞邠乃止其事時史宏肇恣行慘酷殺戮日衆都人士庶相目于路邠但稱宏肇之善太后弟武德使李業求爲宣徽使隱帝與太后重違之私訪于邠邠以朝廷內使遷拜有序不可超居遂止隱帝所愛耿夫人欲立爲后邠亦以爲太速夫人卒隱帝欲以后禮葬邠又止之隱帝意不悅左右有承間進甘言者隱帝益怒之 案此下疑有闕文 邠繕甲兵實帑廩俾國用不闕邊鄙粗寧亦其功也 宣和書譜云邠末年留意縉紳延客門下知經史有用乃課吏傳寫

王章大名南樂人也少爲吏給事使府同光初隸樞密院後歸本郡累職至都孔目官後唐清泰末屯駐奉聖都虞候張令昭作亂逐節度使劉延皓自稱留後章以本職爲令昭役使末帝遣范延光討平之搜索叛黨甚急章之妻卽白文珂之女也文珂與副招討李敬周善以章爲託及攻下逆城敬周匿之載于

橐駞褚中竄至洛下匿于敬周之私第及末帝敗章爲省職歷河陽糧料使高祖典侍衛親軍詔爲都孔目官從至河東專委錢穀國初授三司使檢校太傅從征杜重威于鄴下明年高祖崩隱帝卽位加檢校太尉同平章事居無何蒲雍岐三鎮畔是時契丹去汴之後國家新造物力未充章與周太祖史宏肇楊邠等盡心王室知無不爲罷不急之務惜無用之費收聚財賦專事西征軍旅所資供饋無乏及三叛平賜與之外國有餘積然以專于權利剝下過當斂怨歸上物論非之舊制秋夏苗租民稅一斛別輸二升謂之雀鼠耗乾祐中輸一斛者別令輸二斗目之爲省耗百姓苦之又官庫出納緡錢皆以八十爲陌至是民輸者如舊官給者以七十七爲陌遂爲常式（歸田錄用錢之法自五代以來以七十七爲百謂之省陌今市井交易又剋其五謂之依除）民有訴田者雖無十數戸章必命全州覆視幸其廣有苗額以增邦賦曾未數年民力大困章與楊邠不喜儒士郡官所請月俸皆取不堪資軍者給之謂之閑雜物命所司高估其價估定更添謂之擡估章亦不滿其意隨事更令更添估章急于財賦峻于刑法民有犯鹽礬酒麴之令雖絲毫滴

瀝盡處極刑吏緣爲姦民不堪命章與楊邠同郡尤爲親愛其奬用進拔者莫
非鄉舊常輕視文臣曰此等若與一把算子未知顛倒何益于事後因私第開
宴席召賓客史宏肇蘇逢吉乘醉諠詬而罷章自是忽忽不樂潛求外任邠與
宏肇深沮其意而私第數有怪異章愈懷憂恐乾祐三年冬與史宏肇楊邠等
遇害夷其族妻白氏禍前數月而卒無子惟一女適戶部員外郎張貽肅疾
踰年扶病就戮

李洪建太后母弟也事高祖爲牙將高祖即位累歷軍校遙領防禦使史宏肇
等被誅以洪建爲權侍衞馬步軍都虞候及鄴兵南渡命洪建誅王殷之族洪
建不卽行之但遣人監守其家仍令給饌竟免屠戮周太祖入京城洪建被執
王殷感洪建之恩累祈周太祖乞免其死不從遂殺之洪建弟業

業昆仲凡六人業處其季故太后尤憐之高祖置之麾下及卽位累遷武德使
出入禁中業恃太后之親稍至驕縱隱帝嗣位尤深倚愛兼掌內帑四方進貢
二宮費委之出納業喜趨權利無所顧避執政大臣不敢禁詰會宣徽使闕業

意欲之太后亦令人微露風旨于執政時楊邠史宏肇等難之業由是積怨蕭牆之變自此而作楊史既誅業權領侍衛步軍都指揮使北郊兵敗業自取金寶懷之策馬西奔行至陝郊其節度使洪信即其長兄也不敢匿于家業將奔太原至絳州境爲盜所殺盡奪而去

閻晉卿者忻州人也家世富豪少仕并門歷職至客將高祖在鎮頗見信用乾祐中歷閤門使判四方館未幾關西亂郭從義討趙思綰于京兆晉卿偏師以攻賊壘（宋史李韜傳周祖征三叛韜從白文珂攻河中兵傅其城文珂夜詣周祖議犒軍留韜城下時營柵未備李守貞乘虛來襲營中忽見火發知賊驟至惶怖失據客省使閻晉卿率左右數十人遇韜于月城側謂韜曰事急矣城中人悉被黃紙甲爲火光所照色俱白此殊易辨奈軍士無闘志何韜憤怒曰豈有食君祿而不爲國致死耶即援矟而進軍中死士十餘輩隨韜犯賊鋒蒲有猛將躍馬持戈擬韜韜刺之洞胸而墜又連殺數十人蒲軍遂潰因擊大破之）賊平爲內客省使丁父憂起復前職時宣徽使闕晉卿以職次事望合當其任既而久稽拜命晉卿頗怨執政會李業等謀殺楊史詔晉卿謀之晉卿退詣宏肇將告其事宏肇不見晉卿憂事不果夜懸高祖御容于中堂泣禱于前遲明戎服入朝內難既作以晉卿權侍衛馬軍都指揮使北郊兵敗晉卿乃自

殺于家
聶文進并州人少給事于高祖帳下高祖鎮太原甚見委用職至兵馬押司官
高祖入汴授樞密院承旨歷領軍屯衞大將軍遷右衞大將軍仍領舊職遇周
太祖出征稍至驕橫久未遷改深所怨望與李業輩構成變亂史宏肇等遇害
之前夕文進與同黨預作宣詔制置朝廷之事凡關文字並出文進之手明日
難作文進點閱兵籍徵發軍衆指揮取舍以爲己任內外咨稟前後塡咽太祖
在鄴被構初謂文進不預其事驗其事迹方知文進亂階之首也大詬詈之太
祖過封邱帝次于北郊文進告太后曰臣在此請宮中勿憂兵散之後文進召
同黨痛飲歌笑自若遲明帝遇禍文進奔竄爲軍士所追梟其首

後贊爲飛龍使贊母本倡家也與父同郡往來其家生贊從職四方父未嘗離
郡贊既長疑其所生及爲內職不欲父之來寓書以致其意父自郡至京師直
抵其第贊不得已而奉之乾祐末宰相楊邠侍衞親軍使史宏肇執權贊以久
次未遷頗懷怨望乃與樞密承旨聶文進等構變及難作贊與同黨更侍帝側

剖判戎事且防間言北郊兵敗贊竄歸兗州慕容彥超執之以獻有司鞫贊伏
罪周太祖命誅之
郭允明者小名竇十河東人也幼隸河東制置使范徽柔被誅允明遂爲高祖
廝養服勤既久頗得高祖之歡心高祖鎮太原稍歷牙職及卽位累遷至翰林
茶酒使兼鞍轡庫使隱帝嗣位尤見親狎每恃寵驕縱略無禮敬與相州節度
使郭謹以同宗之故頗交結謹在鎮允明嘗齎御酒以遺之不以僭上犯禁爲
意其他輕率悉皆類此執政大臣頗姑息之嘗奉使荆南車服導從有同節度
使將州縣郵驛奔馳畏懾節度使高保融承迎不暇允明潛使人步度城壁之
高庳池隍之廣隘以動荆人冀得重賄乾祐末兼飛龍使未幾與李業輩構變
楊邠等諸子允明親刃之于朝堂西廡下王章女壻戶部員外郎張貽肅血流
逆注聞者哀之及北郊之敗允明迫帝就民舍手行弒逆尋亦自殺
劉銖陝州人也少事梁邵王朱友誨爲牙將晉天福中高祖爲侍衞親軍都指
揮使與銖有舊乃表爲內職高祖出鎮幷門用爲左都押牙銖性慘毒好殺高

祖以爲勇斷類己深委遇之國初授永興軍節度使從定汴洛移鎮青州加同平章事隱帝卽位加檢校太師兼侍中銖立法深峻令行禁止吏民有過不問輕重未嘗貸免每親事小有忤旨卽令倒曳而出至數百步外方止膚體無完者每杖人遣雙杖對下謂之合歡杖或杖人如其歲數謂之隨年杖在任擅行賦斂每秋苗一畝率錢三千夏苗一畝錢二千以備公用部內畏之脅肩重迹乾祐中淄青大蝗銖下令捕蝗略無遺漏田苗無害先是濱海郡邑皆有兩浙迴易務厚取民利自置刑禁追攝王民前後長吏利其厚賂不能禁止銖卽告所部不得與吳越徵負擅行追攝浙人惕息莫敢干命朝廷懼銖之剛戾難制因前浙州刺史郭瓊自海州用兵還過青州遂留之卽以符彥卿代銖銖卽時受代（隆平集郭瓊傳云劉銖守平盧稱疾不朝隱帝疑其叛詔瓊領兵屯青州銖將害之張宴伏兵幕下瓊無懼色銖亦不敢發瓊爲言去就禍福銖趨召）離鎮之日有私鹽數屋雜以糞穢填塞諸井以土平之彥卿發其事以聞銖奉朝請久之每潛戟手于史宏肇楊邠第會李業輩同誅宏肇等銖喜謂業輩曰君等可謂僂㑩兒矣尋以銖權知開封府事周太祖親族及王峻家並爲銖

所害周太祖入京城執之下獄銖謂妻曰我則死矣君應與人爲婢耳妻曰明公所爲如是雅合爲之周太祖遣人讓銖曰昔日與公常同事漢室寧無故人之情家屬屠滅公雖奉君命加之酷毒一何忍哉公家亦有妻子還顧念否銖但稱死罪遂啓太后幷一子誅之而釋其妻周太祖踐阼詔賜銖妻陝州莊宅各一區五代史闕文漢隱帝朝銖爲開封尹周祖自鄴起兵銖盡誅周祖之家子孫婦女十數人極其慘毒及隱帝遇害周祖以漢太后令收銖下獄使人責之銖對曰某爲漢家戮叛族耳不知其他周祖怒遂殺之

史臣曰臣觀漢之士也豈繫于天命哉蓋委用不得其人聽斷不符于理故也且如宏肇之淫刑楊邠之粃政李業晉卿之設計文進允明之狂且雖使成王爲君周公作相亦不能保宗社之安延歲月之命況隱帝逢吉之徒其能免乎易曰大君有命開國承家小人勿用必亂邦也當乾祐之末也何斯言之驗歟惟劉銖之忍酷又安能逭于一死乎

舊五代史卷一百七考證

漢列傳四史宏肇傳有燕人何福殷者　案歐陽史作何福進疑訛

乾祐三年冬十一月十三日宏肇入朝　十一月歐陽史漢臣傳作十月吳縝纂誤云漢隱帝紀周太祖紀俱作十一月傳誤也

楊邠傳用爲左都押衙　左都歐陽史作右都

李業附傳業昆仲凡六人　案昭聖太后弟六人洪信洪義宋史有傳歐陽史作昆弟七人

閻晉卿傳賊平爲內客省使　案宋史李韜傳載晉卿討賊時已爲客省使是書作賊平之後始授此職與宋史異

舊五代史卷一百七考證

舊五代史卷一百八

宋門下侍郎參知政事監修國史薛居正等撰

漢書第十

列傳五

李崧深州饒陽人父舜卿本州錄事參軍崧幼而聰敏十餘歲爲文家人奇之弱冠本府署爲參軍其父嘗謂宗人李鏻曰大醜生處形奇氣異前途應不居徒勞之地賴吾兄誨激之大醜卽崧之小字也同光初魏王繼岌爲興聖宮使兼領鎭州節鉞崧以參軍從事時推官李堯掌書崧見其起草不工密謂掌事呂柔曰令公皇子天下瞻望至于尺牘往來章表論列稍須文理合宜李侍御起草未能盡善呂曰公試代爲之呂得崧所作示盧質馮道皆稱之繇是擢爲興聖宮巡官獨掌奏記莊宗入洛授太常寺協律郎王師伐蜀繼岌爲都統以崧掌書記蜀平樞密使郭崇韜爲宦官誣搆繼岌遂殺崇韜父子外尚未知崧白繼岌曰王何爲作此危事至于不容崇韜至洛誅之未晚今懸軍五千里無

咫尺書詔便殺重臣非謀也繼岌曰吾亦悔之崧召書吏三四人登樓去梯取
黃紙矯寫詔書倒使都統印發之翌日告諸軍軍情稍定及自蜀還明宗革命
任圜以宰相判三司用崧爲鹽鐵推官賜緋丁內艱歸鄉里服闋鎮帥范延光
奏署掌書記延光爲樞密使拜拾遺直樞密院遷補闕起居郎尚書郎充職如
故長興末改翰林學士清泰初拜端明殿學士戶部侍郎先是長興三年冬契
丹入雲中朝廷欲命重將鎮太原時晉祖爲六軍副使以秦王從榮不軌懇求
外任深有北門之望而大臣以晉高祖方握兵柄難以議之一日明宗怒其未
奏范延光趙延壽等無對退歸本院共議其事方欲以康義誠爲之時崧最在
下位聳立請曰朝廷重兵多在北邊須以重臣爲帥以某所見非石太尉不可
也會明宗令中使促之衆乃從其議翌日晉祖既受太原之命使心腹達意于
崧云壘浮圖須與合卻尖蓋感之深也及清泰末晉祖入洛崧與呂琦俱竄匿
于伊闕民家旬日晉高祖召爲戶部侍郎判戶部踰月拜中書侍郎同平章事
與桑維翰並兼樞密使維翰鎮相州未幾廢樞密院事歸中書加尚書右僕射

從幸鄴丁外艱恩制起復崧上章數四懇辭其命優詔不允復上章不報崧不得已而視事晉少帝嗣位復用桑維翰爲樞密使命崧兼判三司未幾代維翰爲樞密使與馮玉對掌機密開運末崧玉信契丹之詐經略瀛鄚中渡之敗落其姦謀契丹入京師趙延壽張礪素稱崧之才契丹主善遇之以崧爲太子太師充樞密使契丹主嘗謂左右曰我破南朝祇得李崧一人而已從契丹北行留于鎮州高祖平汴洛乃以崧之居第賜蘇逢吉第中宿藏之物皆爲逢吉所有是秋鎮州逐滿達勒崧與馮道和凝十數人歸闕授太子太傅崧對朝之權右謙挹承顏未嘗忤旨嘗以宅券獻蘇逢吉不悅崧二弟嶼𡾊酣酒無識與楊邠蘇逢吉子弟杯酒之間時言及奪我居第逢吉知之宋史陶穀傳李崧以宅券獻逢吉逢吉不悅而崧子弟數出怨言崧懼移疾不出崧族子昉嘗往候崧崧語昉曰邇來朝廷于我有何議昉曰無他聞唯陶給事往往于稠人中厚誣叔父崧嘆曰穀自單州判官吾取爲集賢校理不數年擢掌誥命吾何負于陶氏子哉及崧遇禍昉嘗因公事詣穀穀問昉識李侍中否昉斂衽應曰遠從叔耳穀曰李氏之禍穀出力焉昉聞之汗出有部曲葛延遇者逋李嶼船傭嶼撻之督其所負遇有同輩李澄亦事逢吉葛延遇夜寄宿于澄家以嶼見督情告遂一夕同謀告變逢吉覽狀示

史宏肇其曰逢吉遣吏召崧至第從容語及葛延遇告變之事崧以幼女爲託逢吉遣吏送于侍衛獄既行崧恚曰自古未有不亡之國不死之人及爲吏所鞫乃自誣伏罪舉家遇害少長悉尸于市人士冤之東都事略王溥傳世宗嘗問漢相李崧蠟彈書結契丹有記其詞者否溥曰崧有此肯示人耶蘇逢吉輩陷之耳世宗遂優贈崧官崧與徐台符同學相善乾祐三年秋台符夢崧謂曰予之冤橫得請于帝矣及蘇史之誅並梟首于市當崧所誅之地未幾葛延遇李澄亦以戮死宋史李昉傳晉侍中崧與昉同宗且同里時人謂崧爲東李昉爲西李漢末崧被誅至宋其子璨自蘇州常熟縣令赴調昉爲訟其父冤且言周太祖已爲昭雪贈官還其田宅錄璨而官之然璨幾五十尚淹州縣之職詔授璨著作佐郎後官至資善大夫

蘇逢吉長安人父悅逢吉母早喪而悅鰥居旁無侍者性嗜酒雖所飲不多然漱醪終日他人供膳皆不稱旨俟逢吉庖炙方肯下筯悅初仕蜀官升朝列逢吉初學爲文嘗代父染翰悅嘗爲高祖從事甚見禮遇因從容薦逢吉曰老夫耄矣才器無取男逢吉粗學援毫性復恭恪如公不以豚犬之微願令事左右高祖召見以神精爽惠甚憐之有頃擢爲賓佐凡有謀議立侍其側高祖素嚴毅及鎮太原位望崇重從事稀得謁見惟逢吉日侍左右兩使文簿堆案盈几

左右不敢輒通逢吉置于懷袖俟其悅色則諮之多見其可高祖建號于太原逢吉自節度判官拜同平章事集賢殿大學士車駕至汴朝廷百司庶務逢吉以爲己任參決處置並出胸臆雖有當有否而事無留滯爲翰林學士李濤從容侍帝言及霸府二相官秩未崇逢吉旋加吏部尚書未幾轉左僕射監修國史從征杜重威于鄴下數乘醉抵辱周太祖及高祖大漸與楊邠史宏肇等臥內同受顧命李濤與逢吉論甥舅之契相得甚歡濤之入相逢吉甚有力焉會濤上章請出兩樞密爲方鎮帝怒罷濤相勒歸私第時論疑濤承逢吉之風旨先是高祖踐阼之後逢吉與蘇禹珪俱在中書有所除拜多違舊制用捨升降率意任情至有自白丁而升宦路由流外而除令錄者不可勝數物論紛然高祖方倚信二相莫敢言者逢吉尤貪財貨無所顧避求進之士稍有物力者即遣人微露風旨許以美秩及楊邠爲相稍奪二蘇之權自是盡斂手而已邠每懲二蘇之失艱于除拜至于諸司補吏與門冑出身一切停罷時論以邠之蔽固亦由逢吉禹珪本不能至公于物之所致也初高祖至汴以故相馮道李崧

爲契丹所俘迕于真定乃以崧第賜逢吉道第賜禹珪崧于西洛有別業亦爲
逢吉所有及真定逐契丹崧道歸朝崧弟嶼以逢吉占據其第時出怨言未幾
崧以西京宅券獻于逢吉不悅會崧有僕夫欲誣告謀反逢吉誘致其狀卽告
史宏肇令逮捕其家逢吉遣直省吏召崧至第卽令監至侍衛獄翌日所司以
獄辭上其李嶼款招云與兄崧弟嶬與家僮二十人商議比至山陵發引之時
同放火謀亂其告是實蓋自誣之辭也逢吉仍以筆添注二十人字爲五十人
封下有司盡誅崧家時人寃之歸咎于逢吉逢吉深文好殺從高祖在太原時
嘗因事高祖命逢吉靜獄以祈福祐逢吉盡殺禁囚以報及執朝政尤愛刑戮
朝廷患諸處盜賊遣使捕逐逢吉自草詔意云應有賊盜其本家及四隣同保
人並仰所在全族處斬或謂逢吉曰爲盜者族誅猶非王法隣保同罪不亦甚
乎逢吉堅以爲是僅去全族二字時有鄆州捕賊使臣張令柔盡殺平陰縣十
七村民良由此也逢吉性侈靡好鮮衣美食中書供膳鄙而不食私庖供饌務
盡甘珍嘗于私第大張酒樂以召權貴所費千餘緡其妻武氏卒葬送甚盛班

行官及外州節制有與逢吉相款洽者皆令齎送綾羅絹帛以備縞素失禮違
度一至如此又性不拘名教繼母死不行服妻死未周其子並授官秩有庶兄
自外至不白逢吉便見諸子逢吉怒且懼他日淩弱其子息乃密白高祖誣以
他事杖殺之乾祐二年秋加守司空周太祖之將鎮鄴也逢吉奏請落樞密使
隱帝曰有前例否逢吉奏曰樞密之任方鎮帶之非便史宏肇曰兼帶樞密所
冀諸軍禀畏竟從宏肇之議宏肇怨逢吉之異己逢吉曰此國家之事也且以
內制外則順以外制內豈得便耶事雖不從物議多之居無何王章張飲會逢
吉與史宏肇有謔言大爲宏肇所詬逢吉不校幾至毆擊逢吉馳馬而歸自是
將相失歡逢吉欲希外任以紓宏肇之怒既而中輟人問其故逢吉曰苟領一
方鎮秖消得史公一處分則爲虀粉矣李業輩惡宏肇楊邠等逢吉知之每見
業等即微以言激怒之及宏肇等被害逢吉不預其謀聞變驚駭即授宣徽權
知樞密院事尋令草制正授制入聞鄴兵至澶州乃止事急逢吉謂人曰蕭牆
之變太覺匆遽主上若有一言見問必不至是矣數夕宿于金祥殿之東謂天

官正王處訥曰夜來就枕未瞑已見李崧在旁生人與死人相接無吉事也及周太祖自鄴至汴官軍敗于劉子陂是夕逢吉宿于七里郊與同舍痛飲醉將自刎左右止之至曙與隱帝同抵民舍遂自殺周太祖定京城與聶文進等同梟于北市釋其家族其梟首之處適當李崧冤死之地廣順初詔就西京賜其子莊宅各一區五代史補高祖在河東幕府闕書記朝廷除前進士邱廷敏爲之以高祖有異志恐爲所累辭疾不赴遂改蘇逢吉未幾契丹南侵高祖仗順而起兵不血刃而天下定逢吉以佐命功自掌書記拜中書侍郎平章事逾年廷敏始選授鳳翔麟遊縣令過堂之日逢吉戲之且撫所坐椅子曰合是長官坐何故讓與鄙夫耶廷敏遂慚悚而退

李鏻唐宗屬也父洎韶州刺史伯父湯咸通中爲給事中懿宗除乳母楚國夫人聟爲夏州刺史湯封還制書詔曰朕少失所親若非楚國夫人鞠養則無朕此身雖非朝典望卿放下仍今後不得援以爲例湯乃奉詔其諒直如此鏻少舉進士累舉不第客遊河朔稱清海軍掌書記謁定州王處直不見禮鏻卽脫緣被緋入常山謁要人李宏規以宗姓請兄事之由是得進趙王鎔辟爲從事鎔卒復爲王德明賓客德明使鏻聘于唐莊宗鏻密疏德明之罪且言可圖之

狀莊宗嘉之及常山平以鏻爲霸府支使嘗從容請于莊宗曰鏻有四子請誅之莊宗問其故對曰此輩生于常山稟勃亂之氣不可留也莊宗笑而止同光初授宗正卿俄兼工部侍郎常山有唐啓運陵鏻受富民李守恭賂署爲陵臺令守恭暴橫爲長吏所訴按之以聞鏻左授司農少卿削金紫未幾出爲河府副使明宗即位歷兵部戶部侍郎工部戶部尚書長興中以與明宗有舊常貯入相之意從容謂時相曰唐祚中興宜敦敘宗室才高者合居相位僕雖不才曾事莊宗霸府見今上于藩邸時家代重侯累相靖安李氏不在諸族之下論才較藝何讓衆人久寘僕于朝行諸君安乎馮道趙鳳每怒其僭有頃鏻因淮南細人言事乃謂樞密使安重誨曰僞吳欲歸國久矣若朝廷先遣使諭之則旋踵而至矣重誨然之以玉帶與細人令往淮南爲信久而不反由是出鏻爲兗州行軍司馬得代歸闕復爲戶部尚書尋轉兵部尚書有頃兼判太常卿事嘗權典選部銓綜失序物論非之晉天福中守太子少保開運中遷太子太保高祖至闕授守司徒數月而卒時年八十八詔贈太傅

龍敏字欲訥幽州永清人少學爲儒仕鄉里爲假掾劉守光不道敏避地浮陽會戴思遠渡河而南乃從之鄉人周知裕仕梁爲裨將敏往依焉知裕屢薦不調敏丏遊都邑累年唐莊宗定魏博敏聞故人馮道爲霸府記室乃客于河中歲歸太原館于馮道之家監軍使張承業卽署敏爲巡官典監軍奏記莊宗平河洛徵爲司門員外郞以家貧乏養求爲興唐少尹踰年丁母喪退居鄴下會趙在禮據鄴城以敏鄉人強起令署事又爲亂軍所迫敏不敢拒明年在禮鎭浮陽敏復居喪制服闋除戶部郞中改諫議大夫御史中丞時敏父咸式年七十咸式之父年九十餘供養二尊朝夕無懈咸式以敏貴得祕書監致仕敏爲兵部侍郞奉使幽州鄉里耆舊留宴盡歡馮贇爲北京留守奏敏爲副贇入掌樞密敏爲吏部侍郞敏學術不甚長然外柔而內剛愛決斷大計清泰末從唐末帝在懷州時趙德鈞父子有異圖晉安砦旦夕憂陷末帝計無從出問計于從臣敏奏曰臣有一計請以援兵從東丹王李贊華取幽州路趨西樓契丹主必有北顧之患末帝然之而不能用敏又謂末帝親將李懿曰君連姻帝戚社

稷之危不俟翹足安得默默苟全耶懿因籌德鈞必破蕃軍之狀敏曰僕燕人也諳趙德鈞之爲人膽小謀拙所長者守城砦嬰壕塹篤勵健兒耳若見大敵奮不顧身摧堅陷陣必不能矣況名位震主姦以謀身乎僕有狂策不知濟否苟能必行亦救寨之一術也懿請言之曰如聞駕前馬僅五千匹請于其間選壯馬精用健夫千人僕願與郎萬金二人（通鑑郎萬金爲陳州刺史胡三省云萬金當時勇將也）由介休路出山夜冒敵騎循山入大砦千騎之內得其半濟則砦無虞矣張敬達等幽閉不知朝廷援兵近遠若知大軍在團柏谷中雖鐵障亦可衝踏況敵騎乎末帝聞之曰龍敏之心極壯用之晚矣人亦以爲大言然其慷慨感激皆此類也晉祖受命敏以本官判戶部還尚書左丞丁父憂服闋復本官俄移太常卿開運中奉命使越先是朝臣將命必拜起于浙帥敏至抗揖而已識者多之使還改工部尚書乾祐元年春疽發于背聞高祖晏駕乃扶病于私第縞素而臨後旬日卒于家時年六十三隱帝嗣位詔贈右僕射

劉鼎字公度徐州蕭縣人祖泰蕭縣令父崇梁太祖微時常傭力崇家及即位

召崇用之歷殿中監商州刺史崇之母撫梁祖有恩梁氏號爲國婆徐宋之民謂崇家爲豢龍劉家鼎起家爲大理評事歷尚書博士殿中侍御史起居郎清泰中自吏部員外郎出爲渾州廉判入爲刑部郎中充鹽鐵判官改吏部郎中兼侍御史知雜事乾祐初拜諫議大夫卒年五十五鼎善交遊能談笑居家仁孝事繼母趙氏甚謹異母昆仲凡七人撫之如一性若寬易而典選曹按吏有風稜人稱爲能子袞登進士第文彩遒儁仕周爲左拾遺直史館早卒

張允鎮州束鹿人父徵允幼學爲儒仕本州爲參軍張文禮之據州叛莊宗致討允隨文禮子處瑾請降于鄴不允與處瑾並繫于獄鎮冀平宥之留于鄴署本府功曹趙在禮嬰成叛署節度推官從歷滄兗二鎮書記入爲監察御史歷右補闕起居舍人充宏文館直學士水部員外郎知制誥清泰初皇子重美爲河南尹典六軍諸衞事時朝廷選參佐以允剛介改給事中充六軍判官尋罷職轉左散騎常侍晉天福初允以國朝頻有肆赦乃進駁赦論曰管子云凡赦者小利而大害久而不勝其禍無赦者小害而大利久而不勝其福又漢紀云

吳漢疾篤帝問所欲言對曰唯願陛下無爲赦耳如是者何蓋行赦不以爲恩不行赦亦不以爲無恩爲罰有罪故也竊觀自古帝王皆以水旱則降德音而宥過開狴牢以放囚冀感天心以救其災者非也假有二人訟一有罪一無罪若有罪者見捨則無罪者銜冤銜冤者彼何疎見捨者此何親乎如此則是致災之道非救災之術也自此小民遇天災則喜皆相勸爲惡曰國家如行赦必捨我以救災如此即是國家教民爲惡也且天道福善禍淫若以捨爲惡之人而便變災爲福則又是天助其惡民也細而論之必不然矣儻或天降之災蓋欲警誡人主節嗜欲務勤儉恤鰥寡正刑罰不濫捨有罪不僭殺無辜使美化行于下聖德聞于上則雖有水旱亦不爲沴矣豈以濫捨有罪而反能救其災乎彰其德乎是知赦之不可行也明哉帝覽而嘉之降詔獎飾仍付史館五年遷禮部侍郎凡三典貢部改御史中丞轉兵部侍郎知制誥充翰林學士承旨契丹入京城落職守本官東都事略劉溫叟傳契丹入京師溫叟懼隨契丹北徙與承旨張允求去職契丹主怒欲黜爲縣令趙延壽曰學士不稱職而求解者罷之可也得不黜乾祐初授吏部侍郎自誅史宏肇後京城士庶連甍恐

悚充每朝退卽宿于相國寺僧舍及北軍入京師允匿于佛殿藻井之上墜屋而卒時年六十五子鸞仕皇朝爲太常少卿

任延皓幷州人也業術數風雲之事晉高祖在太原重圍時高祖最爲親要延皓以本業請見高祖甚加禮遇晉天福初延皓授太原掾尋改交城文水令皆高祖慰薦之力也高祖鎭太原延皓多言外事出入無間高祖左右皆憚之在文水聚斂財賄民欲陳訴延皓知之一日先誣告縣吏結集百姓欲刦縣庫高祖怒遣騎軍併擒縣民十數族誅之寃枉之聲聞于行路高祖卽位累官至殿中監恃寵使氣人望而畏之雖宰輔之重延皓視之蔑如也劉崇在河東日常切齒及魏王承訓薨歸葬太原令延皓擇葬地時有山岡僧謂劉崇曰魏王葬地不吉恐有重喪未幾高祖崩崇以僧言奏之乃配流延皓于麟州路由文水市民擲瓦毆罵甚衆吏人救之僅免旣至貶所劉崇令人殺之籍沒其家

史臣曰李崧仕唐晉之兩朝聳伊臯之重望考其器業無忝台衡會多僻之朝被慘夷之戮人之不幸天亦難忱逢吉秉蚍虺之心竊夔龍之位殺人不忌與

國俱亡李崧之冤血未銷逢吉之梟首斯至冥報之事安可忽諸自李鏻而下凡數君子者皆踐履朝行彰施帝載國華邦直斯焉在哉惟延皓之醜行宜乎不得其死矣

舊五代史卷一百八

舊五代史卷一百八考證

漢列傳五龍敏傳末帝親將李懿　案通鑑作前鄭州防禦使李懿改工部尚書　案歐陽史作遷工部侍郎

滿達勒舊作麻答今改

舊五代史卷一百八考證

舊五代史卷一百九

宋門下侍郎參知政事監修國史薛居正等撰

漢書第十一

列傳六

杜重威其先朔州人近世徙家于太原祖興振武牙將父堆金事唐武皇爲先鋒使重威少事明宗自護聖軍校領防州刺史其妻卽晉高祖妹也累封宋國大長公主天福初命重威典禁軍遙授舒州刺史二年張從賓構亂據汜水晉高祖遣重威與侯益率衆破之以功授潞州節度使與楊光遠降范延光于鄴城改許州節度使兼侍衛親軍馬步軍副指揮使尋加同平章事未幾移鎮鄆州遷侍衛親軍馬步軍都指揮使（通鑑馮道李崧屢薦重威之能以爲都指揮使充隨駕御營使）及鎮州安重榮稱兵向闕命重威禦之敗重榮于宗城重榮奔據常山重威尋拔其城斬重榮首傳于闕下授成德軍節度使所得重榮家財及常山公帑悉歸于己晉高祖知而不問至鎮復重斂于民稅外加賦境內苦之（通鑑重威所至黷貨民多逃亡嘗出過市謂左右曰

人言我驅盡百姓何市人之多也少帝嗣位與契丹絕好契丹主連年伐晉重威但閉壁自守部內城邑相繼破陷一境生靈受屠戮重威任居方面未嘗以一士一騎救之每敵騎數十驅漢人千萬過城下如入無人之境重威但登陴注目略無邀取之意開運元年秋加北面行營招討使二年領大軍下新州滿城遂城契丹主自古北口迴軍追躡王師重威等狼狽而旋至陽城爲契丹所困會大風狂猛軍情憤激符彥卿張彥澤等引軍四出敵衆大潰諸將欲追之重威曰逢賊得命更望復子乎遂收軍馳歸常山先是重威于州內括借錢帛吏民大被其苦人情咸怨重以境內凋弊十室九空重威遂無留意連上表乞歸朝不俟報即時上路朝廷以邊上重鎮主帥擅離苟有奔衝慮失禦備然亦無如之何即以馬全節代之重威尋授鄴都留守會鎮州軍食不繼遣殿中監王欽祚就本州和市重威私第有粟十餘萬斛遂錄之以聞朝廷給絹數萬匹償其粟直重威大怒曰我非反逆安得籍沒耶三年冬晉少帝詔重威與李守貞等率師經略瀛鄚師至瀛州城下晉騎將梁漢璋與契丹接戰漢璋死焉重威即時迴軍次

武強聞契丹主南下乃西趨鎮州至中渡橋與契丹夾滹水而營十二月八日
宋彥筠王清等率數千人渡滹沲陣于北岸爲敵所破時契丹游軍已至欒城
道路隔絕人情危蹙重威密遣人詣敵帳潛布腹心契丹主大悅許以中原帝
之重威庸暗深以爲信一日伏甲于內召諸將會告以降敵之意諸將愕然以
上將既變乃俛首聽命遂連署降表令中門使高勳齎送敵帳軍士解甲舉聲
慟哭是日有大霧起于降軍之上契丹主使重威衣赭袍以示諸軍尋僞加守
太傅鄴都留守如故契丹主南行命重威部轄晉軍以從既至東京駐晉軍于
陳橋士伍飢凍不勝其苦重威每出入衢路爲市民所詬俛首而已契丹下令
括率京城錢帛將相公私雷同率配重威與李守貞各萬緡乃告契丹主曰臣
等以十萬漢軍降于皇帝不免配借臣所不甘契丹主笑而免之尋羣盜斷澶
州浮梁契丹乃遣重威歸藩明年三月契丹主北去至相州城下重威與妻石
氏詣牙帳貢獻而迴高祖車駕至闕以重威爲宋州節度使加守太尉重威懼
閉城拒命詔高行周率兵攻討重威遣其子宏遂等告急于鎮州滿達勒乞師

救援以宏遂爲質滿達勒遣蕃將楊袞赴之未幾鎮州軍逐滿達勒楊袞至洛州而迴十月高祖親征車駕至鄴城之下遣給事中陳觀等齎詔入城許其歸命重威不納數日高祖親率諸軍攻其壘不克王師傷夷者萬餘人宋史杜漢徽傳云從高行周討杜重威于鄴城屢爲流矢所中身被重創猶力戰觀者壯之高祖駐軍數旬城中糧盡屑麴餅以給軍士吏民踰壘而出者甚衆皆無人色至是重威牙將詣行宮請降復遣節度判官王敏奉表請罪賜優詔敦勉許其如初重威卽遣其子宏遂妻石氏出候高祖重威繼踵出降素服俟罪復其衣冠賜見卽日制授檢校太師守太傅兼中書令鄴城士庶殍殕者十之六七先是契丹遣幽州指揮使張璉以部下軍二千餘人屯鄴時亦有燕軍一千五百人在京師會高祖至闕有上變者言燕軍謀亂盡誅于繁臺之下咸稱其冤有逃奔于鄴者備言其事故張璉等懼死與重威膠固守城略無叛志高祖亦悔其前失累令宣諭許以不死璉等于城上揚言曰繁臺之誅燕軍何罪既無生理以死爲期璉一軍在圍中重威推食解衣盡力姑息燕軍驕悍憑陵吏民子女金帛公行豪奪及重威請命璉等邀朝

廷信誓詔許璉等卻歸本土及出降盡誅璉等將數十人其什長已下放歸幽州將出漢境剽略而去高祖遣三司使王章樞密副使郭威錄重威部下將吏盡誅之籍其財產與重威私帑分給將士車駕還宮高祖不豫既而大漸顧命之際謂近臣將佐曰善防重威帝崩遂收重威重威子宏璋宏璉宏傑誅之詔曰杜重威猶貯禍心未悛逆節梟音不改虺性難馴昨朕小有不安罷朝數日而重威父子潛肆兇言怨謗大朝扇惑小輩今則顯有陳告備驗姦期既負深恩須寘極法其杜重威父子並處斬所有晉朝公主及外親族一切如常仍與供給重威父子已誅陳尸于通衢都人聚觀者詬罵蹴擊軍吏不能禁尸首狼籍斯須而盡宏璉重威之子也累官至陳州刺史隆平集黨進幼爲天雄軍節度使杜重威奴重威愛其淳謹雖長猶令與婢妾雜侍重威敗周祖得之以爲鐵騎都虞候重威之後寒餓進常分俸以給士大夫或媿焉

李守貞河陽人也少桀黠落魄事本部爲牙將晉高祖鎮河陽用爲典客後移數鎮皆從之及即位累遷至客省使天福中李金全以安州叛淮夷入寇晉高祖命馬全節討之守貞監護其軍賊平以守貞爲宣徽使少帝即位授滑州節

度兼侍衛馬軍都指揮使未幾改侍衛都虞候開運元年春敵衆犯澶魏少帝幸澶州契丹主遣滿達勒以奇兵由鄆州馬家口濟河立柵于東岸守貞率師自澶州馳赴之契丹大敗溺死者數千人獲馬數百匹偏裨七十餘人有頃敵退晉少帝還京以守貞爲兗州節度使依前侍衛都虞候五月以守貞爲青州行營都部署率兵二萬東討楊光遠命符彥卿爲副十一月光遠子承勳等乞降守貞入城害光遠于別第光遠有孔目官吏宋顏者盡以光遠財寶名姬善馬告于守貞得之置于帳下近例官軍克復城隍必降德音洗滌瑕穢時樞密使桑維翰以光遠同惡數十輩潛竄未出搜索甚急故制書久不下或有告宋顏匿于守貞處者朝廷取而殺之守貞由是怨維翰時行營將士所給賞賜守貞盡以黝茶染木薑蘗之類分給之軍中大怨乃以帛包所得物如人首級目之爲守貞頭懸于樹以詛之守貞班師加同平章事以楊光遠東京第賜之守貞因取連宅軍營以廣其第大興土木治之歲餘爲京師之甲行幸賜宴恩禮無比開運二年春契丹主以全軍南下前鋒至相州湯陰縣詔守貞屯滑州少

帝再幸澶州以守貞爲北面行營都監與招討使杜重威北伐洎獲陽城之捷遂收軍而還四月車駕還京以守貞爲侍衛副都指揮使移鎮宋州加檢校太師三年春詔守貞率師巡邊至衡水獲鄚州刺史趙思英而還居無何代高行周爲侍衛親軍都指揮使移鎮鄆州意頗觖望會宰臣李崧加侍中守貞謂樞密使直學士殷鵬曰樞密何功便加正相先是桑維翰以元勳舊德爲樞密使守貞位望素處其下每憚之與李彥韜馮玉輩協力排斥維翰竟罷樞務李崧勢分踈遠守貞得以淩蔑其年夏契丹寇邊以守貞爲北面行營都部署少帝開曲宴于內殿以寵其行教坊伶人獻語云天子不須憂北寇守貞面上管幽州既罷守貞有自負之色以其言誇詫于外既而率兵至定州北與契丹偏師遇斬蕃將嘉哩而還九月加兼侍中會契丹遣瀛州刺史僞降于少帝請發大軍應接朝廷信之十月詔杜重威爲北面行營招討使以守貞爲兵馬都監知幽州行府事先是守貞領兵再由鄴都杜重威厚加贈遺曲意承迎守貞悅之每于帝前稱舉請委征討之柄至是守貞重威等會兵于鄴遂趨瀛州瀛州不

應貝州節度使梁漢璋爲蕃將高牟翰所敗死之王師遂還師至深州聞契丹大至乃西趨鎮州至滹沲之中渡與敵相遇官軍營于滹水之南未幾敵騎潛渡至欒城斷我糧路尋則王清戰死杜重威遂與守貞歸命契丹授守貞司徒依前鄆州節度使從契丹至汴時京輦之下契丹充斥都人士庶若在塗炭二帥出入揚揚市人詬之略無慚色有頃河北及京東草寇大起澶州浮橋爲羣賊所斷契丹主甚恐乃命諸帥各歸本鎮守貞遂赴汶陽高祖入汴守貞懼而來朝授守貞太保移鎮河中居無何高祖晏駕杜重威被誅守貞愈不自安乃潛畜異計乾祐元年三月先致書于權臣布求保證而完城郭繕甲兵晝夜不息守貞以漢室新造嗣君纔立自謂舉無遺策又有僧總倫者以占術干守貞謂守貞有人君之位（通鑑浚儀人趙修己素善術數自守貞鎮滑州署司戶參軍累從移鎮爲守貞言時命不可妄動前後切諫非一守貞不聽乃稱疾歸里）未幾趙思綰以京兆叛遣使奉表送御衣于守貞守貞自謂天時人事合符于己乃潛結草賊令所在竊發遣兵據潼關（宋史王繼勳傳李守貞之叛令繼勳據潼關爲郭從義所破）朝廷命白文珂常思等領兵問罪復遣樞密使郭威西征官軍初至守貞

以諸軍多曾隸于麾下自謂素得軍情坐俟扣城迎己及軍士詬譟大失所望宋史馬全義傳李守貞鎮河中召置帳下及守貞叛周主討之全義每率敢死士夜出攻周祖壘多所殺傷守貞貪而無謀性多忌刻全義累爲畫策皆不能用俄而王景崇據岐下與趙思綰遣使推奉守貞乃自號秦王思綰景崇皆受守貞署置又遣人齎蠟彈于吳蜀契丹以求應援馬令南唐書朱元傳守貞以河中反漢命周太祖討之元與李平奉守貞表來乞師未復而守貞敗既而城中糧盡殺人爲食召總倫詰其休咎總倫至曰王自有天分人不能奪然分野災變俟磨滅將盡存留一人一騎卽王鵲起之際也守貞深以爲信洎攻城守貞欲發石以拒外軍礮竿子不可得無何上游汎一筏至其木悉可爲礮竿守貞以爲神助又嘗因宴會將佐守貞執弧矢遙指一虎舐掌圖曰我若有非常之事當中虎舌引弓一發中之左右拜賀守貞亦自負焉宋史吳虔裕傳周祖討三叛以虔裕爲河中行營都監率護聖諸軍五千以往李守貞出兵五千餘設梯橋分五路于長連城西北以攖周祖周祖令虔裕率大軍橫擊之蒲人敗守奪其梯橋殺傷大半及周光遜以西砦降其勢益窘人情離散官軍攻城愈急守貞乃潛于衙署多積薪芻爲自焚之計二年七月城陷舉家蹈火而死王師入城于煙中獲其尸斷其首函之并獲數子二女與其黨俱獻于闕

下隱帝御明德樓受俘馘宣露布百寮稱賀禮畢以俘馘徇于都城守貞首級梟于南市諸子幷賊黨孫愿劉芮張延嗣劉仁裕僧總倫靖琮張球王廷秀焦文傑安在欽等並磔于西市餘皆斬之五代史闕文符后先適河中節度使李守貞之子崇訓守貞嘗得術士善聽聲知人貴賤守貞舉族悉令術士聽之獨言后大富貴當母儀天下守貞信之因曰吾婦尚爲皇后吾可知也遂謀叛及城陷后獨免周祖爲世宗娶之顯德中冊爲后

趙思綰魏府人也唐同光末趙在禮之據魏城也思綰隸于帳下累從之在禮卒趙延壽籍其部曲盡付于其子贊思綰卽其首領也高祖定河洛贊自河中移京兆尹贊以久事契丹常慮國家終不能容乃與鳳翔侯益謀引蜀兵爲援又令判官李恕入朝請覲贊不待報赴闕留思綰等數百人在京兆會高祖遣王景崇等西赴鳳翔行次京兆時思綰等數百人在焉思綰等比是趙在禮御士本不刺面景崇齊藏珍既至京兆欲令文面以防逋逸景崇微露風旨思綰厲聲先請自刺以率其下景崇壯之藏珍竊言曰思綰麤暴難制不如殺之景崇不聽但率之同赴鳳翔朝廷聞之遣供奉官王益部署思綰等赴闕思綰既

發行至途中謂其黨常彥卿曰小太尉已入他手吾輩至則併死矣小太尉蓋謂趙贊也彥卿曰臨機制變子勿復言王益至永興副使安友規巡檢使喬守温出迎于郊外離亭置酒思綰前曰部下軍士已在城東安下緣家屬在城欲各將家今夜便宿城東守温等然之思綰等辭去與部下並無兵仗纔入西門有州校坐門側思綰遽奪其佩劍即斬之其衆持白梃殺守門軍士十餘人分衆守捉諸門思綰劫庫兵以授之遂據其城時乾祐元年三月二十四日也翌日集城中丁壯得四千餘人濬池隍修樓櫓旬浹之間戰守皆備尋遣人送款于河中李守貞遣使齎僞詔授思綰晉昌軍節度使檢校太尉朝廷聞之命郭從義王峻帥師伐之及攻其城王師傷者甚衆乃以長塹圍之經年糧盡遂殺人充食思綰嘗對衆取人膽以酒吞之告衆曰吞此至一千即膽氣無敵矣太平廣記賊臣趙思綰自倡亂至敗凡食人肝六十六無不面剖而膾之二年夏食既盡思綰計無從出時左驍衛上將軍致仕李肅寓居城中因與判官程讓能同言于思綰曰太尉比與國家無嫌但負罪懼誅遂爲急計今朝廷三處用兵一城未下太尉若翻然效順率先

歸命以功補過庶幾無患若坐守窮城端然待斃則何貴于智也洛陽搢紳舊聞記趙思綰主藍田副鎮有罪已發李公肅時爲環衛將兼雍耀三白渠使雍耀莊宅使節度副使權軍府事護而脫之來謝于李公公歸宅張夫人詰之曰趙思綰庸賤人公何以免其過既來謝又何必見之乎曰某比不言夫人問須言之思綰者雖人賤類審觀其狀貌真亂臣賊子恨位下未有朕跡不然除去之可也夫人曰既不能除去何妨以小惠啖之無使銜怨自後夫人密遣人令思綰之妻來參夫人厚以衣物賜之前後與錢物甚多及漢朝公以上將軍告老歸雍未久思綰過雍遂閉門據雍城叛衣冠之族遭塗炭者衆公全家免禍終以計勸思綰納款遂拔雍城思綰然之卽令讓能爲章表遣牙將劉成琦入朝制授思綰華州留後檢校太保以常彥卿爲虢州刺史遣內臣齎官告國信賜之既受命遲留未發郭從義王峻等籌之曰狼子野心終不可用留之必貽後悔耳既而從義王峻等緩轡入城陳列步騎至牙署遣人召思綰曰太保登途不暇出祖對飲一杯便申仳別思綰至則執之遂斬于市幷族其家東都事略郭從義傳云思綰困甚從義遣人誘之佯許以華州節鉞思義信之遂開門送款從義入城思綰謁見卽遣武士執之思綰臨刑市人爭投瓦石以擊之軍吏不能禁是日幷部下叛黨新授虢州刺史常彥卿等五百餘人並誅之籍思綰家財得二十餘萬貫入于官始思綰入城丁口僅十餘萬及開城惟餘萬人而已其餓殍之數可知矣

舊五代史卷一百九

舊五代史卷一百九考證

漢列傳六杜重威傳遣給事中陳觀等　陳觀歐陽史避私諱作陳同

趙思綰傳即令讓能爲表章遣牙將劉成琦入朝　案宋史郭從義傳作從義

繫書矢上射入城中說思綰令降與是書異

幷部下叛黨新授號州刺史常彥卿等五百餘人　案宋史郭從義傳作三百餘人

滿達勒舊作麻答今改　嘉哩舊作解里今改

舊五代史卷一百九考證

宋門下侍郎參知政事監修國史薛居正等撰

周書第一

太祖紀一

太祖聖神恭肅文武孝皇帝姓郭氏諱威字文仲邢州堯山人也或云本常氏之子幼隨母適郭氏故冒其姓焉(五代會要周號叔之後) 高祖諱璟廣順初追尊爲睿和皇帝廟號信祖陵曰溫陵高祖妣張氏追諡睿恭皇后曾祖諱諶漢贈太保追尊爲明憲皇帝廟號僖祖陵曰齊陵曾祖妣鄭國夫人申氏追諡明孝皇后祖諱蘊漢贈太傅追尊爲翼順皇帝廟號義祖陵曰節陵(五代會要溫陵齊陵節陵皆無陵所遙申朝拜)祖妣陳國夫人韓氏追諡翼敬皇后皇考諱簡漢贈太師追尊爲章肅皇帝廟號慶祖陵曰欽陵皇妣燕國夫人王氏追諡爲章德皇后后以唐天祐元年甲子歲七月二十八日生帝于堯山之舊宅載誕之夕赤光照室有聲如爐炭之裂星火四迸帝生三歲家徙太原居無何皇考爲燕軍所陷歿于王事帝未及

鄜畤章德太后蚤世姨母楚國夫人韓氏提攜鞠養及長形神魁壯趨向奇崛愛兵好勇不事田產天祐末潞州節度使李嗣昭常山戰歿子繼韜自稱留後南結梁朝據城阻命乃散金以募豪傑帝時年十八避吏過關依故人常氏遂往應募帝負氣用剛好鬭多力繼韜奇之或踰法犯禁亦多假借焉嘗遊上黨市有市屠壯健衆所畏憚帝以氣淩之因醉命屠割肉小不如意叱之屠者怒坦腹謂帝曰爾敢刺我否帝卽剸其腹市人執之屬吏繼韜惜而逸之其年莊宗平梁繼韜伏誅麾下牙兵配從馬直帝在籍中時年二十一帝性聰敏喜筆劄及從軍旅多閱簿書軍志戎政深窮縶肯人皆服其敏嘗省昭義李瓊瓊方讀閫外春秋卽取視之曰論兵也兄其教我卽授之深通義理〔宋史李瓊傳唐莊宗募勇士郞應募與周祖等十人約爲兄弟一日會飲瓊熟視周祖知非常人因舉酒祝曰凡我十人龍蛇混合異日富貴無相忘苟渝此言神降之罰皆刺臂出血爲誓周祖與瓊情好尤密嘗造瓊見其危坐讀書因問所讀何書瓊曰此閫外春秋所謂以正守國以奇用兵較存亡治亂記賢愚成敗皆在此也周祖令讀之謂瓊曰兄當教我自是周祖出入常袖以自隨遇暇輒讀每問難瓊謂瓊爲師〕天成初明宗幸浚郊時朱守殷嬰城拒命帝從晉高祖一軍率先登城晉祖領副侍衛以帝長于書計召置麾下令掌

軍籍前後將臣無不倚愛初聖穆皇后嬪于帝帝方匱乏而后多資從東都事略柴后資周太祖以金帛使事漢高祖嘗晝寢有小虵五色出入顴鼻之間后遽見愕然在太原時有神尼與帝同姓見帝謂李瓊曰我宗天上大仙頂上有肉角當爲世界主清泰末晉起于河東時河陽節度使張彥琪爲侍衞步軍都指揮使奉命北伐帝從之營于晉祠是時屋壞同處數人俱斃唯帝獨無所傷漢高祖爲侍衞馬步都虞候召置左右所居官舍之鄰吳氏有青衣佳娘者爲山魈所魅鬼能人言而投瓦石鄰伍無敢過吳氏之舍者帝過之其鬼寂然帝去如故如是者再或謂鬼曰爾既神向者客來又何寂然鬼曰彼大人者繇是軍中異之范延光叛于魏命楊光遠討之帝當行意不願從或謂帝曰楊公當朝重勳子不欲從何也帝曰楊公素無英雄氣得我何用能用我其劉公乎漢祖累鎮藩閫皆從之及鎮幷門尤深待遇出入帷幄受腹心之寄帝亦悉心竭力知無不爲及吐渾白可久叛入契丹帝勸漢祖誅白承福等五族得良馬數千匹財貨百萬計以資軍開運末契丹入汴晉帝北遷帝與蘇逢吉楊邠史宏肇等勸漢祖建號以副

人望漢高祖卽位晉陽時百度草創四方猶梗經綸締搆帝有力焉授權樞密副使檢校司徒漢高祖至汴正授樞密副使檢校太保乾祐元年春漢高祖不豫及大漸與蘇逢吉等同受顧命隱帝嗣位拜樞密使加檢校太尉舊制樞密使未加使相者不宣麻制至是宣之自帝始也東都事略魏仁浦傳仁浦少爲刀筆吏隸樞密院太祖問以卒乘數仁浦對曰帶甲者六萬太祖喜曰天下事不足憂也有頃河中李守貞據城反朝廷憂之諸大臣共議進取之計史宏肇曰守貞河陽一客司耳竟何能爲帝曰守貞雖不習戎行然善接英豪得人死力亦勍敵宜審料之乃命白文珂常思率兵攻取師未至而趙思綰竊據永興王景崇反狀亦露朝廷遣郭從義王峻討趙思綰七月西面師徒大集未果進取其月十三日制授帝同平章事卽遣西征以安慰招撫爲名詔西面諸軍並取帝節度時論以白文珂常思非守貞之敵聞帝西行羣情大愜宋史李穀傳周祖討河中穀掌轉運時周祖已有人望潛貯異志屢以諷穀穀但對以人臣當盡節奉上而已八月六日帝發離京師二十日師至河中宋史扈彥珂傳周祖爲樞密使總兵出征時議多以先討景崇思綰爲便周祖意未決彥珂曰三叛連衡推守貞爲主宜先擊河中河中平則永與鳳翔失勢矣今捨近圖遠若景崇思綰逆戰于前守貞兵其後腹背受敵爲之奈何周祖從其言命白文珂

營于河西帝營于河東不數日周設長塹復築長連城以迫之帝在軍居常接賓客與大將讌語卽褰衣博帶或遇巡城壘對陳敵幅巾短後與衆無殊臨矢石冒鋒刃必以身先與士伍分甘共苦稍立功効者厚其賜與微有傷痍者親爲循撫士無賢不肖有所陳啓温顏以接俾盡其情人之過忤未嘗介意故君子小人皆思効用守貞聞之深以爲憂十二月帝以蜀軍屯大散關卽親率牙兵往鳳翔永與相度將發謂白文珂劉詞曰困獸猶鬭當謹備之帝至華州聞蜀軍退敗遂還二年正月五日夜李守貞遣將王三鐵領千餘人夜突河西砦果爲劉詞等力戰敗之先是軍中禁酒帝有愛將李審犯令斬之以徇五月九日取河西砦主周光遜以砦及部衆千餘人來降十七日下令攻城會西北大風揚沙晦冥帝令禱河北祠奠訖而風止自是晝夜攻之七月十三日帝率三砦將士奪賊羅城二十一日城陷守貞舉家自焚而死帝前夢河神告曰七月下旬上帝當滅守貞之族至是收復賊壘城中人言見帝營上有紫氣如樓閣華蓋之狀東都事略王溥傳周太祖將兵討三叛以溥爲從事三叛既平朝士及藩鎭嘗以書往來詞意涉于悖逆者太祖籍其名欲按之溥諫曰

魑魅伺夜而出日月既照則氛沴消矣請焚之以安反側太祖從之二年八月五日帝自河中班師其月二十七日入朝漢帝命升階撫勞酌御酒以賜之錫賚優厚翌日漢帝議賞勳欲兼方鎮帝辭之乃止帝以出征時廳子都七十三人具籍獻之九月五日制加檢校太師兼侍中十月契丹入寇前鋒至邢洺貝魏河北告急帝受詔率師赴北邊以宣徽南院使王峻爲監軍其月十九日帝至邢州遣王峻前軍趨鎮定時契丹已退帝大閱欲臨寇境詔止之三年二月班師三月十七日制授鄴都留守樞密使如故時漢帝以北兵爲患委帝以河朔之任宰相蘇逢吉等議藩臣無兼樞密使例史宏肇以帝受任之重茍不兼密務則難以便宜從事竟從宏肇之議詔河北諸州凡事一稟帝節度帝將北行啓漢帝曰陛下富有春秋萬幾之事宜審于聽斷文武大臣乃心王室凡事諮詢即無敗失漢帝斂容謝之帝至鄴盡去煩弊之事不數月閫政有序一方晏然詔書褒美一夕在山亭院齋中忽有黃氣起于前上際于天帝于黃氣中見星文紫微文昌爛然在目既而告之星者曰予于室中見天象不其異乎對曰坐見天衢物不能隔至貴之祥

也異曰牙署中有紫氣起于幡竿龍首凡三日十一月十四日澶州節度使李洪義侍衞步軍都指揮使王殷遣澶州副使陳光穗至鄴都報京師有變是月十三日旦羣小等害史宏肇等前一夕李業等遣心腹齎密詔至澶州令李洪義殺王殷又令護聖左廂都指揮使郭崇等害帝于鄴城十三日洪義受得密詔恐事不濟乃以密詔示王殷殷與洪義卽遣陳光穗馳報于帝十四日帝方與宣徽使王峻坐議邊事忽得洪義文字遽歸牙署峻亦未知其事帝初知楊史諸公被誅神情惘然又見移禍及己伸訴無所卽集三軍將校諭之曰予從微至著輔佐國家先皇登遐親受顧託與楊史諸公彈壓經謀忘寢與食一旦無狀盡已誅夷今有詔來取予首級爾等宜奉行詔旨斷予首以報天子各圖功業且不累諸君也崇等與諸將校泣于前言曰此事必非聖意卽是左右小人誣罔竊發假令此輩握重柄國得安乎宜得投論以判忠佞何事信單車之使而自棄千載之下空受惡名崇等願從明公入朝面自洗雪除君側之惡共安天下衆然之遂請帝南行帝卽嚴駕首途十六日至澶州王殷迎謁慟哭時

隱帝遣小豎鸗脫偵鄴軍所在爲游騎所執帝卽遣廻令附奏隱帝赴闕之由仍以密奏置鸗脫衣領中奏曰臣發迹寒賤遭遇聖明旣富且貴實過平生之望唯思報國敢有他圖今奉詔命忽令郭崇等殺臣卽時俟死而諸軍不肯行刑逼臣赴闕令臣請罪上前仍言致有此事必是陛下左右譖臣耳今鸗脫至此天假其便得伸臣心三五日當及闕朝陛下若以臣有欺天之罪臣豈敢惜死若實有譖臣者乞陛下縛送軍前以快三軍之意則臣雖死無恨今託鸗脫附奏以聞十七日帝至滑州節度使宋延渥開門迎納帝將發滑臺召將士謂之曰主上爲讒邪所惑誅殺勳臣吾之此來事不獲已然以臣拒君寧論曲直汝等家在京師不如奉行前詔我以一死謝天子實無所恨將校前啓曰國家負公公不負國請公速行無遲久安邦雪怨正在此時旣王峻諭軍曰我得公處分俟平定京城許爾等旬日剽掠衆皆踴躍十九日隱帝遣左神武統軍袁羲前鄧州節度使劉重進率禁軍來拒與前開封尹侯益等屯赤岡是夜俱退二十日隱帝整陣于劉子坡二十一日兩陣俱列慕容彥超率軍奮擊帝遣何

福進王彥超李筠等大合騎以乘之慕容彥超退却死者百餘人于是南軍奪氣稍稍奔于北軍慕容彥超與數十騎東奔兖州吳虔裕張彥超等相繼來見帝是夜侯益焦繼勳潛至帝營帝慰勞遣還二十二日旦郭允明弒漢隱帝于北郊初官軍之敗帝謂宋延渥曰爾國親可速往衞主上兼附奏請陛下得便速奔臣軍免爲左右所圖及延渥至亂兵雲合卽惶駭而還是旦帝望見天子旌旗于高坡之上謂隱帝在其下卽免胄釋馬而前左右慮有不測請帝止帝泣曰吾君在此又何憂焉及至前隱帝已去矣帝歔欷久之俄聞隱帝遇弒號慟不已帝至元化門劉銖兩射城外帝迴車自迎春門入諸軍大掠煙火四發帝止于舊第何福進以部下兵守明德門翌日王殷郭崇言曰若不止剽掠比夜化爲空城耳由是諸將部分斬其剽者至晡乃定帝與王峻詣太后宮起居請立嗣君乃以高祖姪徐州節度使贇入繼大統語在漢紀二十七日帝以嗣君未至請太后臨朝會鎮定州馳奏契丹入寇河北諸州告急太后命帝北征十二月一日帝發離京師四日至滑州駐馬數日會湘陰公遣使慰勞諸將受

宣之際相顧不拜皆竊言曰我輩陷京師各各負罪若劉氏復立則無種矣或有以其言告帝者帝愕然即時進途十六日至澶州是日旭旦日邊有紫氣來當帝之馬首十九日下令諸軍進發二十日諸軍將士大譟趨驛如墻而進帝閉門拒之軍士登墻越屋而入請帝爲天子亂軍山積登階匝陛扶抱擁迫或有裂黃旗以被帝體以代赭袍山呼震地帝在萬衆之中聲氣沮喪悶絶數四左右親衛星散竄匿帝即登城樓稍得安息諸軍遂擁帝南行時河冰初解浮梁未構是夜北風凜烈比旦冰堅可渡諸軍遂濟衆謂之凌橋濟竟冰泮時人異之時湘陰公已駐宋州樞密使王峻在京聞澶州之變遣侍衛馬軍指揮使郭崇率七百騎赴宋州以衛湘陰公二十五日帝至七里店羣臣謁見遂營于皐門村二十七日漢太后令曰樞密使侍中郭威以英武之才兼內外之任剪除禍亂宏濟艱難功業格天人望冠世今則軍民愛戴朝野推崇宜總萬幾以允羣議可監國中外庶事並取監國處分二十八日監國教曰寡人出自軍戎本無德望因緣際會叨竊寵靈高祖皇帝甫任經綸待之心腹洎登大位尋付

重權當顧命之時受忍死之寄與諸勳舊輔立嗣君旋屬三叛連衡四郊多壘謬膺朝旨委以專征兼守重藩俾當勍敵敢不橫身戮力竭節盡心冀肅靜于疆場用保安于宗社不謂姦邪搆亂將相連誅偶脫鋒鋩克平患難志安劉氏願報漢恩推擇長君以紹丕搆遂奏太后請立徐州相公奉迎已在于道途行李未及于都輦尋以北面事急寇騎深侵遂領師徒徑往掩襲行次近鎭已渡洪河十二月二十日將登澶州軍情忽變旌旗倒指喊叫連天引袂牽襟迫請爲主環繞而逃避無所紛紜而逼脅愈堅頃刻之間安危莫保事不獲已須至徇從于是馬步諸軍擁至京闕今奉太后詔旨以時運艱危機務難曠俾令監國遜避無由僶俛遵承夙夜憂愧云時文武百官內外將帥藩臣郡守等相繼上表勸進三十日夜御營西北隅步軍將校因醉揚言昨澶州馬軍扶策今步軍亦欲扶策尋令虞候詰其姓名昧旦擒而斬之其一軍仍納甲仗遣中使監送就糧所

廣順元年春正月丁卯漢太后誥曰邃古已來受命相繼是不一姓傳諸百王

莫不人心順之則與天命去之則廢昭然事迹著在典書予否運所丁遭家不造姦邪搆亂朋黨橫行大臣寃枉以被誅少主倉卒而及禍人自作孽天道寧論監國威深念漢恩切安劉氏既平亂略復正頽綱思固護于基扃擇繼嗣于宗室而獄訟盡歸于西伯謳謠不在于丹朱六師竭推戴之誠萬國仰欽明之德鼎革斯契圖籙有歸予作佳賓固以爲幸今奉符寶授監國可卽皇帝位於戲天祿在躬神器自至允集天命永綏兆民敬之哉是日帝自皐門入大內御崇元殿卽皇帝位制曰自古受命之君興邦建統莫不上符天意下順人心是以夏德既衰爰啓有商之祚炎風不競肇開皇魏之基朕早事前朝久居重位受遺輔政敢忘伊霍之忠仗鉞臨戎復委韓彭之任匪躬盡瘁焦思勞心討叛渙于河潼張聲援于岐雍竟平大憝粗立微勞纔旋旆于關西尋統兵于河朔訓齊師旅固護邊陲只將身許國家不以賊遺君父外憂少息內患俄生羣小連謀大臣遇害棟梁既壞社稷將傾朕方在藩維以遭讒搆逃一生于萬死徑赴闕廷梟四罪于九衢幸安區宇將延漢祚擇立劉宗徵命已行軍情忽變朕

以衆庶所迫逃避無由扶擁至京尊戴爲主重以中外勸進方岳推崇僶俛雖順于羣心臨御實慙于涼德改元建號祇率于舊章革故鼎新宜覃于霈澤朕本姬氏之遠裔虢叔之後昆積慶累功格天光表盛德旣延于百世大命復集于眇躬今建國宜以大周爲號可改漢乾祐四年爲廣順元年自正月五日昧爽已前應天下罪人常赦所不原者咸赦除之故樞密使楊邠侍衛都指揮使史宏肇三司使王章等以勞定國盡節致君千載逢時一旦同命悲感行路憤結重泉雖尋雪于沈冤宜更伸于渥澤並可加等追贈備禮歸葬葬事官給仍訪子孫敘用其餘同遭枉害者亦與追贈馬步諸軍將士等戮力叶誠輸忠效義先則平持內難後乃推戴朕躬言念勳勞所宜旌賞其原屬將士等各與等第超加恩命仍賜功臣名號已帶功臣者別與改賜應左降官未量移者與量移已量移者與復資已復資者量加敘錄亡官失爵之人宜與齒用配流徒役人並許放還諸處有犯罪逃亡之人及山林草寇等一切不問如赦到後一月不歸本業者復罪如初內外前任見任文武官寮致仕官各與加恩應在朝文

武臣賚內諸司使諸道行軍副使藩方馬步都指揮使如父母在未有恩澤者
即與恩澤已有者更與恩澤如亡沒未曾追封贈者亦與封贈已封贈者更與
封贈應天下州縣所欠乾祐元年二年已前夏秋殘稅及沿徵物色并三年夏
稅諸色殘欠並與除放澶州已來官路兩邊共二十里內并乾祐三年殘稅欠
稅並與除放應河北沿邊州縣自去年九月後來曾經契丹蹂踐處其人戶應
欠乾祐三年終已前積年殘欠諸色稅物並與除放應係三司主持錢穀敗闕
場院官取乾祐元年終已前徵納外灼然無抵當者委三司分析聞奏天下倉
場庫務宜令節度使專切鈐轄掌納官吏一依省條指揮不得別納斟餘秤耗
舊來所進羨餘物色今後一切停罷應乘輿服御之物不得過爲華飾宮闈器
用務從樸素大官常膳一切減損諸道所有進奉以助軍國之費其珍巧纖華
及奇禽異獸鷹犬之類不得輒有獻貢諸無用之物不急之務並宜停罷帝王
之道德化爲先崇飾虛名朕所不取苟致治之未洽雖多端以奚爲今後諸道
所有祥瑞不得輒有奏獻古者用刑本期止辟今茲作法義切禁非蓋承弊之

時非猛則姦兇難制及知勸之後在寬則典憲得宜相時而行庶臻中道今後應犯竊盜賊贓及和姦者並依晉天福元年已前條制施行應諸犯罪人等除反逆罪外其罪並不得籍沒家產誅及骨肉一依格令處分天下諸侯皆有親戚自可慎擇委任必當克効參裨朝廷選差理或未當宜矯前失庶叶通規其先于在京諸司差軍將充諸州郡元從都押衙孔目官內知客等並可停廢仍勒却還舊處職役近代帝王陵寢合禁樵採唐莊宗明宗晉高祖各置守陵十戶以近陵人戶充漢高祖皇帝陵署職員及守宮人時日薦饗並守陵人戶等一切如故仍以晉漢之胄爲二王後委中書門下處分云司天上言今國家建號以木德代水準經法國以姓墓爲臘請以未日爲臘從之時議者曰昔武王勝殷歲集于房國家受命金木集于房文王厄羑里而卦遇明夷帝脫于鄴大衍之數復得明夷則周爲國號符于文武矣先是丁未年夏六月土金木火四星聚于張占者云當有帝王興于周者故漢祖建國由平陽陝服趨洛陽以應之及隱帝將嗣位封周王以符其事而帝以姬號之胄復繼宗周而天人之契

炳然矣昔武王以木德王天下宇文周亦承木德而三朝皆以木代水不其異乎戊辰前曹州防禦使何福進受宣權許州節度使前復州防禦使王彥超受宣權徐州節度使前澶州節度使李洪義受宣權宋州節度使己巳上漢太后尊號曰昭聖皇太后是日詔有司擇日爲故主發哀三代會要載原敕云漢高祖爲義帝發喪魏明帝正禪陵尊號一時達禮千古所稱況朕久事前朝常參大政雖遷虞事夏見奪于羣情而四海九州咸知予夙志宜令所司擇日爲故主舉哀仍備山陵葬禮之辛未有司上言皇帝爲故主舉哀日服縞素直領深衣腰絰等成服畢祭奠不視朝七日坊市禁音樂文武內外臣寮成服後每日赴太平宮臨三日至七日釋服至山陵啓攢塗日服初服輴車出城班辭釋服從之壬申前博州刺史李筠受宣權滑州節度使癸酉樞密使檢校太傅王峻加同平章事以前澶州節度使李洪義爲宋州節度使加同平章事以滑州節度副使陳觀爲左散騎常侍鄴都留守判官王溥爲左諫議大夫並充樞密院直學士以元從都押衙鄭仁誨爲客省使知客押牙向訓爲宮苑使北京留守劉崇遣押牙鞏廷美致書求劉贇歸藩帝報曰朕在澶州之時軍情推戴之際先差來直省李光美備見

必想具言而況遐邇所聞在後盡當知悉湘陰公比在宋州駐泊見令般取赴京但勿憂疑必令得所惟公在彼固請安心若能同力扶持別無顧慮卽當便封王爵永鎮北門鐵契丹書必無愛惜其諸情素並令來人口宣遣千牛衞將軍朱憲充入契丹使先是去年契丹永康王烏裕寇邢趙陷內邱及迴烏裕遣使與漢隱帝書通鑑契丹之攻內邱也死傷頗多又值月食軍中多妖異契丹主不敢深入引兵還遣使請和于漢使至境上會朝廷有蕭墻之變帝定京城迴至澶州遇蕃使至遂與入朝至是遣朱憲伴送來使歸蕃兼致書敘革命之由仍以金酒器一副玉帶一遺烏裕晉州節度使王晏殺行軍司馬徐建以通河東聞乙亥鄆州節度使守太師兼中書令齊王高行周進位尙書令襄州節度使檢校太師守太傅兼中書令齊國公安審琦進封南陽王青州節度使檢校太師守太保兼中書令魏國公符彥卿進封淮陽王夔州節度使侍衞親軍馬步軍都指揮使檢校太傅王殷加同平章事充鄴都留守典軍如故丙子帝赴太平宮爲漢隱帝發喪百官陪位如儀是日湘陰公元從右都押衙鞏廷美教練使楊温等據徐州以拒命帝遣新授節度使

王彥超率兵馳赴之仍賜廷美等勅書通鑑帝復遺劉贇書曰爰念斯人盡心于主足以賞其忠義何由責以悔尤俟新節度入城當各除刺史公可更以委曲示之丁丑荊南高保融奏去年十一月朗州節度使馬希萼破潭州十二月十八日縊殺馬希廣至十九日希萼自稱天策上將軍武平靜江寧遠等軍節度使嗣楚王戊寅湘陰公殂己卯以前太師齊國公馮道爲中書令宏文館大學士以司徒兼門下侍郎同平章事宏文館大學士竇貞固爲侍中兼修國史以左僕射平章事集賢殿大學士蘇禹珪爲守司空平章事夏州節度使李彝興進封隴西郡王荊南高保融進封渤海郡王靈武馮暉進封陳留郡王西京白文珂兗州慕容彥超鳳翔趙暉並加兼中書令詔王彥超率兵攻徐州庚辰故樞密使左僕射平章事楊邠追封恆農郡王故宋州節度使兼侍衛親軍都指揮使史宏肇追封鄭王故三司使檢校太尉平章事王章追封瑯琊郡王是日詔曰朕以眇末之身託于王公之上懼德弗類撫躬靡遑豈可化未及人而過自奉養道未方古而不知節量與其耗費以勞人曷若儉約而克己昨者所頒赦令已述至懷宮闈服御之所須悉從減損珍巧纖奇之厥

貢並使寢停尚有未該再宜條舉應天下州府舊貢滋味食饌之物所宜除減其兩浙進細酒海味薑瓜湖南枕子茶乳糖白沙糖橄欖子鎮州高公米水梨易定栗子河東白社梨米粉菉豆粉玉屑粆子麵永興御田紅杭米新大麥麵興平蘇栗子華州麝香羚羊角熊膽獺肝朱柿熊白河中樹紅棗五味子輕餳同州石鏉餅晉絳蒲萄黃消梨陝府鳳栖梨襄州紫薑新筍橘子安州折粳米糟味青州水梨河陽諸雜果子許州御李子鄭州新筍鵝梨懷州寒食杏仁申州蘘荷亳州萆薢沿淮州郡淮白魚如聞此等之物雖皆出于土產亦有取于民家未免勞煩率皆糜費加之力役負荷馳驅道途積于有司之中甚爲無用之物今後並不須進奉諸州府更有舊例所進食味其未該者宜奏取進止又詔在朝文武臣僚各上封事凡有益國利民之事速具以聞（通鑑詔曰朕生長軍旅不親學問未知治天下之道文武官有益國利民之術各具封事以聞咸宜直書其事勿事辭藻）辛巳鎮州武行德晉州王晏相州張彥成潞州常思邢州侯章並加兼侍中以侍衞馬軍都指揮使果州防禦使檢校太保郭崇爲洋州節度使檢校太傅典軍如故以侍衞步軍都指揮使岳州

防禦使曹英爲利州節度使檢校太傅典軍如故癸未涇州史懿延州高允權滄州王景永興郭從義定州孫方簡並加兼侍中鄜州楊信同州薛懷讓貝州王繼宏並加同平章事乙酉華州王饒河中扈彥珂鄧州折從阮邢州劉詞並加同平章事丙戌幸西莊潞州奏得石會關使王延美報河東劉崇于正月十六日僭號丁亥以前澶州節度使李洪義爲宋州節度使加同平章事以曹州防禦使北面行營馬步都排陣使何福進爲許州節度使加檢校太傅以博州刺史北面行營右廂排陣使李筠爲滑州節度使加檢校太保戊子有司上言準赦書以晉漢之胄爲二王後其唐五廟仲祀合廢從之庚寅宗正寺奏請以晉漢故事遷漢七廟神主入昇平宮行仲享之禮以漢宗子爲三獻從之

舊五代史卷一百十考證

周太祖紀一八月六日帝發離京師二十日師至河中　案五代春秋作七月郭威率師圍河中據此紀則周太祖以八月六日始發京師非七月卽圍河中也是書漢隱帝紀與此紀互異考證見漢紀

城陷守貞舉家自焚而死　案歐陽史周本紀云守貞與妻子自焚死思綰景崇相次降今考是書漢紀五月乙丑趙思綰乞降七月甲子郭威奏收復河中守貞自燔死是思綰之降在守貞自焚之前也又云三年正月趙暉奏收復鳳翔王景崇自燔死是景崇未嘗降也歐陽史漢本紀亦先載趙思綰降後書克河中王景崇傳亦作景崇自燔死紀傳前後自相矛盾當以是書爲得其實

戊寅湘陰公殂　案歐陽史作十二月王峻遣郭崇以騎兵七百逆劉贇于宋州殺之通鑑作正月戊寅殺湘陰公于宋州

烏裕舊作兀欲今改

舊五代史卷一百十考證

舊五代史卷一百十一

宋門下侍郎參知政事監修國史薛居正等撰

周書第二

太祖紀二

廣順元年春二月癸巳朔，以樞密副使尚書戸部侍郎范質爲兵部侍郎依前充職，以陳州刺史判三司李穀爲戸部侍郎判三司，以右金吾大將軍充街使翟光鄴爲左千牛衞上將軍充宣徽北院使，以宣徽北院使袁義爲左武衞上將軍充宣徽南院使，以左右金吾大將軍充街使符彥琳爲右監門上將軍。丁酉，以皇子天雄軍牙內都指揮使檢校右僕射貴州刺史榮起復爲澶州節度使檢校太保，以右金吾上將軍薛可言爲右龍武統軍，以左神武統軍安審約爲左羽林統軍，以左驍衞上將軍趙贇爲右羽林統軍，以太子太師致仕宋彥筠爲左衞上將軍，詔移生吐渾族帳于潞州長子縣江猪嶺。己亥，以左武衞上將軍劉遂凝爲左神武統軍，以左衞上將軍焦繼勳爲右神武統軍，以左領衞上將軍史佺爲右衛上將軍庚子故吳國夫人張氏追贈貴妃故皇第三女追封樂安公主故第二子青哥贈太保賜名侗第三子意哥贈司空賜名信故長婦劉氏追封彭城郡夫人皇姪三人守筠贈左領軍將軍改名愿奉超贈左監門將軍定哥贈左千牛衛將軍賜名遜故皇孫三人宜哥贈左驍衛大將軍賜名誼喜哥贈武衛大將軍賜名誠三哥贈左領衛大將軍賜名誠辛丑西州回鶻遣使貢方物前開封尹魯國公侯益進封楚國公前西京留守莒國公李從敏進封秦國公前西京留守王守恩進封莒國公癸卯以前中書侍郎兼戶部尙書平章事李濤爲太子賓客詔宣徽南院使袁義權知開封府事以太子太保和凝爲太子太傅丙午晉州王晏奏河東劉崇遣僞招討使劉鈞副招討使白截海率步騎萬餘人來攻州城以今月五日五道齊攻率州兵拒之賊軍傷死甚衆（宋史王晏傳劉崇侵晉州晏閉關不出設伏城上幷人以爲怯競攀堞而登晏麾伏兵擊之顛死者甚衆遂焚橋遁晏遣子漢倫追北數十里斬首百餘級）內出寶玉器及金銀結縷寶裝牀几飲食之具數十碎之于殿庭帝謂侍臣曰凡爲帝王安用此仍詔所司凡珍華悅目之物不得入官先是回鶻間

歲入貢禁民不得與蕃人市易寶貨至是一聽私便交易官不禁詰丁未左千牛將軍朱憲使契丹迴契丹主爲裕遣使郭濟獻良馬一駟賀登極戊申詔曰朕祗膺景命奄有中區每思順物之情從衆之欲將使照臨之下多寄食僦舍之徒歲月之間動懷土念家之思宜循大體用革前規應諸道州府有前資朝官居住如未赴京不得發遣其行軍副使已下幕職州縣官等得替求官自有月限年月未滿一聽外居如非時詔徵不在此限己酉有司議立四親廟從之辛亥以太子少傅楊凝式爲太子少師以太常卿張昭爲戶部尚書以尚書左丞王易爲禮部尚書以兵部侍郎邊蔚爲太常卿以翰林學士中書舍人魚崇諒爲工部侍郎充職以戶部侍郎韋勳爲兵部侍郎以刑部侍郎邊歸讜爲戶部侍郎以禮部侍郎司徒詡爲刑部侍郎以祕書監趙上交爲禮部侍郎以兵部尚書王仁裕爲太子少保以翰林學士禮部尚書張沆爲刑部尚書充職以尚書右丞田敏爲左丞以吏部侍郎段希堯爲工部尚書以太子詹事馬裔孫爲太子賓客前鄜州節度使劉重進前滑州節度使宋延渥並加食邑吐渾府

留後王全德加檢校太保充憲州刺史隰州刺史許遷奏河東賊軍劉鄩自晉州引兵來攻州城尋以州兵拒之賊軍傷死者五百人信宿遁去丁巳以尚書左丞田敏充契丹國信使回鶻遣使貢方物己未天德軍節度使虢國公郭勳加同平章事前宗正卿劉皞爲衛尉卿辛酉以衛尉卿邊光範爲祕書監以前吏部侍郎李詳爲戸部侍郎以前戸部侍郎顏衎爲尚書右丞三月壬戌朔前西京留守李從敏卒戊辰以前左武衛上將軍李懷忠爲太子太傅致仕以前邢州節度使安審暉爲太子太師致仕辛未幸南莊壬申詔曰諸州府先差散從親事官等前朝創置蓋出權宜苟便一時本非舊貫近者遍詢羣議兼採封章且言前件抽差于理不甚允當一則礙州縣之色役一則妨春夏之耕耘貧乏者困于供須豪富者幸于影庇既爲煩擾須至改更況當東作之時宜罷不急之務其諸州所差散從親事官等並宜放散詔下公私便之徐州行營都部署王彥超馳奏收復徐州詔曰逆首楊温及親近徒黨並處斬其餘無名目人及本城軍都將校職掌吏民等雖被脅從本非同惡並釋放兼知自前楊温招

喚草賊同力守把朕以村墅小民偶被扇誘念其庸賤特與含容其招入城草賊並放歸農仍倍加安撫湘陰公夫人並骨肉在彼仰差人安撫守護勿令驚恐以右散騎常侍張煦給事中王延鵠並爲左散騎常侍以前大名府少尹李瓊爲將作監以前彰武軍節度使周密爲太子太師致仕以衛尉卿劉皥充漢隱帝山陵都部署丙子以太子少保致仕王延爲太子少傅以戶部尚書致仕盧損左驍衛上將軍致仕李肅並爲太子少保兵部尚書致仕韓昭允爲尚書右僕射太子太師致仕盧文紀爲司空自延而下並依前致仕故散騎常侍裴羽贈戶部尚書故太子賓客蕭愿贈禮部尚書以司農卿致仕薛仁謙爲鴻臚卿以將作監致仕烏昭爲太府卿以太常少卿致仕王禧爲少府監以祕書少監致仕段顒爲將作監自仁謙而下並依前致仕詔沿淮州縣軍鎮今後自守疆土不得縱一人一騎擅入淮南地分己卯潞州奏捗縣所擒河東將士二百餘人部送赴闕詔給衫袴巾屨放歸本土甲申鎮州武行德移鎮許州何福進移鎮鎮州丙戌以襄州節度副使郭令圖爲宗正卿詔曰故蘇逢吉劉銖頃在

漢朝與朕同事朕自平禍亂不念仇讎尋示優宏與全家屬尚以幼稚無託衣食是艱將行矜卹之恩俾獲生存之路報怨以德非我負人賜逢吉骨肉洛京莊宅各一賜劉銖骨肉陝州莊宅各一己丑幸南莊庚寅唐故郇國公李從益追封許王唐明宗淑妃王氏追贈賢妃辛卯詔諸道節度副使行軍司馬兩京少尹留守判官並許差定當直人力不得過十五人諸府少尹書記支使防禦團練副使不得過十人節度推官防禦團練軍事判官不得過七人逐處係帳收管此外如敢額外影占人戶其本官當行朝典先是漢隱帝時有人上言州府從事令錄皆請料錢自合雇人驅使不合差遣百姓丁戶秉政者然之乃下詔州府從事令錄本處先差職役並放歸農自是官吏有獨行趨府縣者帝頗知之故有是命夏四月壬辰朔詔沿淮州縣許淮南人就淮北糴易餱糧時淮南饑故也甲午以夫人董氏爲德妃仍令所司備禮冊命己亥改侍衛馬步軍軍額馬軍舊稱護聖今改爲龍捷步軍舊稱奉國今改爲虎捷壬寅詔唐莊宗明宗晉高祖三處陵寢各有守陵宮人並放逐便如願在陵所者依舊供給甲

辰相州張彥成移鎮鄧州折從阮移鎮滑州李筠移鎮相州丙午亳州防禦使
王重允卒戊申幸南莊庚戌皇第四女封壽安公主辛亥故許州節度使劉信
追封蔡王丙辰詔曰牧守之任委遇非輕分憂之務既同制祿之數宜等自前
有富庶之郡請給則優或邊遠之州俸料素薄以至遷除之際擬議亦難既論
資敘之高低又患祿秩之升降所宜分多益寡均利同恩冀無黨無偏以勸勤
效今定諸防禦使料錢二百貫祿粟一百石食鹽五石馬十匹草粟元隨三十
人衣糧團練使一百五十貫祿粟七十石鹽五石馬十匹元隨三十人刺史一
百貫祿粟五十石鹽五石馬五匹元隨二十人云丁巳尚書左丞田敏使契丹
迴契丹主烏裕遣使努瑚報命并獻碧玉金塗銀裹鞍勒各一副弓矢器仗貂
裘等土產馬三十匹土產漢馬十匹庚申帝爲故貴妃張氏舉哀于舊宮輟視
朝三日辛酉司空致仕盧文紀卒五月壬戌朔帝不視朝以漢隱帝梓宮在殯
故也戊寅皇子澶州節度使榮起復依前澶州節度使以故貴妃張氏去歲薨
至是發哀故也己巳遣左金吾衞將軍姚漢英前右神武將軍華光裔使于契

丹辛未太常卿邊蔚上追尊四廟謚議是夜有大星如五升器流于東北有聲如雷丙子太常卿邊蔚上太廟四室奠獻舞名丁丑詔京兆鳳翔府應諸色犯事人第宅莊園店磑已經籍沒者並給付罪人骨肉壬午幸南莊甲申考城縣巡檢供奉官馬彥勍棄市坐匿赦書殺獄囚也丙戌宰臣馮道爲四廟冊禮使六月辛卯朔不視朝以漢隱帝梓宮在殯故也甲午百寮上表請以七月二十八日皇帝降聖日爲永壽節從之邢州大雨霖己亥太常少卿劉悅上漢少帝謚曰隱皇帝陵曰穎陵從之辛亥以樞密使王峻爲尚書左僕射兼門下侍郎同平章事監修國史充樞密使以樞密副使尚書兵部侍郎范質爲中書侍郎同平章事充集賢殿大學士以戶部侍郎判三司李穀爲中書侍郎同平章事判三司司徒兼侍中監修國史竇貞固司空兼中書侍郎同平章事集賢殿大學士蘇禹珪並罷相守本官壬子幸西莊癸丑詔宰臣范質參知樞密院事鄴都洺滄貝等州大雨霖丙辰西京奏新授宗正卿郭令圖卒丁巳以尚書左丞顏衎爲兵部侍郎充端明殿學士以宣徽北院使翟光鄴兼樞密副使秋七月

辛酉朔帝被袞冕御崇元殿授太廟四室寶冊于中書令馮道等赴西京行禮癸亥尚書左丞田敏兼判國子監事戊辰以御史中丞于德辰爲尚書右丞以祕書監邊光範爲太子賓客以戶部尚書張昭爲太子賓客以其子秉爲陽翟簿犯法抵罪昭詣閤待罪詔釋之乃左授此官壬申史官賈緯等以所撰晉高祖實錄三十卷少帝實錄二十卷上之丙子幸宰臣王峻第己丑鎮州奏破河東賊軍于平山縣西斬首五百級是日太常卿邊蔚奏議改郊廟舞名事具樂志八月辛卯漢隱帝梓宮發引帝詣太平宮臨奠詔羣臣出祖于西郊是歲幽州饑流人散入滄州界詔流人至者口給斛粟仍給無主土田令取便種蒔放免差稅癸巳虎入西京修行寺傷人市民殺之乙未幸班荆館壬寅契丹遣幽州牙將曹繼筠來歸故晉中書令趙瑩之喪詔贈太傅仍賜其子絹五百匹以備喪事歸葬于華陰故里乙巳幸西莊壬子晉州王晏移鎮徐州滄州王景移鎮河中定州孫方簡移鎮華州永興郭從義移鎮許州貝州王繼宏移鎮河陽李暉移鎮滄州以許州節度使武行德爲西京留守滑州折從阮移鎮陝州河

中扆彥珂移鎭滑州陝州李洪信移鎭永興華州王饒移鎭貝州徐州王彥超移鎭晉州丙辰尙食李氏等宮官八人並封縣君司記劉氏等六人並封郡夫人尙宮皇甫氏等三人並封國夫人唐制有內官宮官各有司存更不加郡國之號近代加之非舊典也以易州刺史孫行友爲定州留後戊午故夫人柴氏追立爲皇后仍令所司定謚備禮冊命九月庚申朔帝詣太平宮起居漢太后辛酉故夫人楊氏追贈淑妃仍令所司擇日備禮冊命故皇第五女追封永寧公主癸亥定州奏契丹永康王烏裕爲部下所殺以前耀州團練使武廷翰太子少保致仕丙子諸道兵馬都元帥兩浙節度使檢校太師尙書令中書令吳越國王錢俶加天下兵馬都元帥丁丑中書舍人劉濤責授少府少監分司西京坐遣男頊代草制詞也監察御史劉頊責授復州司戶坐代父草制也中書舍人楊昭儉解官放逐私便以多在假告不親其職也

舊五代史卷一百十一考證

周太祖紀二相州張彥成　張彥成原本作彥威今據列傳改正

丙子幸宰臣王峻第　案丙子歐陽史作戊寅

癸亥定州奏契丹永康王爲裕爲部下所殺　案遼史世宗以九月癸亥遇弑不應定州即能于癸亥入奏疑原文有舛誤

爲裕舊作兀欲今改　郭濟舊作骨支今改　努瑚舊作擣姑今改

舊五代史卷一百十一考證

舊五代史卷一百十二

宋門下侍郎參知政事監修國史薛居正等撰

周書第三

太祖紀三

廣順元年冬十月己丑朔宰臣王峻獻唐張藴古大寶箴謝偃惟皇誠德賦二圖詔報曰朕生長軍戎勤勞南北雖用心于鈐匱且無暇于詩書世務時艱粗經閱歷前言往行未甚討尋鄉有佐命立國之勳居代天調鼎之任恆慮眇德未及古人于是采掇箴規谿諸寡昧披文閱理懌意怡神究爲君治國之源審修己御人之要帝王之道盡在于茲辭翰俱高珠寶何貴再三省覽深用愧嘉其所進圖已令于行坐處張懸所冀出入看讀用爲鑒戒壬辰潞州奏巡檢使陳思讓監軍向訓破河東賊軍于虒亭癸巳以刑部侍郎司徒詡爲戶部侍郎以左散騎常侍張煦爲刑部侍郎以給事中呂咸休爲左散騎常侍甲午絳州防禦使孫漢英卒辛丑荊南奏湖南亂大將軍陸孟俊執僞節度使馬希萼遷

于衡州立希萼弟希崇爲留後將吏二千餘人遇害者半牙署庫藏焚燒殆盡乙巳詔併吏部三銓爲一銓委本司長官通判丙午晉州巡檢王萬敢奏河東劉崇入寇營于州北辛亥潞州奏河東賊軍寇境乙卯荆南奏淮南遣鄂州節度使劉仁贍以戰船二百艘于今月二十五日入岳州丙辰詔樞密使王峻率兵援晉州丁巳以左衛將軍申師厚爲河西軍節度使檢校太保師厚素與王峻善及峻貴師厚羈旅無依日于峻馬前望塵而拜會西涼請帥帝令擇之無欲去者峻乃以師厚奏之師厚亦欣然求往尋自前鎮將授左衛將軍檢校工部尚書翼日乃有涼州之命賜旌節駝馬繒帛以遣之十一月己未朔荆南奏淮南大將邊鎬率兵三萬自袁州路趨潭州馬希崇遣從事送牌印納器仗鎬入城稱武安軍節度使馬氏諸族及將吏千餘人皆徙于金陵甲子夜東南白虹亘天以新晉州節度使王彥超爲晉絳行營馬軍都虞候乙丑命王峻出征晉州帝幸西莊以餞之甲戌日南至羣臣拜表稱賀甲申葬故貴妃張氏丁亥詔唐朝五廟舊在至德宮安置應屬徽陵莊田園舍宜令新除右監門將軍李

重玉爲主其緣陵緣廟法物除合留外所有金銀器物充還葬故淑妃王氏及許王從益外其餘並給與重玉及尼惠英惠燈惠能惠嚴等令重玉以時祀陵廟務在豐潔重玉故皇城使李從璨之子明宗之孫惠英等亦明宗親屬也故帝授重玉官秩令主先祀卹王者之後也十二月戊子朔詔以劉崇入寇取當月三日暫幸西京庚寅詔巡幸宜停時王峻駐軍陝府聞帝西巡遣使馳奏不勞車駕順動帝乃止乙未幸西莊兗州慕容彥超上言乞朝覲詔允之尋稱部內草寇起不敢離鎮戊申鄆州奏慕容彥超據城反己酉王峻奏劉崇逃遁王師已入晉州宋史陳思讓傳王峻援晉州以思讓與康延昭分爲左右廂排陣使令率軍自烏嶺路至絳州與大軍合崇燒營遁去思讓又與藥元福襲破之

廣順二年春正月戊午朔不受朝賀以宿兵在外故也庚申王峻奏起近鎮丁夫二萬城晉州壬戌修東京羅城凡役丁夫五萬五千兩旬而罷甲子以侍衛步軍都指揮使曹英爲兗州行營都部署以齊州防禦使史延韜爲副都署以皇城使向訓爲兵馬都監陳州防禦使藥元福爲馬步都虞候率兵討慕容彥

超（隆平集慕容彥超盜據兗海周祖命曹英為帥向訓副之參用樂元福以兵從謂元福曰已勑英訓勿以軍禮見汝及元福至英訓皆父事焉）諸軍入兗州界不得下路停止村舍犯者以軍法從事丙寅徐州巡檢供給官張令彬奏破淮賊于沭陽斬首千餘級擒賊將燕敬權時慕容彥超求援于淮南淮南僞主李景發兵援之師于下邳聞官軍至退趨沭陽遂破之庚午高麗權知國事王昭遣使貢方物壬申鎮州何福進差人部送先擒獲到河東賊軍二百餘人至闕下詔給巾履衫袴以釋之戊寅徐州部送沭陽所獲賊將燕敬權等四人至闕下詔賜衣服金帛放歸本土敬權等感泣謝罪帝召見謂之曰夫惡兇邪獎忠順天下一也我之賊臣撓亂國法嬰城作逆殃及生靈不意吳人助茲凶惡非良算也爾當歸言之于爾君初漢末遣三司軍將路昌祚于湖南市茶屬淮南將邊鎬陷長沙昌祚被賊送金陵及敬權自大朝歸具以帝言告于李景景乃召昌祚延坐從容久之且稱美大朝皇帝聖德廣被恩沾鄰土深有依附國家之意及罷遣僞宰相宋齊邱宴昌祚于別館又令訪昌祚在湖南遭變之時亡失綱運之數命依數償之給茗荈萬八千斤遣水運至江夏仍厚給

行裝遣之歸闕二月庚寅府州防禦使折德扆奏河東賊軍寇境率州兵破之斬首二千級辛卯太白經天癸巳以權知高麗國事王昭爲高麗國王庚子府州防禦使折德扆奏收河東界岢嵐軍癸卯詔先獲河東鄉軍一百餘人各給錢鞋放歸鄉里壬子太子太師致仕安審暉卒三月庚申幸南莊令從臣習射戊辰以樞密院直學士左諫議大夫王溥爲中書舍人充翰林學士以內客省使恩州團練使鄭仁誨爲樞密副使詔宣徽北院使翟光鄴權知永興軍府事甲戌回鶻遣使貢方物庚辰詔西京莊宅司內侍省宮苑司內園等四司所管諸巡係稅戶二千五百並還府縣其廣德昇平二宮並停廢應行從諸莊園林亭殿房舍什物課利宜令逐司依舊收管夏四月丙戌朔日有食之帝避正殿百官守司丁亥詔停蔡州鄉軍戊子以京師旱分命羣臣禱雨癸巳制削奪慕容彥超在身官爵甲午高麗國冊使衞尉卿劉皞卒乙卯詔取來月五日車駕赴兗州城下慰勞將士以樞密副使鄭仁誨爲右衞大將軍依前充職兼權大內都點檢以中書侍郎平章事判三司李穀爲權東京留守兼判開封府事五

月丙辰朔帝御崇元殿受朝仗衞如儀庚申車駕發京師戊辰至兖州城下乙亥收復兖州斬慕容彥超夷其族詔端明殿學士顔衎權知兖州軍州事壬午曲赦兖州管內罪人取五月二十七日已前所犯罪大辟已下咸赦除之慕容彥超徒黨有逃避潛竄者及城內將吏等並放罪自慕容彥超違背已來鄉州內有接便爲非者一切不問諸軍將士歿于王事者各與賻贈都頭已上與贈官兖州城內及官軍下寨四面去州五里內今年所徵夏秋稅及沿徵錢物並放十里內只放一州管界今夏苗子三分放一分城內百姓遭毀拆舍屋及遭燒焚者給賜材木諸處差到人夫內有遭矢石死者各給絹三匹仍放戶下三年徭役云癸未詔兖州降爲防禦州仍爲望州六月乙酉朔帝幸曲阜縣謁孔子祠既奠將致拜左右曰仲尼人臣也無致拜帝曰文宣王百代帝王師也得無敬乎卽拜奠于祠前其所奠酒器銀鑪並留于祠所遂幸孔林拜孔子墓帝謂近臣曰仲尼亞聖之後今有何人對曰前曲阜令襲文宣公孔仁玉是仲尼四十三代孫有鄉貢三禮顔涉是顔淵之後卽召見仁玉賜緋口授曲阜令顔

涉授主簿便令視事仍勅兖州修葺孔子祠宇墓側禁樵採丙戌車駕還京初帝以五月十三日至兖州賊尚拒守至十七日晝夢道士一人進書卷首云車駕來月二日還京其下文字絶多不能盡記既寤以夢告宰臣又四日而城拔帝至軍凡駐蹕九日而賊平果以六月二日發離城下近代親征克捷無如此之速也是日大雨城下行宮水深數尺其日晚至中都縣帝笑謂侍臣曰今日若不離城下則當爲潦所溺矣戊戌車駕至自兖州辛丑以靈武節度使馮暉卒輟視朝一日壬寅前翰林學士李澣自契丹中上表陳奏機事且言僞幽州節度使蕭海貞欲謀嚮化帝甚嘉之（宋史李澣傳海貞與澣相善澣乘間諷海貞以南歸之計海貞納之周廣順二年澣因定州孫方諫密表言契丹衰微之勢周祖嘉焉遣諜者田重霸齎詔慰撫仍命澣通信澣復表述契丹主幼弱多寵好擊鞠大臣離貳若出師討伐因與通好乃其時也屬中原多故不能用其言）癸卯德妃董氏薨乙巳詔宣徽南院使袁羲判開封府事辛亥以朔方軍衙內都虞候馮繼業起復爲朔方軍兵馬留後甲寅幸舊宅爲德妃舉哀故也秋七月丙辰詔內外臣僚每遇永壽節舊設齋供今後中書門下與文武百官共設一齋侍衛親軍都指揮使已下共設一齋樞密使內諸司

使已下共設一齋其餘前任職員及諸司職掌吏不得開設道場及設齋是日
大風兩破屋拔樹尚書省都堂有龍穿屋壞獸角而去西壁有爪迹存焉襄州
大水丁卯詔復升陳州曹州爲節鎮以侍衛馬軍都指揮使洋州節度使郭崇
爲陳州節度使以侍衛步軍都指揮使曹英爲曹州節度使並典軍如故以陳
州防禦使藥元福爲晉州節度使辛未詔相州節度使李筠權知潞州軍州事
丙子以小底都指揮使漢州刺史李重進爲大內都點檢兼馬步都軍頭領恩
州團練使以內殿直都知駙馬都尉張永德領和州刺史充小底第一軍都指
揮使八月甲申朔翰林學士刑部尚書張沆落職守本官以中書舍人史館修
撰判館事徐台符爲禮部尚書充翰林學士承旨以兵部侍郎韋勳爲尚書右
丞以尚書右丞于德辰爲吏部侍郎以戶部侍郎邊歸讜爲兵部侍郎以禮部
侍郎趙上交爲戶部侍郎以樞密直學士左散騎常侍陳觀爲工部侍郎依前
充職以刑部侍郎景範爲左司郎中充樞密直學士乙酉樞密使王峻上章請
解樞衡凡三上章詔不允庚寅潁州奏先于淮南俘獲孳畜已準詔送還本土

甲午詔止絶吏民詣闕舉請刺史縣令賜宰臣李穀白藤肩輿時穀以今年七
月因步履傷臂請告數旬詔穀扶持三司刻名印署事仍放朝參庚子潞州節
度使常思移鎭宋州相州節度使李筠移鎭潞州壬寅鄆州節度使高行周薨
癸丑詔改鹽麴法鹽麴犯五斤已上處死煎鹻鹽者犯一斤已上處死先是漢
法不計斤兩多少並處極刑至是始革之九月庚午以大理卿劇可久爲太僕
卿以左庶子張仁瑑爲大理卿以司天監趙延乂爲太府卿兼判司天監事詔
北面沿邊州鎭自守疆埸不得入北界俘掠乙亥鎭州奏契丹寇深冀州遣龍
捷都指揮使劉誨牙內都指揮使何繼筠等率兵拒之而退時契丹聞官軍至
掠冀部丁壯數百隨行狼狽而北冀部被擄者望見官軍鼓譟不已官軍不敢
進其丁壯盡爲蕃軍所殺而去丁丑以鄭州防禦使白重贊爲相州留後戊寅
樂壽都監杜延熙奏于瀛州南殺敗契丹斬首三百級獲馬四十七匹癸未帝
姨母韓氏追封楚國夫人故第四姊追封福慶長公主易州奏契丹武州刺史
石越來奔冬十月丙戌以前晉州節度使王彥超爲河陽節度使庚寅詔諸州

罷任或朝覲並不以器械進貢先是諸道州府各有作院每月課造軍器逐季搬送京師進納其逐州每年占留係省錢帛不少謂之甲料仍更于部內廣配土產物徵斂數倍民甚苦之除上供軍器外節度使刺史又私造器甲以進貢爲名功費又倍悉取之于民帝以諸州器甲造作不精兼占留屬省物用過當乃令罷之仍選擇諸道作工赴京作坊以備役使乙未永興軍奏宣徽北院使知軍府事翟光鄴卒丁酉葬德妃廢朝戊戌以宣徽南院使袁義權知永興軍府事以樞密直學士工部侍郎陳觀權知開封府事己亥升鉅野縣爲濟州以樞密院副使鄭仁誨爲宣徽北院使兼樞密副使庚子幸樞密院王峻請之也甲辰宰臣李穀以臂傷未愈上表辭位凡三上章詔報不允丁未滄州奏自十月已前蕃歸漢戶萬九千八百戶是時北境饑饉人民轉徙襁負而歸中土者散居河北州縣凡數十萬口十一月丙辰荆南奏朗州大將劉言以今年十月三日領兵趨長沙十五日至潭州淮南所署湖南節度使邊鎬岳州刺史宋德權並棄城遁去庚申以前少府監馬從斌爲殿中監壬戌樞密使王峻亡妻崔

氏追封趙國夫人非故事也乙丑刑部尚書張沆卒辛未陝州折從阮移鎮邠州以前宋州節度使李洪義爲安州節度使癸酉青州符彥卿移鎮鄆州甲戌詔曰累朝已來用兵不息至于繕治甲冑未免配役生靈多取于民助成軍器就中皮革尤峻科刑稍犯嚴條皆抵極典鄉縣以之生事姦猾得以侵漁宜立新規用華前弊應天下所納牛皮今將逐所納數三分內減二分其一分于人戶苗畝上配定每秋夏苗共十頃納連角皮一張其黃牛納乾筋四兩水牛半斤犢子皮不在納限牛馬驢騾皮筋角今後官中更不禁斷只不得將出化外敵境州縣先置巡檢牛皮節級並停丙子詔曰應內外文武官寮幕職州縣官舉選人等今後有父母祖父母亡歿未經遷葬者其主家之長不得輒求仕進所由司亦不得申舉解送如是卑幼在下者不在此限己卯日南至帝御崇元殿受朝賀仗衛如儀十二月丙戌權武平軍留後劉言遣牙將張崇嗣入奏于十月十三日與節度副使王進逵行軍司馬何敬貞指揮使周行逢等同共部領戰棹攻收湖南僞節度使邊鎬當夜出奔王進逵等已入潭州九國志王逵傳逵朗州武

陵人或名進逵邊鎬爲武安軍節度使召劉言入覲言不行謀于逵曰江南召我不往必加兵于我矣爲之奈何逵曰鎬之此來以制置潭朗爲名公如速行正入其算武陵負江湖之阻帶甲百萬乃欲拱手臣異姓乎鎬新至長沙經略未定乘人心憤怒引兵攻鎬可一鼓而擒也言然之乃遣與何景真等同起兵于武陵號十指揮使以攻邊鎬逵率舟師南上至長沙邊鎬大駭以所部奔歸江南諸州屯守皆罷之盡復湖外之地癸巳太子太師致仕安叔千卒甲午詔今後諸侯入朝不得進奉買宴丁酉皇子澶州節度使榮落起復加同平章事戊戌太子少傅致仕王延卒壬寅幸西莊乙巳以端明殿學士顏衎權知開封府事御史臺奏請改左右威衛復爲左右屯衛從之避御名也是冬無雪

廣順三年春正月壬子朔帝御崇元殿受朝賀仗衛如儀幸太平宮起居漢太后甲寅賜羣臣射于內鞠場乙卯武平軍兵馬留後劉言奏潭州干戈之後焚燒殆盡乞移使府于武陵從之詔升朗州爲大都督府在潭州之上丙辰以武平節度使留後檢校太尉劉言爲檢校太師同平章事行朗州大都督充武平軍節度兼三司水陸轉運等使制置武安靜江等軍事進封彭城郡公武平軍節度副使權知潭州軍州事檢校太傅王進逵爲檢校太尉行潭州刺史充武

安軍節度使以武安軍行軍司馬兼衙內步軍都指揮使檢校太傅何敬貞爲檢校太尉行桂州刺史充靜江軍節度使以張倣領眉州刺史充武平軍節度副使以朱元琇領黃州刺史充靜江軍節度副使以周行逢領集州刺史充武安軍節度行軍司馬自進逵而下皆劉言將校也邠州奏慶州略蕃部野雞族略奪商旅侵擾州界詔遣寧州刺史張建武等率兵掩襲仍先賜勑書安撫如不從命卽進軍問罪辛酉詔賜朗州劉言應兩京及諸道舊屬湖南樓店邸第乙丑詔諸道州府係屬戶部營田及租稅課利等除京兆府莊宅務贍國軍榷鹽務兩京行從莊外其餘並割屬州縣所徵租稅課利官中只管舊額其職員節級一切停廢應有客戶元佃係省莊田桑土舍宇便賜逐戶充爲永業仍仰縣司給與憑由應諸處元屬營田戶部院及係縣人戶所納租中課利起今年後並與除放所有見牛犢並賜本戶官中永不收係云帝在民間素知營田之弊至是以天下係官莊田僅萬計悉以分賜見佃戶充永業是歲出戶三萬餘百姓既得爲己業比戶欣然于是葺屋植樹敢致功力又東南郡邑各有租牛

課戶往因梁太祖渡淮軍士掠民牛以千萬計梁太祖盡給與諸州民輸租課
自是六十餘載時移代改牛租猶在百姓苦之至是特與除放末幾京兆府莊
宅務及榷鹽務亦歸州縣依例處分或有上言以天下係官莊田甚有可惜者
若遣貨之當得三十萬緡亦可資國用帝曰苟利于民與資國何異丁卯戶部
侍郎權知貢舉趙上交奏諸科舉人欲等第各加封義場數進士除詩賦外別
試雜文一場從之兩浙弔祭使左諫議大夫李知損責授登州司馬員外置仍
令所在馳驛放遣知損銜命江浙所經藩郡皆強貸于侯伯爲青州知州張凝
所奏故有是命己巳幸南莊臨水亭見雙鳧戲于池上帝引弓射之一發疊貫
從臣稱賀庚午以前邠州節度使侯章爲鄧州節度使前萊州刺史葉仁魯賜
死坐爲民所訟故也辛未詔樞密使王峻巡視河隄峻請行故從之辛巳幸南
莊閏月甲申朗州劉言潭州王進逵奏廣賊占據桂管深入永州界俘劫遺朗
州行軍司馬何敬貞與指揮使朱全琇陳順等率水陸軍五萬進擊丙戌回鶻
遣使貢方物詔故梁租庸使趙巖姪崇勳見居陳州量賜係官店宅從王峻之

請也辛卯定州奏契丹攻義豐軍出勁兵夜斫蕃營斬首六十級契丹遁去甲午鎭州奏契丹寇境遣兵追襲至無極而還丙申皇子澶州節度使榮來朝壬寅以樞密使尚書左僕射同平章事監修國史王峻兼青州節度使餘如故延州衙內指揮使高紹基奏言父允權患脚膝令臣權知軍州事癸卯陳州奏吏民請與前刺史李穀立祠堂從之時穀爲宰相聞郡人陳請遜讓數四乃止甲辰鄴都留守王殷加檢校太尉依前同平章事丙午鎭州節度使何福進河陽節度使王彥超並加檢校太尉潞州節度使李筠加檢校太傅丁未延州節度使高允權卒己酉開封府奏都城內錄到無名額僧尼寺院五十八所詔廢之二月辛亥朔以前西京留守白文珂爲太子太師致仕進封韓國公癸丑安州節度使李洪義侍衞馬軍都指揮使郭崇侍衞步軍都指揮使曹英並加檢校太尉唐州方城縣令陳守愚棄市坐剋留戶民鹽一千五百斤入己也丙制國寶兩座詔中書令馮道書寶文其一以皇帝承天受命之寶爲文其一以皇帝神寶爲文案傳國寶始自秦始皇令李斯篆之歷代傳授事具前史至唐末

帝自燔之際以寶隨身遂俱焚焉晉高祖受命特製寶一座開運末契丹犯闕少帝遣其子延煦齎送于契丹主訝其非真少帝上表具訴其事及契丹北歸𧷤以入蕃漢朝二帝未暇別製至是始創爲之庚申遣將作監李瓊知陝州軍州事甲子樞密使平盧軍節度使尙書左僕射平章事監修國史王峻責授商州司馬員外置所在馳驛發遣戊辰左監門上將軍李建崇卒延州牙內都指揮使高紹基奏交割軍府與副使張圖己巳朗州劉言奏當道先遣行軍司馬何敬貞率兵掩擊廣賊行及潭州部衆奔潰湖南王進逵以敬貞失律已梟首訖以樞密直學士工部侍郎陳觀爲祕書監壬申鳳翔少尹桑能責授鄧州長史能晉相維翰之庶弟也坐據維翰別第爲人所訟故也癸酉以戸部侍郎知貢舉趙上交爲太子詹事是歲新進士中有李觀者不當策名物議諠然中書門下以觀所試詩賦失韻勾落姓名故上交移官丁丑幸南莊賜從官射命客省使向訓權知延州軍州事

舊五代史卷一百十二考證

周太祖紀三庚申車駕發京師○案五代春秋作庚辰帝東征歐陽史從是書作庚申

戊戌車駕至自兗州○案歐陽史作庚子至自兗州五代春秋從是書作戊戌

節度副使王進逵○王進逵原本作進逵後又作王逵考九國志王逵或名進逵今改歸畫一

官中只管舊職○官中訛宮中今據下文改正

遣兵追襲至無極而還○案契丹國志作無極山是書無山字當係史家省文今姑仍其舊

舊五代史卷一百十二考證

西元二〇二〇年十一月一日重製一版

舊五代史（附考證）冊三（宋 薛居正 撰）

平裝四冊基本定價參仟元正
（郵運匯費另加）

發行人：張敏君
發行處：中華書局
臺北市內湖區舊宗路二段一八一巷八號五樓（5FL., No. 8, Lane 181, JIOU-TZUNG Rd., Sec 2, NEI HU, TAIPEI, 11494, TAIWAN）
客服電話：886-2-8797-8396
公司傳真：886-2-8797-8909
匯款帳戶：華南商業銀行西湖分行
179100026931
印刷：維中科技有限公司
海瑞印刷品有限公司

No. N1055-3

國家圖書館出版品預行編目(CIP)資料

舊五代史/(宋)薛居正撰. -- 重製一版. -- 臺北
市 : 中華書局, 2020.11
冊 ; 公分
ISBN 978-986-5512-35-4(全套 : 平裝)

1. 五代史

624.201　　109016934